U0644960

苏州地方历史文化读物

吴中小志五编

〔唐〕陆广微等　撰

陈其弟　点校

苏州市地方志办公室　编

广陵书社

图书在版编目（ＣＩＰ）数据

　吴中小志五编 ／（唐）陆广微等撰 ；陈其弟点校 ；
苏州市地方志办公室编. -- 扬州 ：广陵书社，2022.6（2023.2 重印）
　（苏州地方历史文化读物）
　ISBN 978-7-5554-1873-3

　Ⅰ. ①吴… Ⅱ. ①陆… ②陈… ③苏… Ⅲ. ①苏州—
地方志 Ⅳ. ①K295.33

中国版本图书馆CIP数据核字(2022)第088978号

书　　名	吴中小志五编	
著　　者	〔唐〕陆广微等撰　　陈其弟点校	
	苏州市地方志办公室编	
责任编辑	王浩宇	
出 版 人	曾学文	
出版发行	广陵书社	
	扬州市四望亭路2-4号　　　　邮编　225001	
	（0514）85228081（总编办）　85228088（发行部）	
	http ://www.yzglpub.com　E-mail : yzglss@163.com	
印　　刷	无锡市海得印务有限公司	
装　　订	无锡市西新印刷有限公司	
开　　本	889 毫米 ×1194 毫米 1/32	
印　　张	11	
字　　数	260 千字	
版　　次	2022 年 6 月第 1 版	
印　　次	2023 年 2 月第 2 次印刷	
标准书号	ISBN 978-7-5554-1873-3	
定　　价	68.00 元	

前　言

2003 年,苏州市地方志办公室策划并开始出版《苏州地方历史文化读物》丛书,当时将丛书内容框定为选编优秀的地方志乘资料、历史人物资料汇编、名门望族史料、苏州史料选辑精编等,意在挖掘苏州深厚的历史,反思我们在保护文化遗产方面存在的问题,以期为当代苏州人提供一些文化建设上的借鉴。

经过十多年的不懈努力,《苏州地方历史文化读物》丛书已经先后出版了《再读苏州》《吴中小志丛刊》《苏州名门望族》《苏州诱惑》《苏州士绅》《苏州古城街巷梳辨录》《吴中人物志》《吴中小志续编》《苏州往昔》《苏州古代县以下行政设置辑略》《苏州风物》《苏州志略》,基本遵循最初的设想进行。2004 年出版《吴中小志丛刊》,2013 年出版《吴中小志续编》,2017 年出版《吴中小志三编》,2020 年出版《吴中小志四编》,2022 年出版《吴中小志五编》,都是以"吴中小志"为收录对象,适当加以校注,是一次普及苏州文史知识,弘扬优秀传统文化的尝试。

《吴中小志丛刊》分三大类(篇):掌故人物篇、风物山水篇、游记篇。其中有人物志《吴中往哲记》《丹青志》《成化间苏材小纂》,山水志《阳山志》《寒山志》《金山杂志》《石湖志》等,风俗志《吴社编》《吴风录》等。还有一些杂志,如《吴中旧事》《平江记事》《苏谈》《吴中故语》等。除单篇山记或游记外，大多数志书前都有一个"标点说明"或"点校说明"等，主要介绍作者、版本或整理凡例。因苏州西部诸山并非每山有志，姑妄以与方志起源之舆地较近的山记、游记代之。山记和游记主要辑自《小方壶斋舆地丛钞》和《〔崇祯〕吴县志》等书。

《吴中小志续编》收录《姑苏名贤小纪》《姑苏名贤后纪》《姑苏名贤续纪》《东吴名贤记》《吴郡二科志》《三吴旧语》《孟嘉公甲山志略》《吴江运河志》《山东运河备览自序》等9种，前5种是人物志，占三分之二的篇幅。

《吴中小志三编》收录《齐溪小志》《箓溪志》《直塘里志》《穿山小识》《弇山园记》《乙亥志稿》6种，前3种是乡镇小志。

《吴中小志四编》是《吴中小志丛刊》《吴中小志续编》《吴中小志三编》之后的第四本以"吴中小志"命名的乡土小志"集合体"，旨在推广普及方志文化，提高旧志的利用率和便利性，为苏州的文化建设、文化研究提供基础资料支撑，让更多的人了解苏州、热爱苏州。

《吴中小志四编》收录《横溪录》《香山小志》《虞乡杂记》《吴郡地理志要》4种小志。

《横溪录》八卷，明徐鸣时纂。横溪位于苏州灵岩附近，为苏州名镇之一横塘，地处交通往来要冲，又为历代人文荟萃之所。《横溪录》一至五卷，记载横塘地理、山水、古迹、墓冢、风俗、土产、人物等，靡不详尽。尤其是横溪历史名人如范成大等人的传记，记载详细，许多地方可补正史之阙。卷六至卷八则是历代有关横塘的诗文，几占全书三分之二的篇幅，亦有很高的文献与史料价值。志后还附《溪上咏》一卷，收录朱化成、何应科等人26首吟咏横溪附近景色的诗文。

徐崧先《香山小志》所记内容为山、水、村集、寺观、祠宇、坟墓、桥梁、古迹、人物、列女、释道、杂记、物产、方言，总计 14 类。志以香山名，但并非仅记香山，而是包含香山"北连穹窿，南址近太湖的胥口，而气脉与胥山接"这一范围内的诸山和 70 余村落。"人物"记明代营缮宫廷的设计者蒯祥较详，并及木工、巧工，"香山梓人巧者居十之五六"。微雕家徐鸿，道光时人，"能以象牙寸许，制为葫芦及核桃形，光泽，可充杂佩。启其蒂，则细链数寸垂出，狝猴三五缀其上，细如饭颗，连续不断，莫能寻其凑合之痕"。此志的"物产"类堪称特色，当地的飞禽走兽、野菜瓜果，悉予记载，在旧志中颇为罕见。

《虞乡杂记》，明末清初常熟毛晋著，全书 3 万多字，是作者"搜访古迹，间有所得"的随得随录之作，故"时代先后，略无诠次"。全书大体分考古、水利、建置、仙释、佚事、可师、可鉴、鬼神、技术、纪异、兵寇、职官、武记等 13 类。《虞乡杂记》作者底本作"隐湖毛晋潜在"，隐湖即昆承湖，亦叫东湖。毛晋故里在昆承湖东的常熟横泾乡湖头村（今沙家浜镇横泾村）。毛晋不曾出仕做官，隐于昆承湖畔雕板印书，人称"隐湖先生"。故在本书卷首，毛晋称"余家隐湖之曲"。

《吴郡地埋志要》为各塾所传钞，全书 1 卷 17 章。第 1 章是苏州四至及地理形胜、人物、物产之总介绍。2—10 章介绍各县治所在地和作为各县地理要冲之重要集镇及各县之四至。11—17 章简约介绍吴郡内外形胜、主要山水、物产之大概、吴郡地理沿革和新政在吴郡的影响。此书"由近及远，于初学尤宜"，故为教育者"惠蒙童"之佳本。虽内容简约，但作为私塾教本，犹能抨时弊、推新政，适应当时教育形势。"风俗"举当时之恶俗"信奉鬼神，夙多淫祀""偷惰苟安，柔弱难振"，告诫蒙童"当时危紧之秋,有保身保家之念者,其毋忽视体操哉"。"新政"介绍了维新运动给吴郡带来的新气象,展望教法改良,并点明铁路"兴筑当不远也",暗示吴郡经济将得到更大的发展,似给蒙童上了时事教育课。

《吴中小志五编》收录《吴地记》《吴地记佚文》《吴郡图经续记》《石湖志略》《灵岩志略》《吴门耆旧记》《琴川志注草》7种小志。

《吴地记》是六朝至唐多种《吴地记》中唯一流传至今者。虽记述不详,且经后人窜乱,但其中保存的有关唐及以前吴地之史料,为他书所无,并为其后多种史志广泛引用。其载唐事,于苏州和属县之沿革、山水、城池、坊巷、桥梁、寺观、坛庙、廨署以及物产风土、户口登降、赋税徭役等,均可略窥其变迁。而于方志的源流,确如顾颉刚所说,是苏州后继者的阶梯。

1986年,江苏古籍出版社出版了曹林娣校注本《吴地记》,是以《学津讨原》本为底本,校以他本,后面还附录了《吴地记佚文》《吴地记书目著录及序跋》,成为通行本。今以《江苏历代方志全书》所据的《四库全书》本为底本,参校曹林娣校注本所依据的《学津讨原》本,重新校注,为读者提供另一种版本。

曹元忠辑《吴地记佚文》系由《太平御览》《太平广记》《太平寰宇记》《艺文类聚》《水经注》《吴郡志》《读史方舆纪要》以及后世府县志所引《吴地记》文字辑录而成。因为历史上曾编过多种《吴地记》,除了陆广微所著传世外,其余均已佚,故此《吴地记佚文》不一定来自一种著作。

《吴地记佚文》内容涉及城邑、居处、地名、桥梁、山川、土产、人物、墓冢等。本次点校以《复旦大学图书馆藏稀见方志丛刊》收录的稿本为底本。

朱长文《吴郡图经续记》承续北宋大中祥符间李宗谔等撰写的《苏州图经》,又名《吴郡图经》。书分上、中、下 3 卷,有封域、城邑、户口、坊市、物产、风俗、门名、学校、州宅、南园、仓务、亭馆、海道、牧守、人物、桥梁、祠庙、宫观、寺院、山、水、治水、往迹、园第、冢墓、碑碣、事志、杂录等共 28 门。虽说是"续",而门目齐全。《江苏方志考》称其"内容详实,叙述简炼"。这是宋代苏州方志中唯一流传至今的图经,它有助于现在的人们去辨认宋代图经的体式,为研究方志发展的源流提供了依据。1986 年,金菊林以乌程蒋氏景宋本作底本,用明钱氏悬磬室本(磬室本)、清胡氏琳琅秘室本(秘室本)、江苏书局同治十二年刻本(局本)参校。本次点校则以《江苏历代方志全书》本(即咸丰三年刻本)为底本,参校江苏书局同治十二年刻本。

《石湖志略》1 卷《文略》1 卷,明卢襄撰,书分本志、流衍、诸山、古迹、灵禀、物产、灵栖、梵宇、书院、游览等 10 类,每一类之后均附"职方氏曰",简核有法。卢氏世居石湖,为不使先贤故实隐而不彰,"乃述其山川古迹为《志略》,又集诸人题咏为《文略》",仿"太史公曰"之体,书前《石湖山水之图》可见明嘉靖时石湖全貌,弥足珍贵。

《灵岩志略》,清王镐撰,志前有《灵岩行宫全图》1 幅、《灵岩全图》1 幅、王镐自序 1 篇。卷首记康熙二十八年春,乾隆十六年春二月、三月,乾隆二十二年春,康熙、乾隆二帝南巡 4 次驻跸灵岩寺时的御制诗联及敕赐灵岩寺之物。全志共 1 卷,首记灵岩大略,之后介绍灵岩山寺诸殿、堂、阁、楼、塔、台、廊、池、泉、石、亭、泾、墓等胜迹,最后附录了附近"诸山",主要供游览之用。

《吴门耆旧记》1 卷,顾承撰。顾承是经学名家,尤醉心于

《易》，与顾广圻、顾曾号称"三顾"。本书共收吴中耆旧30余人。所记诸人事迹为顾氏亲闻，殊可征信，其中不乏堪补史书邑乘之遗佚者。今以《江苏人物传记丛刊》本为底本，即据清同治十三年（1874）虞山顾氏刻《小石山房丛书》本影印本。

《琴川志注草》12卷首1卷，清陈揆撰。常熟志书以琴川命名者创始于南宋庆元间孙应时《琴川志》，增益于元至正间卢镇《重修琴川志》，加饰于明宣德间张洪《琴川新志》。此书专为孙应时志作注，体例一依孙《志》，分为10门：叙县、叙官、叙山、叙水、叙赋、叙兵、叙人、叙产、叙祠、叙文。注释博采诸史及地理、职官、政事及名人文集、说部、释道诸书乃至金石墓志，注释时间在道光中。注释方法是以句为纲，将有关资料一一条系于下。所引书名，均皆注出，凡编者自己意见，间加"按"字。注文或补原志所缺，或详原志所略，或正原文讹误。各门之中，以叙赋、叙祠、叙人、叙文为详，尤以人物为最。

习近平同志在全国宣传思想工作会议上要求对外宣传工作"讲好中国故事，传播好中国声音"。中国的故事大都来源于史志。地方志书，特别是镇志、村志上的故事，更具有乡土气息，会让人"望得见山、看得见水、记得住乡愁"。

古人云："灭人之国，必先去其史。"没有历史的集体记忆，就难有现实的广泛认同。现实是历史的延续，因此，现实与历史不能截然分开。实现中华民族的伟大复兴，离不开炎黄子孙对于中国古代历史的认同。地方志书作为地方历史的文化载体，同样需要得到本地父老乡亲的认同，而认同的前提是熟悉和了解。一个国家自身的历史越深入人心，就越有凝聚力。可见，整理和激活深藏高阁的地方史志资料，让它们走进今天，对于一个国家或一个地区来说，是何等重要！因此，国家的兴旺、民族的复兴，需要我们文史工作者做好"历史的传播者"这样的角色,向大众传递正能量,这正是我们编辑出版《苏州地方历史文化读物》丛书的初衷,也必将激励我们把这项有意义的工作一任接一任地进行下去。

苏州市地方志办公室

2022 年 6 月

目 录

石湖志略·石湖文略

灵岩志略

吴门耆旧记

琴川志注草

吴地记

◎〔唐〕陆广微 撰

点校说明

陆广微，苏州人，唐僖宗时在世，生平不详。此书撰于僖宗乾符年间（874—879）。书不见于《旧唐书·经籍志》和《新唐书·艺文志》，《直斋书录解题》《文献通考·经籍考》及《宋史·艺文志》皆有著录。

此书所记有错，又经后人窜乱，四库馆臣因"虎嘭"条，"称唐讳虎，钱氏讳镠，改为浒墅"，而乾符时钱镠尚未为吴越王，后又"斥之曰钱氏"，因而论断"显为宋人之辞，则此书不出广微，更无疑义"。清张海鹏据黄廷鉴旧抄明钱谷本，在"罗城"下有"又至大宋淳熙十三年丙午，总二千二百十五年"19字，亦以为是书系宋人所作。周中孚认为"其说恐未是，盖此书若属宋人所作，则于唐何以云'今唐'也"（《郑堂读书记补逸》一七）。

顾颉刚认为"《吴地记》作于唐人，为宋人所窜乱"。他说："按以发展观点视此书，与朱长文《吴郡图经续记》、范成大《吴郡志》，简繁疏密之间，次序井然。故知此书实是唐人作……不知古人书籍，原有随时改动之可能。唐人所作，能禁宋人弗改乎？大宋淳熙，固非唐人语，而上文'至今唐乾符三年'，能谓宋人语乎？诚为宋人语，何以言'至今'也？"（《苏州史志笔记》）

张国淦《中国古方志考》据《学津讨原》本考核，认定"此书当分为三"：（一）《吴地记》自按《史记》至《吴地记》终，"是陆广微原书"，其中有"后人增续"；（二）《吴地记后集》旧本原文，有"以俟后来者添修",旧抄本增 19 字,"似淳熙时人就原文旁注","《〔洪武〕苏州府志》引无此十九字可证";(三)《吴地记后集》"当是乾符时书",文中不仅有宋人,而且有元人"陆续增补"。由此足证,陆广微撰《吴地记》,又经宋、元人增补,是可信的。

此书有卷无目,是六朝至唐多种《吴地记》中唯一流传至今者。虽记述不详,且经后人窜乱,但其中保存有关唐及以前吴地之史料,为他书所无,并为其后多种史志广泛引用。如《吴郡图经续记》云:"汉豫州刺史孙坚及其妻吴夫人、会稽太守策三坟,并在盘门外三里。载唐陆广微《吴地记》。"《吴郡志》载:"齐门,齐景公与吴战,不胜,以少女嫁吴太子终累,所谓'涕泣而女于吴'者。终累,阖闾长子,夫差兄也,早亡。齐女思家,吴王于此作九层飞阁,令女登以望齐,故名。(陆广微《吴地记》)"其载唐事,于苏州和属县之沿革、山水、城池、坊巷、桥梁、寺观、坛庙、廨署以及物产风土、户口登降、赋税徭役等,均可略窥其变迁。而于方志的源流,确如顾颉刚所说,是苏州后继者的阶梯。如《吴郡图经续记》《吴郡志》都是因利乘便,后出转精,更上一层楼的。

1986 年,江苏古籍出版社出版了曹林娣校注本,是以《学津讨原》本为底本,校以他本,后面还附录了《吴地记佚文》《吴地记书目著录及序跋》,成为通行本。今以《江苏历代方志全书》所据的《四库全书》本为底本,参校曹林娣校注本所依据的《学津讨原》本,重新校注,为读者提供另一种版本。

吴地记

　　按《史记》及《吴越春秋》,自禹治水已后,分定九州。《禹贡》扬州之域,吴国四至:东亘沧溟,西连荆郢,南括越表,北临大江,盖吴国之本界也。今郡在京师东南三千一百九十里,当磨蝎斗牛之位列,婺女星之分野。从秦始皇并吞六国之后,至汉顺帝永建四年,有山阴县人殷重献策于帝,请分江置两浙,诏司空王袭封,从钱唐江中分,向东为会稽郡,向西为吴郡。至陈朝贞明元年,改为吴州。隋文帝开皇九年,改郡邑,至横山东新立城郭。一云隋开皇十三年,改[1]为苏州。唐武德七年,移新州,却复旧址,升为望,管县七、乡一百九十四、户一十四万三本作"二"千二当作"三"百六十一。税茶、盐、酒等钱六十九万二千八百八十五贯七十六文。

　　吴县九万九千九百六十三贯七十三本无"三"字文。

　　长洲县九万八千五百七十六贯五百七十六文。

　　嘉兴县一十七万八千七十六贯一百二十文。

　　昆山县一十万九千五百三贯七百三十八文。

　　常熟县九万七百五十贯七百七十四本无"四"字文。

　　华亭县七万二千一百八十二贯四百三十一文。

　　海盐县四万六千五百八十一贯五十八文。

　　续添:

1　原作"却",据《学津讨原》本改。

吴江县三万六千二百六十九贯一百文。

使司割隶酱菜钱一十万七千七百二十贯二百四作"二"十六作"八"文。

留苏州军事酱菜、衣粮等钱一十七万八千三百四十九贯九十八文当作"九百二文"。

团练使军资等三十本无"十"字万六当作"七"千八百三十贯文，送纳本无"纳"字上都。

地名甄胄[1]，水名通波，城号阖闾，台曰姑苏。隩壤千里，是号全吴。昔周太王三子：长泰伯、次仲雍、次季历。历生子昌，有圣瑞。太王有疾，泰伯、仲雍以入山采药，乃奔吴，文身断发，示不可用，以让季历。子昌立，是为西伯，即文王也。吴人义泰伯，归之为王。泰伯三让弟仲雍，仲雍立，号勾吴，所居地名。卒葬梅里。又名番丽，今横山。而仲雍立，仲雍生季简，季简生释达，释达生固章，固章卒。其后至寿梦，始别筑城，为宫室于平门西北二里。自泰伯至寿梦十九世。寿梦生四子：长诸樊、次余祭、次余眛、次季札。季札贤，寿梦欲立之，札让不可，乃立诸樊。诸樊卒，吴人固立札，札弃室而耕之野，乃止。封札延陵季子，而余祭立。四年，吴使季子行聘诸国。余祭卒，授弟。季子让，逃去。余眛之子曰僚立，为诸樊之子公子光所弑，在位十二年。僚好炙鱼，非专诸炙不食。诸樊之子光潜以百金，令专诸进鱼上僚，置匕首于炙鱼中，刺僚死。子光篡立，是为阖闾。王又令刺客要离袖剑，杀吴公子庆忌，即王僚子也。季子历三年回，闻僚被杀，乃匍匐往其坟号哭。于是子光谢过于季子，季子曰："苟先君无废祀，民无废主，社稷有奉，乃吾君也。哀死事生，以待天命耳。"

1　原作"胄"，据《学津讨原》本改。

阖闾城。周敬王六年，伍子胥筑大城，周回四十二里三十步，小城八里二百六十步。陆门八，以象天之八风；水门八，以象地之八卦。《吴都赋》云"通门二八，水道六衢"是也。西阊、胥二门，南盘、蛇二门，东娄、匠二门，北齐、平二门。不开东门者，为绝越之故也。

阊门，亦号破楚门。吴伐楚，大军从此门出。陆机诗曰："阊门势嵯峨，飞阁跨通波。"又孔子登山，望东吴阊门，叹曰："吴门有白气如练。"今置曳练坊及望舒坊因此。胥门，本伍子胥宅，因名。石碑见存。出太湖等道水陆二路，今陆废。门南三里有储城，越疑作吴王贮粮处。十五里有鱼城，越王养鱼处。门西五里有越来溪。

盘门，古作蟠门。尝刻木作蟠龙，以此镇越。又云水陆相半，沿洄屈曲，故名盘门。又云吴大帝蟠龙，故名。门内有武烈大帝庙，在祀典。东北二里有后汉破虏将军孙坚坟，又有讨虏将军孙策坟。

蛇门。南面有陆无水，春申君造以御越军。在巳地，以属蛇，因号蛇门。前汉梅福，字子贞，为南昌尉。避王莽乱政，称得仙。弃妻子，易姓名。有人见福隐市卒，即此门也。

匠门，又名干将门。东南水陆二路，今陆路废。出海道，通大莱，沿松江，下沪渎。阖闾使干将于此铸剑，材五山之精，合五金之英，使童女三百人祭炉神。鼓橐，金银不销，铁汁不下。其妻莫邪曰："铁汁不下，宁有计？"干将曰："先师欧冶铸剑之颖不销，亲铄耳，以然[1]成物，吾何难哉[2]！可女人聘炉神，当得之。"莫耶闻语，投入炉中，铁汁出，遂成二剑。雄号干将，作龟文；雌号莫耶，鳗文。余铸得三千，并号作龟[3]文剑。干将进雄剑于吴王，而藏雌剑。时时悲鸣，忆其雄也。门南三里有葑门、赤门，有赤栏将军坟在蛇门东，

---

1 "然"字原缺，据《学津讨原》本补。

2 "吾何难哉"四字原缺，据《学津讨原》本补。

3 "作龟"二字原缺，据《学津讨原》本补。

陆无水道,故名赤门。东南角又有鲂鱼门,吴曾鲂鱼见,因号,并非八门之数也。娄门本号疁门,东南。秦时有古疁县,至汉王莽改为娄县。东南二里有汉吴郡太守朱梁坟,本名赵,避后汉和帝讳,改为梁。今吴郡朱氏,皆梁之后。塘北有顾三老坟,见存。

齐门,北通毗陵。昔齐景公女聘吴太子终累,阖闾长子、夫差兄也。齐女丧夫,每思家国,因号齐门。后葬常熟海隅山东南岭,与仲雍、固章等坟相近。葬毕,化白龙冲天而去,今号为母冢坟。门东二里有庐江太守关臻坟。

平门,北面有水陆通毗陵。子胥平齐,大军从此门出,故号平门。东北三里有殷贤臣申公巫咸坟,亦号巫门。西北二里有吴偏将军孙武坟。西北三里有酱醋城,汉刘濞筑。东北三里有颍川太守陆宏坟。

吴县,在望下。秦始皇二十六年置。汉王莽改泰德县[1]。陈贞明元年,后主复为吴县。隋开皇九年,越国公杨素移郡及县于横山东五里。今复移城内。管乡三十、户三万五千三百六十一、坊三十。

吴公子庆忌坟,在县东北三十五里,今呼庆坟。

步骘坟,在县东北三里。骘仕吴为骠骑将军,代陆逊为丞相,有石碑,见存临顿桥西南。

周瑜坟,在县东二里。瑜字公瑾,庐江舒人,仕吴大将军、南郡太守。美姿貌,时年二十四,吴中皆呼为周郎。及孙权称号,谓公卿曰:"非周公瑾,不帝矣。"瑜少精思音乐,虽三爵之后,乐有阙误,必知之,则回顾。时人谣曰:"曲有误,周郎顾。"

顾野王坟,在横山东,平陆地,遗言不起坟。野王字休伦,仕陈

---

1 原作"秦德县",误,据《学津讨原》本改。

武帝,为门下侍郎。博综群书,广搜经籍,撰梁《瑞应图》七十卷、《御览》三百六十卷、《宫人各念》一卷。常随驾行,内人谓之"著脚《御览》"。

姑苏台,在吴县西南三十五里。阖闾造,经营九年始成。其台高三百丈,望见三百里外,作九曲路以登之。

射台,在吴县横山安平里。

鸭城,在吴县东南二十里。

匠门外沙里中城,东五里有豨坟,是吴王畜猪之所;东二里有豆园,吴王养马处。又有鸡陂。阖闾置豆园在陂东。

织里。今织里桥在丽娃乡。俗呼失履桥、利娃乡,讹也。

澹台湖,在吴县东南十里。孔子弟子澹台灭明,字子羽,宅陷为湖,湖侧有坟。

夏驾湖。寿梦盛夏乘驾纳凉之处。凿湖池,置苑囿,故今有苑桥之名。

蔡经宅,在吴县西北五十步。经,后汉人,有道术,炼大丹,服菖蒲,得仙。今蔡仙乡即其隐处也。

冯骥宅,在吴县东北二里五十步。骥,平原君门下客。今有弹铗巷,其坟在侧,石碑见存。

长洲县,望在郡下。贞观七年,分吴县界,以苑为名。地名茂苑,水名仙山乡。东一百里有秦时古蠡,王莽改为娄县。北三里有甪溪,广八里,深四丈,西入太湖。北四十二里有湖,广四里,深三丈。县北二十七里有岑陂、夏驾陂、马的陂。吴囯古有此。管坊三十、乡三十、户二万三千七百。

华池,在长洲县大云乡安昌里。

华林园,在长洲县华林桥。

南宫城,在长洲县干将乡长乐里。

嘉兴县，本号长水县，在郡南一百四十三里。周敬王十年置，在谷口湖。秦始皇二十六年重移，改由拳县。景龙二年，嘉禾野生，改嘉禾县[1]。吴赤乌五[2]年，避吴王太子名，改嘉兴县。前有晋妓钱唐苏小小墓。东五里有天心池。二里有会稽太守朱买臣庙。西五百步有晋兵部尚书徐恬宅，舍为灵光寺。县北三十里有隽里池，是吴越战敌处。县南一百里有语儿亭。勾践令范蠡取西施以献夫差，西施于路与范蠡潜通，三年始达于吴，遂生一子。至此亭，其子一岁能言，因名语儿亭。《越绝书》曰："西施亡吴国后，复归范蠡，同泛五湖而去。"东[3]二十五里有长谷亭，入华亭县。西北行七十里，有震泽。今升县望，管乡五十、户一万七千五十四。

昆山县，在郡东七十里。地名全吴，水名新阳。贞观十三年，分在吴县东置。县南[4]一百九十步有晋将军袁山松城，隆安二年筑。时为吴郡太守，以御孙恩军，在沪渎池滨，半毁江中。山松能楷书，梁武帝评其书云："山松书如深山道者，见人便欲缩退。"卒赠司空将军，葬横山东二里。会昌四年升县，管乡二十四、户一万三千九百八十一。

常熟县，在郡北一百里。晋建安二年，分吴县海虞置。本号海虞县，至唐贞观九年，改常熟县。北一百九十步有孔子弟子言偃宅，中有圣井，阔三尺，深十丈，傍有盟。即坛也。盟北百步有浣纱石，可方四丈。县北二里有海虞山，仲雍、固章并葬山东岭上。阖闾三子，长曰终累，婚齐女，蚤亡，亦葬此山。山有二洞穴，穴侧有石坛，周回六十丈。山东二里有石室，太公吕望避纣之处。山西北三里

---

1 《三国志·吴书》作"禾兴县"。

2 "五"字原阙，据《三国志·吴书》补。

3 "东"字原阙，据《学津讨原》本补。

4 《学津讨原》本作"东南"。

有越王勾践庙。郭西二里有夫差庙,拆姑苏台造。管乡二十四、户一万三千八百二十。

华亭县,在郡东一百六十里。地名云间,水名谷水。天宝五年置。盖晋元假吴华亭侯[1]陆逊宅造,池亭华丽,故名。有陆逊、陆机、陆瑁三坟,在东南二十五里横山,中有鹤鸣、鹤唳、玄鹤。管乡二十二、户一万二千七百八十。

海盐县,在郡东南二百二十里。地名殷水,水名福见。秦始皇二十六年置。陷为柘湖。又改武元县[2],湖为当湖。隆安五年,改东武洲,移在故邑上。咸康七年,改御越,复号海盐县。陈贞明元年,割属盐官。广德七年,隶归嘉兴。景龙二年重置。先天二年废。开元五年,刺史张廷珪奏请重置。县东十一里有晋穆公、何皇后宅。十五里有公孙挺、陈开疆、顾冶子[3]三坟,俱事齐景公,勇烈有功于景公。为晏子佞[4],以桃二颗令言功,三人同日而死,葬于此。县东南三十里有秦柱山,有五百童女避秦始皇难于此,后并得仙。县西五里有会稽山,是陆华兄弟寻金牛之处。管乡一十五、户一万三千二百。会昌四年,升为县。

虎丘山,避唐太祖讳改为武丘,又名海涌山。在吴县西北九里二百步。阖闾葬此山中。发五郡之人作冢,铜椁三重,水银灌体,金银为坑。《史记》云:"阖闾冢,在吴县阊门外。以十万人治冢,取土临湖葬。经三日,白虎踞其上,故名虎丘山。"《吴越春秋》云:"阖闾葬虎丘,十万人治葬。经三日,金精化为白虎,蹲其上,因号'虎丘'。"秦始皇东巡至虎丘,求吴王宝剑。其虎当坟而踞,始皇

---

1 《学津讨原》本此处有"吴华亭侯"四字。

2 《学津讨原》本作"武原县"。

3 《学津讨原》本作"公孙捷、田开疆、古冶子"。

4 "佞"字原阙,据《学津讨原》本补。

以剑击之不及,误中于石。遗迹尚存。其虎西走二十五里忽失。拎今虎疁,唐讳虎,钱氏讳疁,改为浒墅。剑无复获,乃陷成池,古号"剑池"。池傍有石,可坐千人,号千人石。其山本晋司徒王珣与弟司空王珉之别墅。咸和二年,舍山为东、西二寺,立祠于山。寺侧有贞娘墓,吴国之佳丽也。行客才子多题诗墓上,有举子镡铢[1]作诗一绝,其后人稍稍息笔。

花山,在吴县西三十里。其山蓊郁幽邃。晋太康二年,生千叶石莲花,因名。山东二里有胥葬亭,吴王阖闾置。亭东二里有馆娃宫,吴人呼西施作娃,夫差置,今灵岩山是也。晋太尉陆玩舍宅置寺。宫傍有石鼓,大三十围。《吴志》云:"其鼓有兵则鸣。"晋隆安二年,贼孙恩作乱,鼓鸣。山上有池,旱亦不涸。中有莼甚美,夏食之则去热,吴中以为佳品。

支硎山,在吴县西十五里。晋支遁,字道林,尝隐于此山。后得道,乘白马升云而去。山中有寺,号曰"报恩",梁武帝置。

岞崿山,在吴县西十二里。吴王僚葬此山中。有寺号"思益",梁天监二年置。

余杭山,又名四飞山,在吴县西三十里。有汉豫章太守陆烈坟。东二里有汉山阴县令陆寂坟。山有白土如玉,甚光润,吴中每年取以充贡,号曰"石脂",亦曰"白垩""白礀"。东三里有夫差义子坟十八所。

横山,又名据湖山,在吴县西南十六里。中有朱植坟及晋门下侍郎陆云公坟。

鸡笼山,在吴县西三十里。以形似鸡笼,因名。晋太康二年,司空陆玩葬此山,掘地得石凤飞去,今凤凰墩是也。陆玩,字君瑶,

为左仆射。苏峻之难，与兄晔随帝在石头城，以晔、玩吴民之望，不敢加逼迁。既登公辅，尝叹息谓宾客曰："我为三公，是天下无人。"其谦抑若是。疾薨，以佐命之勋，特置七十家守坟。子纳，字祖言，纳[1]，玩之弟。"子纳"，误也。清操绝俗，不改素业。为吴兴守，至郡，不受俸禄。征讨大都督谢安诣纳，殊无供办，茶果清谈而退。终尚书令。亦葬此山。

卑犹山[2]，在吴县西二十里。吴太宰嚭所葬。嚭，楚伯州犁之孙。楚诛伯州犁，奔吴，吴以为大夫。谗佞夫差而诛子胥。后勾践灭吴，诛嚭，以其不忠也。

女坟湖，在吴县西北六里。《越绝书》曰："夫差小女字幼玉，见父无道，轻士重色，其国必危，遂愿与书生韩重为偶。不果，结怨而死。夫差思痛之，金棺铜椁，葬阊门外。其女化形而歌曰：'南山有鸟，北山张罗。鸟既高飞，罗当奈何？志欲从君，谗言孔多。悲怨成疾，殁身黄坡。'"又赵晔《吴越春秋》云："阖闾有女，哀怨王先食蒸鱼，乃自杀。王痛之，厚葬于阊门外。其女化为白鹤，舞于吴市，千万人随观之。后陷成湖，今号女坟湖。"流杯亭在女坟湖西二百步，阖闾三月三日泛舟游赏之处。

太湖，按《汉书·志》云："《尔雅·十数》曰：'吴越之间有具区。'"郭璞云："今吴县西南太湖，即震泽也。中有包山，去县一百三十里，其山高七十丈，周回四百里，下有洞庭穴，潜行水底，无所不通，号为地脉。又有大、小二雷山。"按《越绝书》曰："太湖周回三万六千顷，亦曰五湖。"虞翻云："太湖有五道之别，故谓之五湖。"《国语》曰："吴越战于五湖。"在笠泽，一湖耳。张勃《吴

1　原作"讷"，据前后文改。

2　原作"升犹山"，据《越绝书》《吴越春秋》改。

录》云："五湖者，太湖之别名，以其周行五百里，以五湖为名。"周处《风土记》曰："舜渔泽之所也。"《扬州记》曰："太湖一名震泽，一名洞庭，今湖中包山有石穴，其深莫知其极，即十大洞天之第九林屋洞天也。"《洞庭山记》曰："洞庭有二穴，东南入洞，幽邃莫测。昔阖闾使令威丈人寻洞，秉烛昼夜而行，继七十日，不穷而返。启王曰：'初入，洞口狭隘，伛偻而入。约数里，忽遇一石室，可高二丈，常垂津液。'内有石床枕砚，石几上有《素书》三卷，持回，上于阖闾。不识，乃请孔子辩之。孔子曰：'此夏禹之书，并神仙之事，言大道也。'王又令再入，经二十日却返，云：'不似前也。唯上闻风水波涛，又有异虫挠人扑火，石燕蝙蝠大如鸟，前去不得。'丈人姓毛，名苌，号曰毛公。今洞庭有毛公宅，石室并坛存焉。"

松江，一名松陵，又名笠泽。《左传》曰[1]："越伐吴，御之笠泽。"其江之源，连接太湖。一江东南流五十里，入小湖；一江东北二百六十里，入于海；一江西南流入震泽，此三江之口也。咸仲云："松，容也。容裔之貌。"《尚书》云"三江既入，震泽底定"是也。晋张翰仕齐王冏，在京师见秋风起，思松江鲈鱼鲙，遂命驾东归。俄而冏败，人皆谓之见机。卒葬横山东五里。

唐曹恭王庙，在松江。恭王，太宗第十四子。调露元年，则天皇后出为苏州刺史。

百口桥。后汉郡人顾训家有百口，五世同居。乡人效之，共议近宅造百口桥，以彰孝义也。

乘鱼桥，在交让渎。郡人丁法海与琴高友善，高世不仕，共营东皋之田。时岁大稔，二人共行田畔，忽见一大鲤鱼，长可丈余，一角两足双翼，舞于高田。法海试上鱼背，静然不动，良久遂下。请

1　"左传曰"三字原阙，据《学津讨原》本补。

高登鱼背，乃举翼飞腾，冲天而去。

琴高宅，在交让渎法海寺西五十步。法海寺，济阳丁法海舍宅所置。法海，盖丁令威之裔。殿宇[1]浮图下有令威炼丹井也。

皋桥，在吴县北三里有五十步。汉议郎皋伯通字奉卿所居，因名。伯通卒，葬胥门西二百步，号伯通墩。高士梁鸿隐居伯通庑下，为人赁舂。每归，妻为具食，举案齐眉。伯通察而异之，曰："彼佣能使其妻敬之如此，非凡人也。"舍于家。鸿潜闭门，著书十余篇。疾困，告主人曰："昔延陵君葬子嬴、博之间，不归乡里，慎勿令我子持丧归去。"乃卒。伯通等求葬地于吴要离冢傍，咸曰："要离烈士，伯鸾清高，宜令相近。"葬毕，妻子归扶风。

都亭桥。寿梦于此置都驿，招四方贤客。基址见存。

炭渚桥。吴时，海渚通源，后沙涨为陆。基址见存。

定跨桥。阖闾于行苑内置游赏之处。基址见存。

重玄寺。梁卫尉卿陆僧瓒，天监二年，旦暮见住宅有瑞云重重覆之，遂奏请舍宅为重云寺。台省误写为重玄，时赐大梁广德重玄寺。

乾元寺，晋高士戴颙舍宅置。乾元初，苏州节度采访使郑桂清书额，奉敕依年号为乾元寺。

通玄寺，吴大帝孙权、吴夫人舍宅置。晋建兴二年，郡东南二百六十里有沪渎，渔人夜见海上光明，照水彻天。明日，睹二石神像浮水上。众言曰："水神也。"以三牲日祝迎之。像背身泛流而去。时郡有信士朱应及东陵寺尼，率众香花钟磬入海迎之，载入郡城。像至通玄寺前，诸寺竞争，数百人牵拽不动。众议："玄像应居此寺。"言毕，数人舁试，像乃轻举，便登宝殿。神验屡彰，光

明七日七夜不绝。梁简文帝制《石佛碑》，曰有"迦叶佛""维卫佛"梵字刻于像背。唐东宫长史陆柬之书碑，载初九年，则天皇后遣使送珊瑚镜一面、钵一副，宣赐供养，兼改通玄寺为重云寺。开元五年，兼赐金鱼字额。旧通玄寺，移盐官县东四十里鲍郎市。其后像失一躯，后人造一躯以并之。

龙光寺，梁天监二年，金紫光禄大夫陆杲字明霞[1]舍宅置。陆柬之书额。

永定寺，梁天监三年，苏州刺史吴郡顾彦先舍宅置。陆鸿渐书额。

宴圣寺，梁天监三年，司徒左[2]长史吴郡张融舍宅置。右卫翊陆彦远书额。

禅房寺，宋建武元年，苏州刺史张岱舍宅置。吴郡陆曾书额。

流水寺，吴郡陆襄舍宅置。三殿三楼，高僧清闲建。吴郡县令田业伯叶书额。

唐慈寺，宋建武元年，高士将军舍宅置。

朱明寺。晋隆安二年，郡人朱明孝义立身而家大富。与弟同居。弟妻言树坏，欲弃兄异居。明知弟意，乃以金帛余谷尽给与弟，唯留空宅。忽一夕，狂风骤雨，悉吹财帛还归明宅。弟与妻羞见乡里，自尽。明乃舍宅为寺，号朱明寺。

般若台，晋穆侯何曾置。内有水池、石桥。铜像一躯，高一丈六尺，高士戴颙建。唐景龙二年，有神光现，数日不歇，奉敕改神景寺。东北有般若桥，因寺而名。

崇福寺，梁天监三年，武帝置。周朝废之。宝应元年重置。

1 "陆杲字明霞"五字原阙，据《学津讨原》本补。
2 原作"沈"，据《南齐书》《南史》改。

龙兴寺,则天皇后置。御书额八方。开元五年,刺史张廷珪模勒御书于碑。

慈悲寺,齐永明二年,吴人薛昙舍宅置。宋周[1],昙卒,遗言迁其灵枢于殿下。

陆卿寺,梁庄舍宅置。

崇善、王芝二观,并天监二年置。

古馆[2]八所:

全吴、通波、龙门、临顿、升羽带城桥二百步、乌鹊在郡南高桥、江风渴马港是、夷亭养鱼之亭。

古坊[3]六十[4]所:

通波、三让、水浮、阖闾、坤维、馆娃、调啁、平权、金风、南宫、通关、盍簪、吴趋[5]、白贲、南记、长干、望馆、曳练、衮楚、处暑、常县、白华、即次、甘节、吴渝、洊雷、义和、噬嗑、嘉鱼、陋烛。

已上三十坊在吴县。

迁善、旌孝、儒教、绣衣、太玄、黄鹂、玉铉、布德、立义、孙君、青阳、建善、从义、迎春、载耜、开水、丽泽、释菜、和令、夷则、南政、仲吕、必大、豸冠、八貂、同仁、天宫、布农、富春、循陔。

已上三十坊在长洲县。

周太王三子,长曰泰伯,次曰仲雍,次曰季历。季历贤而生圣子文王昌。昌必有天下,故泰伯以天下三让于季历焉。周与吴皆后稷之后,姓姬氏。吴国泰伯在位四十九年,无子,弟仲雍立。

---

1 《学津讨原》本作"未周"。

2 原作"右馆",据《学津讨原》本改。

3 原作"右坊",据《学津讨原》本改。

4 原作"三十六",据《学津讨原》本改。

5 原作"吴越",误,据《学津讨原》本改。

周繇王在位三十七年。子熊遂立之。

熊遂在位四十九年。子早轸立之。

早轸在位五十九年。子款吾立之。

款吾在位三十八年。子兄夷处立之。

夷处在位三十九年。侄璧羽立之。

璧羽在位三十六年。子齐玄立之。

齐玄在位五十年。子柯卢立之。

柯卢在位二十七年。弟柯转立之。

柯转在位二十四年。子娇夷立之。

娇夷在位二十四年。侄鸥夷立之。

鸥夷在位三十年。子界嗣立之。

界嗣在位三十五年。子知济立之。

知济在位二十七年。子诸樊立之。

余济在位十七年。弟余昧立之。

余昧在位二十一年。子僚立之。

子僚在位十三年。堂弟子光立之。

子光在位二十年。子光,诸樊之子,杀僚篡位,号阖闾。子夫差立之。

夫差在位二十三年。为越王勾践所杀,国灭。

已上计二十五王,治国总六百二十四年。

罗城,作"亚"字形,周敬王六年丁亥造。至今唐乾符三年丙申,凡一千八百九十五年。其城南北长十二里,东西九里,城中有大河三横四直。苏州名标十望,地号六雄,七县八门,皆通水陆。郡郭三百余巷。吴、长二县,古坊六十,虹桥三百有余。地广人繁,民多殷富。古踪灵迹,实[1]异事。后因土郢叛乱,罗城乃以重修。今姑纂成图画,以俟后来者添修矣。

1 《学津讨原》本此处为阙字。

后 集

前记皆书传所载,虽略而具典。自唐王郢叛乱,市邑废毁,刺史张抟重修罗城,并古今所创诸县乡坊庙、山茔坟墓、桥梁寺观、圣贤灵迹,或传记无闻,或废兴不一。今采摘县录,据《图经》选其确实者,列于卷后。

吴江县,梁开平三年,钱氏奏请于松江置。嘉兴、海盐二县,晋天福四年,置为秀州。

平江军,太平兴国二年,钱氏改号。

永昌北仓,在子城西北六里五十步。

西仓,在子城西一百八十步。

茭草场,在子城西三里。

商税务,在子城西三里一百八十步。

茶盐务,在子城河西五步。

都酒务,在子城南二十步。

崇节宫,在子城东三里二十步。

水军第一指挥,在州西六里二十步。

水军第二指挥,在州北六里二十步。

牢城,在州西南二里二步。

清务指挥,在州西南二里二步。

宣毅第十九指挥,在州西南三里二十步。

吴县城。地名姑苏,水名震泽。境东西一百五里,南北一百五十里。

长洲县,境东西一百十一里,南北九十里。

昆山县,境东西二百六十里,南北一百五十里。

常熟县,境东西九十里,南北一百里。

吴江县,境东西一百八十里,南北一百五十里。

吴县二十都[1]:

吴门、利娃、永安、履仁、凤凰、灵岩、横山、太平、吴苑、至德、胥台、南宫、西华、洞庭、长寿、蔡仙、姑苏、震泽、长山、遵礼。

长洲县二十都[2]:

上元、乐安、凤池、清波、道义、大云、东吴、武丘、吴宫、陈公、苏台、金鹅、习义、依仁、儒教、尹山、彭华旧名徐杭、益地、东吴、下乡。

昆山县十四都:

朱塘、积善、金吴、泖水、永安、武元、安亭、临江、湖川、春申、惠安、醋塘、新安、王乐。

常熟县十二都:

积善、开元、太平、感化、南砂、崇素、端委、归政、双凤、思政、郭行、升平。

吴江县五乡:

源澄、震泽、感化、久咏、范隅。

社坛并风伯雨师坛,并在吴县西南五里。

吴　县

洞庭镇,在县西南一百三十里。

社下镇,在西八里。

木渎镇,在县西南二十七里。

神景宫,在县西南一百二十里太湖中。唐乾符二年置。

洞庭宫,在县西南一百二十里。唐开成二年置。

1　原作"二十二都",据《学津讨原》本改。

2　原作"十九都",据《学津讨原》本改。

上真宫,在县西一百二十里。唐至德二年置。

洞庭华严院,在县西南七十里。梁天监二年置。

洞庭弥勒院,在县西南一百里。唐乾符二年置。

洞庭小湖院,在县西南一百五十里。梁大同二年置。

洞庭兴福院,在县西南七十里。唐乾符元年置。

洞庭上方院,在县西南一百二十里。唐会昌六年置。

林屋洞天。在洞庭西山,幽邃奇绝,乃真仙出洞府。据《仙经》,人间三十六洞天,其知者十,林屋第九洞天也。今皆羽客居之,好道之士常所游览,时有遇焉。

洞庭水月院,在县西南一百里。梁天监四年置。

四无量寺,在县西七十里。唐大中元年置。

天平寺,在县西南二十五里。唐宝历二年置。

昭明寺,在县西五十里。古名昭王寺,梁天监二年,昭明太子置。

楞伽寺,在县西南二里。梁天监二年置。

光福寺,在县西北七十里。梁天监二年置。

天宫寺,在县西南四十里。梁天监二年置。

宝华寺,在县西南三十里。梁天监二年置。旧名宝林院,含面和尚住持,以锡卓地为井。祥符中,改智显院。

明因院,在县西南二十五里。晋天福九年置,后改为荐福院。

宝积院,在县西南二十里。隋大业四年置,为塔院。

翠峰院,在县西南七十里。唐咸通十六年置。

景德寺,在县西北一里三十步。晋咸和二年,献穆公王珣弟珉舍宅建。

雍熙寺,在县北十步。梁天监二年置。旧名流水、法水等寺,后于雍熙中失火烧毁,遂改今名。

瑞光寺,在县西南四里。开宝九年置,旧名普济院。

西竺寺,在县西南一里六十七步。唐大中八年,处州人马厚舍宅为马禅寺。晋天福八年,钱氏改保寿院。祥符中,改今额。

桥梁一十九所:

乐桥、饮马、孙老、渡僧、升平、白显、太平、市曹、三太尉、黄牛坊、憩桥、小市、张广、普济、泰伯庙、杉渎、西馆、金师堂。

续添桥梁:

吉利、成家、渡子、龙兴寺、积善、三板、马禅寺、白礁、剪金、过军、雍熙寺后、丝行、吴县东、吴县西、乌盆、艇船、皋桥、朱明寺、鱼行、女冠子院、开元寺、梅家、查家、乌鹊、盘门里庙、雁门、朱勔宅前、景德寺、蒋侍郎、卢提刑、陆侍郎、雍熙寺西。

长洲县

大元元贞元年,董总管移于平桥北衙东府前。吴县亦然。旧址立夫子堂。

天庆观,在县西南一百五十步。唐开元中置,为开元观。至道中,改玉清道观。大中祥符二年,改今额。大元元贞元年,改玄妙观。

报恩寺,在县西北一里半。吴赤乌二年置,后废。周显德二年重置。

寿宁万岁院,在县东一里半。唐咸通二年,改为般若院。

天宫院,在县东北五十步。唐景福元年置,为武平院。祥符中,改今额。

明觉禅院,在县东南一里半。唐大中五年置。

镇国院,后废。梁乾化四年,钱氏置。大中祥符二年,改今额。

灵鹫院,在县北三百步。梁乾化三年,钱氏改为永光院。祥符改今额。

广化寺,在县西。梁贞明二年,钱氏置为崇吴院。祥符二年,改今额。

万寿禅院,在县东南一里半。梁为安国禅院。唐长寿二年,改为长寿院。乾祐元年重修。祥符三年,改今额。

大中祥符尼寺,在县西北一里半。梁天监二年置,后废。梁龙德二年,复置为福田寺。

传法尼寺,在县西一里。唐大中五年置,后废。梁乾化六年,重置为禅兴寺。祥符二年,改今额。

宁国尼寺,在县西南一里五十步。建隆二年,置为永安院。祥符二年,改今额。

仁王寺,在县东南一里。唐天福四年,奏置为安吴院。祥符二年,改今额。

永福尼院,在县南一百六十步。唐咸通年置。

资寿尼禅院,在县东南三百步。晋天福三年置。

妙严尼禅院,在县西五十步。太平兴国元年置。

半塘法华院,在县西北七里十步。东晋时置。

续添桥梁:

顾家、蒋家、乘鱼、大郎、子城后长洲县东、天宫寺、张香、徐鲤鱼、南仓、广化寺后、阮桥、承天寺后寺前、竹隔、船舫、北寺东、篆桥、板桥、徐贵子、宁国寺、菱荇、通利、乐安、禅兴寺、仰家、天庆观、红炉子、百口、蒋军、李师堂、周太保、张马步、鹅鸭、宝积寺、草鞋、灵鹫寺、周通、华家、华桥、程桥、望信、吴王、金母、阎桥、黄土塔、带城、马津、草桥、醋坊、临顿、州前平桥、至道、新桥、甫桥。

昆山县

景德寺,在县西南二百五十步。晋咸和二年置。旧名宝马寺。

景德二年,改今额。

慧聚寺,在县西北三里。梁天监十年置。初,慧向法师居石室,忽神人见前,请助千工建寺。是夜,风雨暴作如□[1]出声。诘旦视,山已成阶陛矣。后寺不日而成。唐大中七年重修。内有弥勒阁,殿柱四壁有张僧繇画龙,仿佛存焉。

慧严禅院,在县东三百步。梁开平三年,置为昆福禅院。贞明五年重修。本朝□□[2]年,改今额。

能仁禅院,在县东三十五里。唐天祐二年置。后长兴三年,改德义院。祥符中,改今额。

方泰寺,在县东七十里。唐大中三年置,后废。天福三年增。

南祥禅院,在县东一百十里。唐开成四年置,后废。光化二年重置。

新安尼寺,在县东二百步。梁天监二年置。唐会昌五年废。大中七年重建。

桥梁十四所:

望江、钉行、茶行、庙堂、鱼行、秦迪、半道、镇东、西板、昆山寺、绍法巷、酒坊、县前、平桥。

常熟具

乾元观,在县西一里虞山南岭下。梁天监五年置。天师张裕于此山修道,白日上升,遂于观立碑。

东灵寺,在县西一里。唐圣历二年置,旧名十兴寺,元在吴县界。神龙元年改今额,仍移于今所。

慧日禅寺,在县西九十步。本常熟平禅院,祥符元年改今额。

---

1 此处原阙。

2 此处年份原阙。

天宁尼寺,在县西北一里。梁天监二年置。

齐乐尼寺,在县西二百步。梁大同二年置。

顶山禅院,在县西北十六里虞山北岭下。梁大同二年置。

延福禅院,在县西十三里虞山南岭下。梁大同三年置。

兴福寺,在县西九里虞山北岭下。梁大同三年置。

胜法寺,在县东三十五里。唐乾元元年[1],置为离宅寺。晋开运末,改境宁寺。祥符元年,改今额。

桥梁五所:

言偃、信义、文学、庆仙[2]、通泰。

吴江县

应天禅院,在县西南□[3]里。唐乾符二年置。

报恩禅院,在县东北二十五里。唐大中元年置。

兴宝寺,在县城内。晋天福七年置。

宁境禅院,在县南一百里。晋开运二年置。

法喜寺,在县东十八里。后唐长兴元年置。晋开运三年重修。

桥梁十所:

双凤、醋坊、县桥、世水、马郊、通津、富基、八尺、同德、彻浦。

四库全书总目提要

臣等谨按:《吴地记》一卷附《后集》一卷,旧本题唐陆广微撰,《宋史·艺文志》作一卷,与今本合。书中称"周敬王六年丁亥

1　原作"乾元年",漏一"元"字,据《学津讨原》本补。

2　"庆"字原阙,据《至正重修琴川志》补。

3　此处原阙。

至今唐乾符三年庚申,凡一千八百九十五年",则广微当为僖宗时人。然书中"虎疁"一条称"唐讳虎,钱氏讳镠,改为浒墅"。考《五代史·吴越世家》,乾符二年,董昌始表钱镠为偏将。光启三年,始拜镠左卫大将军、杭州刺史。景福二年,始拜镠为镇海军节度使、润州刺史。乾宁元年,始加镠同中书门下平章事。二年,始封镠为彭城郡王。天祐元年,封吴王。至朱温篡立,始封镠为吴越王。安得于乾符三年,以董昌一偏将,能使人讳其嫌名?且乾符三年,亦安得预称吴越?至钱俶于宋太平兴国三年始纳土入朝。当其有国之时,苏州正其所隶,岂敢斥之曰"钱氏"?尤显为宋人之辞。则此书不出广微,更无疑义。王士禛《香祖笔记》尝摘其"语儿亭""冯骓宅""公孙挺、陈开疆、顾冶子墓"三条,又摘其"琴高宅"一条,于地理、事实皆为舛缪。又按:"乾符三年"岁在丙申,实非庚申,上距周敬王丁亥仅一千三百九十年,实非"一千八百九十五年",于年数亦复差误。观其卷末称"纂成图书以俟后来者添修",而此本无图。前列吴、长洲、嘉兴、昆山、常熟、华亭、海盐七县,而后列吴县、长洲县事为多,殆原书散佚,后人采缀成编,又窜入他说,以足卷帙,故讹异若是耶?以今世所行,别无善刻,故姑仍吴琯此本录之,以存梗概,而附订其抵牾如右。又《吴地记后集》一卷,盖续广微之书者,不著撰人名氏。前有题词称"自唐王郢叛乱,市邑废毁""或传记无闻,或废兴不一",仅"采摘县录,据《图经》选其确实者,列于卷后"。所记建置年号,止于祥符元年,疑北宋人作。旧本附录,今姑并存备考焉。

乾隆四十五年七月恭校上。

总纂官臣纪昀、臣陆锡熊、臣孙士毅

总校官臣陆费墀

吴地记佚文

◎曹元忠 辑

点校说明

　　《中国地方志联合目录》在著录"《吴地记》一卷《后集》一卷"后有"注"云"复旦另有《吴地记佚文》一卷,民国初年曹元忠辑,稿本"。《复旦大学图书馆藏稀见方志丛刊》本收录。曹元忠(1865—1923),字藥一,又作挨一,号君直,别号瓽云、浚波,江苏吴县人。清光绪二十年(1894)举人。官玉牒馆校对,学部图书馆、礼学馆纂修。宣统元年(1909)官内阁侍读,资政院议员。辛亥革命后,家居讲学。学问淹博,文章尔雅,海内奉为泰斗。精鉴古籍,长于校勘。有藏书室曰笺经堂,家藏宋元本书极为丰富。著有《月令章句》3卷、《说文考逸》1卷、《括地志》1卷、《沙州石室文字记》1卷、《笺经室所见宋元书题跋》1卷、《笺经室遗集》20卷。本志系由《太平御览》《太平广记》《太平寰宇记》《艺文类聚》《水经注》《吴郡志》《读史方舆纪要》以及后世府县志所引《吴地记》文字辑录而成。因为历史上曾编过多种《吴地记》,除了陆广微所著传世外,其余均已佚,故此《吴地记佚文》不一定来自一种著作。

　　曹元忠辑《吴地记佚文》内容涉及城邑、居处、地名、桥梁、山川、土产、人物、墓冢等。本次点校以《复旦大学图书馆藏稀见方志丛刊》收录的稿本为底本。

吴地记佚文

香山　吴王遣美人采香于此山，以为名，故有采香径。

杜子恭墓　子恭有内术，尝[1]就人借瓜刀。主人求之，恭曰："当相还也。"刀主至嘉兴，鱼跃入船中，破鱼得刀。墓在西郭门外，有石碑。

县南明圣湖　前《记》云："湖中有金牛，常见光耀，故以表明圣之名。"

粟山　在县西，一名新石头山。上有城，周五十里。下有飞泉、石杵，方二尺，长丈四尺。吴先主刻题云："黄武七年岁在戊申八月二日（余字不可识）。"石杵西有金岘。前《记》云："古于此采金。"刘道真《记》云："县西有姥山，绝岭之上有石甄，一人摇辄动，与千人摇不异也。"

县西十里有铜山，周九十里。有铜坑十余，穴深者二十余丈，浅者八七丈，所谓采山铸钱之处。左太冲《吴都赋》云："煮海为盐，采山铸钱"是也。山北一碑，篆书，字不可尽识。山东平泽，有铜泽。

阖庐十一年，起台于胥山。姑苏山，山南造九曲路，高三百尺以游之。《越绝书》云："台高见三百里。"故太史公云"登姑苏，望五湖"，即此。

姑苏山西北十二里胥口东岸有汉奉车都尉、衡州刺史吴辉墓。

1　原作"常"，据文意当作"尝"。

辉字光修，即汉丹阳太守吴景父也。

夫差十二年，既杀子胥，后悔之，与君臣临江作塘，创设祭奠，百姓缘为立庙。宋元嘉三年，吴县令谢从谒庙于匠门内。《吴越春秋》云："夫差设祭，杯动，酒尽焉。"

华亭水东有昆山，故陆机思乡，诗云："仿佛谷水阳，婉娈昆山阴。"

昆山县石首鱼，冬化为凫，土人呼为鹭鸭。小鱼长五寸，秋社化为黄雀，食稻，至冬还海，复为鱼。

言偃宅　宅有井，井边有监洗石，周四尺。《舆地志》云：梁萧正德为郡太守，为萧将去，莫知所在。并《太平寰宇记》九十一、《纪胜》五引："石有井，有监洗。"[1]

越国西北界至御儿，在今吴郡嘉兴县南是也。即与吴分界于此。《太平寰宇记》九十三

大骑城、小骑城　吴王濞筑此二城为马厩。《太平寰宇记》九十四、《纪胜》四

昆山陆氏，陆氏祖葬此，因生机、云，皆负辞学。时人以玉出昆冈，因而名焉。机入洛，尝寄从兄诗[2]曰"仿佛谷水阳，婉娈昆山阴"是也。

金山　有牛坡，可容二十人坐。山北有寒穴泉，甘香。

二陆宅　宅在长谷，谷在吴县东二百里。谷周回二百余里，谷名华亭，谷水下通松江。陆逊居此，故封逊亭侯。并王象之《纪胜》三

1　据《舆地纪胜》，当作"宅有井，有监洗石"。

2　《赠从兄车骑》："孤兽思故薮，离鸟悲旧林。翩翩游宦子，辛苦谁为心。仿佛谷水阳，婉娈昆山阴。营魄怀兹土，精爽若飞沈。寤寐靡安豫，愿言思所钦。感彼归途艰，使我怨慕深。安得忘归草，言树背与襟。斯言岂虚作，思鸟有悲音。"

山有花卉,村多蔷薇、红踯躅[1]、朱藤,名为锦墟。《纪胜》四

虎丘山 入山则泉石奇诡,应接不暇。其最者,剑池、千人坐也。剑池,浙中绝景,两岸划开,中涵石泉,深不可测。千人坐,生公讲经处也。大石盘陀数亩,高下如刻削。[2]《纪胜》五[3]

吴王濞葬武进县南,地名相唐。《史记·吴王濞传·集解》

仲雍冢,在吴郡常熟县西海虞山上,与言偃冢并列。《史记·吴世家·索隐》

朱方,秦改曰丹徒。《史记·吴世家·集解》吴改朱方曰丹徒。《文选》二十三《谢灵运庐陵王墓下作》注

徐枕山,一名卑犹山[4]。《史记·吴世家·索隐》

越军于苏州东南三十里三江口,又向下三里,临江北岸立坛,杀白马,祭子胥,杯动酒尽。后因立庙于此江上。今其侧有浦,名上坛浦。至晋,会稽太守糜豹移庙吴郭东门内道南。今庙见在。

胥山,太湖边胥湖东岸山,西临胥湖。山有古丞[5]、胥二王庙[6]。并《史记·伍子胥列传·正义》

昌门者,吴王阖闾所作也,名为[7]闾阖门,高楼阁道。《文选·陆士衡〈吴趋行〉》注

宋志引《吴记》云:海盐县本武原乡,秦以为县。《纪胜》三

《吴地记》:海虞县西山上有女坟,吴王阖闾为太子聘齐女为妻,忧思发病。王筑大吴城北门城楼,便于登其上,名曰齐门。

---

1 红踯躅,即杜鹃花、映山红。

2 清纳兰性德《渌水亭杂志一》有类似记载。

3 原作"二",据《舆地纪胜》改。

4 原作"位",据《史记》改。

5 原作"葬",据《史记》改。

6 原作"宙",据《史记》改。

7 原作"曰",据《文选》改。

女临终谓太子，□死有知，必葬我虞山之丘，以望齐国也。《类钞》九十二《礼仪部类》三三

董览《吴地记》云：阖闾墓铸铜为椁。《类钞》九十四《礼仪部》冢墓四十二

《御览》引《吴地记》：包山在县西一百三十里，中有洞庭深远，世莫能测。吴王使灵威丈人入洞穴，十七日不能尽，因得玉叶，上刻《灵宝经[1]》二卷。《寰宇记》作《灵宝经》三卷。使示孔子，为禹之书也。

《吴地记》引《洞庭山记》："丈人姓毛，名苌，号曰毛公。"

百丈山 《吴地志》："尧时洪水，尚余百丈，因以名焉。"《纪胜》二

晏子城[2] 《吴地志》："齐晏子娶吴王女，筑此城。"《纪胜》四

《吴地志》："石首鱼，至秋化为冠凫，冠凫头中犹有石也。"[3] 午正□十七、二十九

《吴地志》："王莽改海盐县为展武县，后陷为湖，非浅。视之，仿佛尚见。"

六里山 《吴地志》：山有石，篆书三十八字，吴归命侯[4] 天册元年刻。

金牛山 《吴地志》：昔有金牛粪金，村民皋伯与弟随之，牛穴此山而入。二人凿山以取之，入不止。山颓，兄弟皆死，遂以名之。亦曰金牛洞。《纪胜》三

---

1 "经"字原阙，据《太平御览》补。

2 《读史方舆纪要》：晏子城，在长兴西南百二十里晏子乡。即安吉西北二十里。

3 宋叶廷珪《海录碎事·鸟兽草木》：石首鱼，至秋化为冠凫，头中犹有石也。明谢肇淛《五杂俎·物部一》转引韦昭《春秋外传》注曰："石首成凫。凫，鸭也。"

4 吴大帝孙权的孙子孙皓，史称归命侯。归命侯即顺应天命、归顺投降的亡国之君。

吴郡图经续记

◎〔宋〕朱长文 撰

点校说明

朱长文（1039—1098），字伯原，宋苏州吴县（今苏州市）人。年未冠便举进士乙科，后因骑马伤足，不肯出仕。筑室乐圃坊，著书阅古，人称乐圃先生。元祐间，经苏轼等推荐，充本州教授。绍圣间，被召为太常博士，迁秘书省正字。家藏书丰富，书无所不知。著有《墨池编》《琴台志》《乐圃余稿》等。《宋史》有传。撰写此书的经过，作者在《序》中这样说："元丰初，朝请大夫临淄晏公出守是邦……尝顾敝庐，语长文曰：'吴中遗事与古今文章湮落不收，今欲缀缉，而吾所善练定以谓唯吾子能为之也。'长文自念屏迹陋巷，未尝出庭户，于访求为艰。而练君道晏公意，屡见趣勉。于是，参考载籍，探摭旧闻，作《图经续记》三卷。"后又因章岵的索取而"稍加润饰"。《序》作于元丰七年（1084）九月，成书当在此之前。当时未能刊行。到元符二年（1099），祝安上使镂板于公库。南宋初，孙佑访得遗书，授学官孙卫补葺校勘，于绍兴四年（1134）成书刻传。现在的传本就是这个校补本，为我国今存方志最早之刊本，曾为吴兴蒋氏所藏，刊入《密韵楼丛书》；原本今在台湾省。此志于明嘉靖二十七年（1548）有重刊本，又有万历二年（1574）钱氏悬磬室刻本，明凡二刻，题名为《续记》，据作者于《序》里所说："由祥符至今逾七十年矣。其间近事，未有纪述也。"所以，承续的应是北宋大中祥符间李宗谔等撰的《苏州图经》，又名《吴郡图经》，而非《〔洪武〕苏州府志·序》所说的《吴县图经》。书分上、中、下三卷。[1] 上卷有封域、城邑、户口、坊市、物产、风俗、门名、学校、州宅、南园、仓务、海道、亭馆、牧守、人物，中卷有桥梁、祠庙、宫观、寺院、山、水，下卷为治水、往迹、园第、冢墓、碑碣、事志、杂录等，共 28 门。前有自序、目录，后有常安民《书吴郡图经续记后》和林虙、祝安上、孙佑 3 篇《图经续记后序》。虽说是"续"，而门目齐全。赵汝谈《吴郡志序》称："《旧图经》芜漫失考，朱公（长文）虽重作，亦略。"说是"重作"，似同于重修。《江苏方志考》称之为"内容详实，叙述简练"。这是宋代苏州方志中唯一流传至今的图经，而且全国现存两宋的图经，完整的只有两部，此为其一。因此，是书有助于现在的人们去辨认宋代图经的体式，为研究方志发展的源流提供了依据。书中所记述的种种史实，一直为以后的方志所征引。

1986 年，金菊林据乌程蒋氏景宋本为底本，用明钱氏悬磬室本（磬室本）、清胡氏琳琅秘室本（秘室本）、江苏书局同治十二年刻本（局本）参校。本次点校则以《江苏历代方志全书》本，即咸丰三年刻本为底本，参校江苏书局同治十二年刻本。

1　《〔乾隆〕苏州府志》《〔道光〕苏州府志》"朱长文传"作"《苏州续图经》五卷"，不知何据。

吴郡图经续记序

方志之学,先儒所重。故朱赣风俗之条、顾野王舆地之记、贾耽十道之录,称于前史。盖圣贤不出户知天下,矧居是邦而可懵于古今哉!按《唐六典》:"职方氏掌天下之地图。凡地图,命郡府三年一造,与版籍偕上省。"圣朝因之,有闰年之制。盖城邑有迁改,政事有损益,户口有登降,不可以不察也。吴为古郡,其图志相传固久。自大中祥符中诏修《图经》,每州命官编辑,而上其详略,盖系乎其人。而诸公刊修者,立类例,据所录而删撮之也。夫举天下之经而修定之,其文不得不简。故陈迹异闻,难于具载。由祥符至今,逾七十年矣,其间近事,未有纪述也。元丰初,朝请大夫临淄晏公出守是邦,公乃故相国元献公之子,好古博学,世济其美。尝顾敝庐,语长文曰:"吴中遗事与古今文章湮落不收,今欲缀缉,而吾所善练定以谓唯子能为之也。"长文自念屏迹陋巷,未尝出庭户,于访求为艰。而练君道晏公意,屡见趣勉。于是,参考载籍,探摭旧闻,作《图经续记》三卷。凡《图经》已备者不录,素所未知则阙如也。会晏公罢郡,乃藏于家。今太守、朝议大夫武宁章公治郡三年,以政最被命再任。比因临长文所居,谓曰:"闻子尝为《图经续记》矣,余愿观焉。"于是稍加润饰,缮写以献。置诸郡府,用备咨阅,固可以质凝滞、根利病、资议论,不为虚语也。

方圣上睿谟神烈,声教光被,海隅出日,罔不率俾,广地开境,增为郡县。傥或申命方州,更定图籍,则此书庶几有取也。事有缺略,犹当刊补。其古今文章,别为《吴门总集》云。

元丰七年九月十五日,州民前许州司户参军朱长文上。

目　录

卷上

卷 上

封 域

苏州,在《禹贡》为扬州之域。《书》云:"三江既入,震泽底定。"即此地也。至周,为吴国。始,泰伯与其弟仲雍,皆太王之子、王季历之兄也。泰伯以天下逊其弟王季,乃与仲雍南奔以避之,即其所居,自号"句吴",吴民义而从之者千余家。当商之末世,筑城郭以自卫,遂为吴泰伯。《春秋传》曰:"泰伯端委以治周礼,仲雍嗣之。"自泰伯作吴,五世而武王克商,求泰伯、仲雍之后,得周章。周章已君吴,因而封之,其爵为伯。《国语》云:"命圭有命,固曰吴伯,不曰吴王。"自周章传十四世,吴子寿梦立,吴益大,称王。而《春秋》书之曰"子"。鲁成公七年春,吴伐郯。秋,吴入州来。是时,楚一岁七奔命,蛮夷属于楚者,吴尽取之,始通于上国矣。又更四君,至吴王阖庐。吴自泰伯以来所都,谓之吴城,在梅里平墟,乃今无锡县境。及阖庐立,乃徙都,即今之州城是也。于是,西破楚入郢,北[1]威齐晋。盖当是时,吴与越以浙江分境,越患犹远。《吴越春秋》云:"勾践五年,入臣于吴,群臣祖道至浙江上。"盖浙为吴境也。勾践七年,既释囚返国,厚献吴王夫差。夫差悦之,于是赐书,增之以封,东至句甬,西至檇李,南至姑末,北至平原,纵横八百

---

1 原作"比",误,据文意改。

余里。子胥谏之，不听。事具《吴越春秋》。吴之南境益狭矣。勾践终败吴而围之。鲁哀公二十二年，越灭吴，吴乃为越，而越王未闻居吴也。勾践后，更六王至无疆，更一百四十余年，为楚威王所灭，取吴故地。威王曾孙曰考烈王，春申君黄歇为之相，乃以吴封春申，使其子为假君留吴。及秦并其地，置会稽郡。汉顺帝永建四年，分会稽为吴郡，以浙江中流为界。晋、宋、齐、梁、陈之间，虽颇割地，而郡不改，与吴兴、丹阳，号为"三吴"。隋平陈，割盐官以隶于杭。至唐，有吴、长洲、嘉兴、昆山、常熟、海盐、华亭七邑，号为"雄郡"。乾元二年，尝置长洲军，大历中废。五代时，分嘉兴、海盐、华亭，别为秀州，隶苏者唯五县。钱氏献其籍，国朝以为平江节度，所领县仍故，谓之"望郡"云。

城　邑

昔阖庐问于子胥曰："吾国在东南僻远之地，险阻润湿，有江海之害。内无守御，外无所依，仓库不设，田畴不垦，为之奈何？"于是，子胥说以立城郭、设守备、实仓廪、治兵库。阖庐乃委计于子胥，使之相土尝水，象天法地，筑大城周四十里，小城周十里，开八门以象八风。是时，周恭王之六年也。自吴亡至今仅二千载，更历秦、汉、隋、唐之间，其城洫[1]、门名，循而不变。陆机诗云："阊门何峨峨，飞阁跨通波。"其物象犹存焉。隋开皇九年平陈之后，江左遭乱。十一年，杨素帅师平之，以苏城尝被围，非设险之地，奏徙于古城西南横山之东、黄山之下。唐武德末，复其旧，盖知地势之不可迁也。观于城中，众流贯州，吐吸震泽，小浜别派，旁夹路衢，盖不如是，无

1　古同"洫"，沟渠。

以泄积潦、安居民也。故虽有泽国，而城中未尝有垫溺荡析之患，非智者创于前，能者踵于后，安能致此哉？而流俗或传吴之故都[1]在馆娃宫侧，非也。盖娃宫、胥台，乃离宫别馆耳。当吴之盛时，高自矜侈，笼西山以为囿，度五湖以为池，不足充其欲也。故传阖庐秋冬治城中，春夏治城外，旦食鲭山，昼游苏台，射于鸥陂，驰于游台，兴乐石城，走犬长洲，其耽乐之所多矣。《左氏传》载楚子西之言曰："夫差次有台榭陂池焉，宿有妃嫱嫔御焉。一日之行，所欲必成。"今故老犹能道其遗迹，信不虚也。自唐季盗起，浙西帅周宝以杨茂实为刺史，为盗所据。龙纪元年，钱镠遣其弟铼破徐约于此州，以都将沈粲权领。其后，李宥、孙儒、杨行密、时台濛三陷郡城。乾宁五年，镠既平董昌，遣其将顾全武会稽航海道帅师击之，台濛遁去。盖于此十余年间，民困于兵火，焚掠赤地，唐世遗迹殆尽。钱氏有吴越，稍免干戈之难。自乾宁至于太平兴国三年钱俶纳土，凡七十八年。自钱俶纳土至于今元丰七年，百有七年矣。当此百年之间，井邑之富过于唐世，郛郭填溢，楼阁相望，飞杠如虹，栉比棋布，近郊隘巷，悉甃以甓。冠盖之多，人物之盛，为东南冠，实太平盛事也。

户　口

西汉之会稽郡，举今二浙之地皆在焉，其为户二十二万三千三十八。东汉之吴郡，举今浙西之地皆在焉，其为户十六万四千一百六十四。晋之吴郡，举今杭、秀、睦三州之境皆在焉，其为户二万五千。唐之苏州，举今秀州之地在焉，初，其为户一万一千八百五

十九,天宝之盛至七万六千四百二十一。自钱武肃分苏以为秀,用自屏蔽,其隶苏者吴、长洲、昆山、常熟,又分吴县为吴江,合五邑而已。忠懿王以其国归之有司。国朝与民休息,稼穑丰殖。大中祥符四年,有户六万六千一百三十九。由祥符至于今七十余年间,累圣丕承,仁泽日厚,庞鸿汪洋,何生不育?元丰三年,有户一十九万九千八百九十二,有丁三十七万九千四百八十七。呜呼,盛矣!盖此州在汉乃一县之境,比唐为半郡之余,而其民倍徙[1]于当时,不可胜数。盖自昔未有今日之盛也。故其输帛为匹者八万,输纩为两者二万五千,输苗为斛者三十四万九千,苗有蠲放者,在此数中。输钱免役为缗者岁八万五千,皆有畸焉。而又有盐税、榷酤[2]之利为多。以一郡观之,则天下盖可知矣。

昔冉有曰:"既庶矣,又何加焉?"孔子曰:"富之。""既富矣,又何加焉?"曰:"教之。苟有用我者,期月而已,三年有成。"况今承百年太平之后,而有四海全盛之势哉!方圣上精一以迪德,几微以成务,讲政修教,朝出于轩陛,暮行于海宇,六府三事既允治矣。方当节之以礼,和之以乐,跻民于尧舜三代之隆,此其时哉!

坊 市

《图经》坊、市之名各三十,盖传之远矣。如曳练坊者,或传孔子登泰山,东望吴阊门,叹曰:"吴门有白马如练。"因是立名。黄鹂市之名,见白公诗,所谓"黄鹂巷口莺欲语,乌鹊桥头冰未销"是也。其余皆有义训,不能悉知其由。其巷名见于载籍者,如"弹

---

1 原作"倍屣",误,据文意改。
2 原作"攉酤",误,据文意改。

铗""渴乌"一二种,皆莫知其处。乃知事物不著于文字之间,则艰于传远,故方志之说不可废也。近者,坊市之名多失标榜,民不复称。或有因事以立名者,如灵芝坊,因枢密直学士蒋公堂;豸冠坊,因侍御史范公师道;德庆坊,因今太子宾客卢公革,各以所居得名。盖古者以德名乡之义也。苟择其旧号,益以新称,分其邑里,因以彰善旌淑,不亦美哉?昔梅福弃官易名姓,为吴市门卒。今此有西市门,殆其所隐乎?

物 产

吴中地沃而物夥,其原隰之所育,湖海之所出,不可得而殚名也。其稼,则刈麦种禾,一岁再熟。稻有早晚,其名品甚繁。农民随其力之所及,择其土之所宜,以次种焉。惟号"箭子"者为最,岁供京师。其果,则黄柑香硕,郡以充贡。橘分丹绿,梨重丝蒂,函列罗生,何珍不有?其草,则药品之所录,《离骚》之所咏,布护于皋泽之间。海苔可食,山蕨可掇,幽兰国香,近出山谷,人多玩焉。其竹,则大如筼筜,小如箭桂,含露而班,冒霜而紫,修篁丛笋,森萃萧瑟,高可拂云,清能来风。其木,则栝柏松梓,棕楠杉桂,冬岩常青,乔林相望,椒楝栀实,蕃衍足用。其花,则木兰辛夷,著名惟旧。牡丹多品,游人是观。繁丽贵重,盛亚京洛。朱华凌雪,白莲敷沼。文通、乐天,昔尝称咏。重台之菡萏,伤荷之珍藕,见于传记。其羽族,则水有宾鸿,陆有巢翠,鹍鸡鹊鹭、鸬鶒鸥鹜之类,巨细参差,无不咸备。华亭仙禽,其相如经。或鸣皋原,或扰樊笼。其鳞介,则鲦鲿鳜鲤、鲔鳝鲼鲨、乘鲎鼋鼍、蟹螯螺蛤之类,怪诡舛错,随时而有。秋风起则鲈鱼肥,练木华而石首至,岂胜言哉!海濒之民,以网罟蒲蠃之利而自业者,比于农圃焉。又若太湖之怪石，包山之珍茗，千里之紫莼，织席最良，给用四方，皆其所产也。若夫舟航往来，北自京国，南达海徼，衣冠之所萃聚，食货之所丛集，乃江外之一都会也。

风　俗

太伯逊天下，季札辞一国，德之所化远矣。更历两汉，习俗清美。昔吴太守麋豹出行属城，问功曹唐景风俗所尚。景曰："处家无不孝之子，立朝无不忠之臣，文为儒宗，武为将帅。"时人以为善言。陆机诗云："山泽多藏育，土风清且嘉。泰伯导仁风，仲雍扬其波。"岂不然哉？盖朱买臣、陆机、顾野王之徒，显名于历代而人尚文；支遁、道生、慧向之俦，唱法于群山而人尚佛。故吴人多儒学，喜信施，盖有所由来也。然夸豪好侈，自昔有之。《吴都赋》云："竞其区宇，则并疆兼巷；矜其宴居，则珠服玉馔。"亦非虚语也。自本朝承平，民被德泽，垂髫之儿皆知翰墨，戴白之老不识戈矛。所利必兴，所害必去。原田腴沃，常获丰穰；泽地沮洳，寖以耕稼。境无剧盗，里无奸凶，可谓天下之乐土也。顾其民，崇栋宇，丰庖厨，嫁娶丧葬，奢厚逾度，捐财无益之地、蹶产不急之务者为多。惟在位长民者，有以化之耳。

门　名

吴王阖庐建城之始，立陆门八，以象八风；水门八，以象八卦。《吴都赋》云："郛郭周匝，重城结隅。通门二八，水道陆衢。"刘梦得诗云："二八城门开道路，五千兵马引旌旗。"其传久矣。所谓八门者，其南曰盘门，以尝刻蟠龙之状；或曰为水陆相半，沿洄屈曲，故谓之盘也。曰蛇门者，为其于十二位在巳也；又云以越在巳地，为木蛇北向，示越属吴也。其西曰阊门者，象天门之有阊阖也。曰胥门者，子胥居其旁，民以称焉。夫差伐齐之役，胥门巢将上军，盖当时以巢所居为号也。门外有胥门塘。其东曰娄门，娄县名也，盖因其所道也。秦谓之嚣留，汉谓之娄，今之昆山，其地一也。曰封门者，取封禺之山以为名。封山，故属吴郡，今在吴兴。方言谓封曰鄪。鄪者，茭土摎结，可以种殖者也。其事或然。曰将门者，吴王使干将于此铸宝剑。今谓之匠，声之变也。北曰齐门者，齐景公女嫁吴世子者，登此以望齐也。又南有赤门，北有平门，盖不预八数。或曰平门者，故为巫门，巫咸所葬也。当吴时，不开东面之门，欲以绝越。其后，稍或闭塞，盖其多途则艰于守卫，几禁也。今所启者五而已。封门陆衢，中或埋塞，范文正公命辟之为门往来，至今大以为便。

学　校

吴郡昔未有学，以文请解者，不过数人。景祐中，范文正公以内阁典藩，而叹庠序之未立。我先君光禄，率州人请建学。文正公请于朝，奏可。乃割南园之一隅以创焉。既成，或以为太广。范公曰："吾恐异时患其隘耳。"乃置学钱，命师儒。其后为守者，继成其事。富郎中严又建六经阁。自安定先生翼之首居于此，而博洽有道之士如王会之逢、张圣民刍、张公达伯玉之俦继处其任，学者甚众，登科者不绝。有若滕正议元发、钱翰林醇老诸公，稍稍以出。熙宁之际，朝廷置学官，更问大义，士之来者甚盛矣。顷时，李校理缜又割南园地，以广其垣。然黉舍未多，今犹以为隘也。宣圣殿旁旧有文正公祠，以安定先生配，岁时释奠者，皆焚香拜首。学中有十题，曰辛夷、百干黄杨、公堂槐、鼎足松、双桐、石楠、龙头桧、蘸水桧、泮池、玲珑石。或云苏子美尝掌学,命名也。

州宅上

《郡国志》云:"今太守所居室,即春申君之子为假君之殿也。因数失火,涂以雌黄,故曰黄堂。"又传,吴宫至秦时犹存,守宫吏以火视燕窟,遂火焉。其遗迹虽无存者,其地则未闻或改也。汉会稽太守治于吴。朱买臣载其故妻到太守舍,置园中,给食之。即此地也。今郡廨承有唐、五代之后。昔韦苏州诗云:"海上风雨至,逍遥池阁凉。"白乐天于西楼命宴、齐云楼晚望,皆有篇什。所谓池阁者,盖今之后池是也。西楼者,盖今之观风楼也。齐云楼者,盖今之飞云阁也。白公诗云:"欲辞南国去,重上北城看。"木兰堂之名亦久矣,皮陆唱和诗有"木兰后池",即此也。池中有老桧婆娑,尚存。父老云:"白公手植,已二百余载矣。"询之士子,云:"张刑部太初作山阴堂,蒋密直治后池诸亭及瞰野亭、见山阁,吕光禄建按武堂,蔡秘阁子直置射堂,裴校理如晦立飞云阁,韩度支子文植怪石二于便厅后,榜曰'介轩'。近晏大夫处善葺故亭于城之西北隅,号曰'月台',以便登览。"余则未悉闻也。

州宅下

盖古之诸侯有三门,外曰皋门,中曰应门,内曰路门。因其门以为三朝,朝之后有三寝,曰路寝一,曰燕寝二。自罢侯置守,其名既殊,其制稍削,然犹存其概。今之子城门,古之所谓皋门也。今之戟门,古之所谓应门也。今之便厅门,古之所谓路门也。今之大厅,古之外朝也。今之宅堂,古之路寝也。苏为东南大州,地望优重,府廷宜有以称。自唐乾宁元年刺史成及建大厅，更五代，至于圣朝嘉祐间，年祀浸远，栋宇既敝。紫微王公君玉乃新作是厅，选材鸠工，闳敞甲诸郡。陈祠部天常新作子城门，楼观甚伟，而大厅之前、戟门之后，廊庑库陋不称，且甲仗、架阁二库在焉，海濒卑湿，暑气蒸润，戎器簿籍，或材弊文朽不可用。又高丽人来朝，过郡，郡有燕劳，其从者皆坐于廊。此而不葺，非所以革弊示远也。元丰六年，太守、朝议大夫章公以是说谋于[1]转运使，得羡钱二百万，又以公使助之。于是，易以修廊，覆以重屋，二楼对立，楼各八楹，木章必精，陶埴以良，吏无容奸，工各献巧，故费省而功速。明年春，落成。又修戟门荐之，高于旧三尺。由是，自台门至于府廷，栋宇相副，轮焉奂焉，不陋不奢，后无以加也。

南　园

南园之兴，自广陵王元璙帅中吴，好治林圃。于是，酾流以为沼，积土以为山。岛屿峰峦，出于巧思。求致异木，名品甚多。比及积岁，皆为合抱。亭宇台榭，值景而造。所谓三阁八亭二台，"龟首""旋螺"之类，名载《图经》，盖旧物也。钱氏去国，此园[2]不毁。工黄州诗云："他年我若功成后，乞取南园作醉乡。"乃玩而爱之之至也。或传，祥符中，作景灵宫，购[3]求珍石，郡中尝取于此，以贡京师。其间，楼榭岁久摧圮，吕济叔尝作熙熙堂。厥后，守将亦加修饰。今所存之亭，有流杯、四照、百花、乐丰、惹云、风月之目，每春纵士女游览，以为乐焉。

1　原作"公"字，据江苏书局本改。

2　原作"比园"，误，据文意改。

3　"购"字，原作"古候切，一字"，拟避宋高宗名讳。

仓　务

南仓，在子城西；北仓，在阊门侧，皆前后临流。每岁输税于南，和籴于北。以元丰三年计之，所籴无虑三十万斛。东南之计，仰给于此。而农民赖官籴[1]以平谷价，其利博哉！税务旧在驿前，范文正公迁于西河之上，官私舟楫往来输税者不必迂路，至今以为便。酒务损弊，前守司谏孙公请于朝，给省金四万缗新之。晏公、章公相继趣成，近已毕工。又尝大修南仓，既闳且固，为储积之利。

亭　馆

临水之亭，《图经》所载者四。今漕渠之上增建者多矣，曰按部，曰缁衣，曰济川，曰皇华，曰使星，曰候春，曰褒德，曰旌隐之类，联比于岸矣。所谓"褒德"者，近于秘监富公之居。"旌隐"者，近于密直蒋公之居。昔之郡将名亭，以褒二老也。近岁，高丽人来贡，圣朝方务绥远，又于城中辟怀远、安流二亭，及盘、阊之外各建大馆，为宾饯之所。

海　道

吴郡，东至于海，北至于江，傍青龙、福山，皆海道也。汉武帝遣严助发兵会稽，浮海救东瓯。后朱买臣言："东越王居保泉山。今发兵浮海，直指泉山，陈舟列兵，席卷南行，可破灭也。"上拜买

1　原作"宫籴"，误，据江苏书局本改。

臣会稽太守。诏买臣到郡,治楼船,备粮食、水、战具。居岁余,买臣受诏将兵,与横海将军韩说等俱击破东越。晋袁山松、虞潭尝于沪渎筑城垒以防寇。自朝家承平,总一海内,闽粤之贾,乘风航海,不以为险。故珍货远物,毕集于吴之市。今濒海皆有巡逻之官,所以戢盗贼、禁私鬻也。

牧　守

　　昔汉会稽太守治于吴,自朱买臣见遇武帝,引章之部,世歆其荣。光武时,有任延者,称为循吏。延字长孙,年十九,为会稽都尉,迎官惊其壮。及到,静泊无为,惟先遣馈礼,祠延陵季子。聘请高行如董子仪、严子陵等,待以师友之礼。掾史贫者,辄分俸禄以赈给之。省诸卒,令耕公田,以周穷急。所行县,辄使慰勉孝子,就殡饭之。吴有龙丘苌者,隐居太末,志不降辱,掾史请召之。延曰:"龙丘先生躬德履义,有原宪、伯夷之节,都尉扫洒其门,犹惧辱焉,召之不可。"遣功曹奉谒,修书记,致医药,相望于道。积一岁,苌乃诣府,愿得备录。遂命为议曹祭酒。是以郡中贤士大夫争往宦[1]焉。自晋至唐,牧守之良者已载《图经》矣。于《新唐史》,又得数事焉。史称王仲舒之为刺史也,堤松江为路,变屋瓦,绝火灾,赋调常与民为期,不扰自办。于頔之为刺史也,罢淫祠,浚沟浍,端路衢,为政有绩。杨发之为刺史也,其治以恭长慈幼为先。是皆可述者也。若韦应物、白居易、刘禹锡,亦可谓循吏,而世独知其能诗耳。韦公以清德为唐人所重,天下号曰"韦苏州"。当贞元[2]时,为郡于此,人赖以安。又能宾儒士,招隐独,顾况、刘长卿、丘丹、秦系、皎然之俦,类见旌引,与之酬唱,其贤于人远矣。乐天高行美才,其于簿领,宜不以屑意。然观其勤瘁,非旬休不设宴,见于题咏。尝作虎丘路,免于病涉,亦可以障流潦。未几,求去。梦得赠诗云:"姑苏十万户,皆作婴儿啼。"盖其实也。梦得之为州,当灾疫之后,民无流徙。朝廷以其课最,赐三品服。此三人者,至今以为美谈。自钱武肃王吴越,以其子元璙为刺史。当兵火剽焚之后,而元璙以俭约慎静镇之者三十年。与江南李氏接境,而能保全屏蔽者,元璙之功也。元璙后封广陵郡王,子文奉嗣之,颇亦好士,有胜致,卒官下。其后忠懿王纳土请吏,朝廷始除守以治之。自太平兴国三年至今元丰四年,更七十二人矣。题名具《总集》。朝廷以剧郡,常慎其选,非台阁之贤、漕宪之序,不以轻授。其风流文雅,开敏强济,丰功琦行,贵名茂阀,列于国史、炳于家传者多矣。草野之士,独处而罕闻,虽闻而不详,何以遽数哉!今朝议大夫章公尝将漕二浙,有威名。及既下车,饬治众职,虽小必察。始至,会暴风,湖海之濒,民或漂溺。公遣吏巡视赈恤,请蠲田租,人不失所。锄治奸吏,绳遏浮荡,击沮豪右,莫不畏慑,政声流闻。诏曰:"吏不数易,然后得以究其材。今夫苏剧郡也,而尔为之守,克有能称,嘉省厥劳,仍其旧服。往惟率职不懈,以称吾久任之意哉!可令再任苏守。"自国朝以来,惟公再任,邦人美之。时议欲大修郡城,增浚运河,公务爱民力,请罢其役,民甚德之。

人　物

吴中人物尚矣。汉严助、朱买臣,会稽吴人,以儒学文词名当时。郡举贤良,对策者百余人,武帝善助对,独擢助为中大夫。而既贵幸,乃荐朱买臣,亦为中大夫。由是并在左右。与大臣辨论,中外相应以义理之文。其后,相继为会稽太守。助为会稽,数年不闻问。天子赐书曰:"君厌承明之庐,劳侍从之事,怀故土,出为郡吏。会稽东接于海,南近诸越,北枕大江。间者阔焉,久不闻问,具以《春秋》对。"助恐,上书谢:"愿奉三年计最。"买臣怀会稽太守章,步归郡邸,长安厩吏乘驷马车来迎。会稽闻太守且至,发民除道,县长吏并送迎,车百余乘。此二人者,并起书生,遂宰一郡,福千里,其为荣遇可胜道哉!然助能谕指南越,遣子入侍;买臣击破东越有功,亦足以称焉。自东汉至于唐,代有贤哲,已具《图经》,而四姓者最显。陆机所谓"八族未足侈,四姓实名家"。四姓者,朱、张、顾、陆也。其在江左,世多显人,或以相业,或以儒术,或以德义,或以文词,已著于旧志矣。自广陵王元璙父子帅中吴,是时有丁、陈、范、谢四人者同在宾幕,以长者称。丁氏之后,有晋公出入将相。范氏之后,有文正公参豫大政,为世宗师。文正公族侄龙图公师道,以直清显,先朝履历谏宪。谢氏之后,有太子宾客涛。宾客有子曰绛,为知制诰,缙绅推之。陈氏之后,有太子中允之奇者,谢陇西郡王宅教授以归,召之不起,以行义著乡间,谓之"陈君子"者也。又若宣徽使郑文肃公,以谋烈赞枢府、定边垂。秘书监富公严,以耆德守乡郡。而许洞,以歌诗者名祥符之间。皆吴人也。而东南之才美,与四方之游宦者,视此邦之为乐也,稍稍卜居、营葬,而子孙遂留不去者,不可以遽数也。今兹宗工名儒出于吴者,高则登黄扉、入禁林,次则帅方面、列台阁,与夫里居之大老,灼灼然在人耳目,俟来者为记焉。

卷　中

桥梁 凡十五节

吴郡昔多桥梁，自白乐天诗尝云"红栏三百九十桥"矣，其名已载《图经》。逮今增建者益多，皆叠石甃甓，工奇致密，不复用红栏矣。然其名未尝遍录也。近度支韩公子文为守，命每桥刻名于旁，憧憧往来，莫不见之。其有名，自古昔或近事可述者，为记于此。右一

乌鹊桥，在郡前。旧传有古馆八，曰全吴、通波、龙门、临顿、升羽、乌鹊、江风、夷亭。此桥因馆得名，白乐天诗尝及之。右二

失履桥，在吴县西南。吴王有织里，以是名桥。谓之"失履"，俗讹也。右三

皋桥，在吴县西北。皋伯通字奉卿所居之地也。伯通为汉朝议郎，卒葬胥门西二百步，号"伯通墩"。昔梁鸿娶孟光，同至吴，居伯通庑下[1]，为人赁舂。伯通察而异之，乃舍之于家。鸿卒，又为葬之。是可称也。《哀江南赋》云："皋桥羁旅。"亦谓此。右四

百口桥，在长洲县东。故传东汉之顾训，五世同居，家聚百口，衣食均等，尊卑有序，因其所居以名之。右五

乘鱼桥者，故传为琴高乘鲤升仙之地。据刘向《列仙传》云：

1　原作"庑上"，据江苏书局本改。

"琴高,赵人,尝入涿水中,取龙子,与弟子期[1]曰:'皆斋洁,待于祠旁。'果乘赤鲤来,出坐祠中,留一月,复入水去。""涿",一作"砀"。不云在吴也。《列仙传》有英子者,亦乘赤鲤升天。吴中门户皆作神鱼,遂立英祠。未详孰是。右六

都亭桥,在吴县西北。故传吴王寿梦尝于此作都亭,以招贤士也。苑桥、定跨桥,故传皆阖庐苑囿,游憩之地。右七

临顿桥,在长洲县北。临顿者,亦吴时馆名也。陆鲁望尝居其旁,皮日休赠之诗,以谓"不出郛郭,旷若郊野"。今此桥民居栉比,盖此郡又盛于唐世也。右八

至德桥,在泰伯庙前。以庙名桥也。右九

孙老桥,在运河上。天圣初,郡守、礼部郎中、直史馆孙公冕所建也。孙公治苏,民所畏爱,故以名焉。右十

行春桥,在横山下越来溪中。湖山满目,亦为胜处。右十一

新桥,在盘门外。自郡南出,徒行趋诸乡至木渎者,每过运河,须舟以济。又当两派交流之间,颇为深广,故自昔未有为梁者。今太守、朝议章公下车,有石氏建请出钱造桥者。公立限督之,即日而裁,逾时而毕,横绝[2]漫流,分而三桥,往来便之。右十二

三太尉桥,在吴县西。昔广陵王诸子各治园第,此桥之西巷盖当时第三子所营治也。今皆为居人占籍焉。右十三

吴江三桥,南曰安民,在新泾。中曰利民,在七里泾。北曰济民,在吴泾。初,澄源乡并漕河有村十七,家居河南,田占河北,民欲济无梁。郡从事夏日长为之建桥,钱子高作《记》云。右十四

吴江利往桥,庆历八年,县尉王廷坚所建也。东西千余尺,用

---

1 原稿有两"期"字,疑衍一字,删去。

2 原作"撗绝",误。

木万计。萦以修栏,甃以净甓,前临具区,横截松陵,湖光海气,荡漾一色,乃三吴之绝景也。桥成,而舟楫免于风波。徒行者晨暮往归,皆为坦道矣。桥有亭,曰垂虹,苏子美尝有诗云:"长桥跨空古未有,大亭压浪势亦豪。"非虚语也。右十五

祠庙 凡七节

泰伯庙,在阊门内。旧在门外,汉桓[1]帝时,太守糜豹所建。钱氏移之于内,盖以避兵乱也。延陵季子侑祠焉。右一

包山庙,在洞庭。唐人于此有祈而应。鲁望诗曰:"终当以疏闻,特用诸侯封。"右二

龙母庙,在吴县阳山。郡中尝于是祈雨而应,民所钦奉。右三

常熟县龙堂。唐咸通中,县令周思辑以旱故,禜龙于破山之潭上,果雨以应,于是堂以祀之。记刻今存。破山,即虞山也。父老以谓每岁有龙往来于阳山、虞山之间,其云雨可识。右四

庆忌庙,在吴县境。庆忌,吴王僚之子,东方朔所谓"捷若庆忌"也。如闻俗讹为"庆忿",非也。右五

洞庭圣姑庙。晋王彪二女,相继而卒,民以为灵而祀之。右六

孙学士祠堂,在万寿寺。天圣中,孙公冕守郡,治狱不滥,断讼如神,弛张在己,无所吐茹,吏民钦畏之。尝病痊,民争诣佛寺祈福。后又为之立祠,吴民到今称之。右七

---

1 "桓"字原作"胡官切,一字",拟避宋钦宗名讳。

宫观 凡七节

天庆观,唐置为开元宫。孙儒之乱,四面皆为煨烬,惟三门、正殿存焉。其后复修。祥符中,更名天庆观。皇祐之间,新作三门,尤峻壮。右一

太和宫,在盘门外。其地,唐相毕諴之别业也。諴之子师颜及其子宗逸,避巢寇之乱,徙而家焉。有戴省甄者,幼孤,从其母嫁毕氏。宗逸无子,省甄嗣之。后省甄入道,居开元观。开宝二年,请施祖庄为宫,钱氏赐额,曰"太和",乃与弟子吴玄芝主其缔架焉。王元之尝记其事,仍有诗留题。右二

灵祐观,在洞庭山,唐之神景宫也,盖明皇时建。内有林屋洞,人间第九洞天也,为左神幽虚之天,即天后真君之便阙。《真诰》云:"勾曲洞天,东通林屋,北通岱宗,西通峨眉,南通罗浮。"言诸洞可以交达也。旧传禹治水过会稽,梦人衣玄缥,告治水法并不死方在此山石函中。既得之,以藏包山石室。吴人得之,不晓,以问孔子。孔子曰:"此禹石函文。"所谓《灵宝经》三卷,盖即此也。吴先主时,使人行洞中二十余里,上闻波浪声,有大蝙蝠拂杀火。观皮、陆诗,信然也。又有白芝、紫泉,为神仙饮饵,盖列真往来其间。唐时投龙于此,因建宫。天禧五年,诏重修,改赐"灵祐"之名,仍刻敕文于石。右三

洞真宫,《图经》云"在古毛公坛上"。据皮、陆诗,毛公者,刘根也。陆诗云:"古有韩终道,授之刘先生。身如碧凤皇,羽翼披轻轻。"按《神仙传》云:"刘根,字君安,汉成帝时人。举孝廉,除郎中,后弃世学道,入嵩山石室中,峥嵘上下,高五十丈,冬夏不衣,身毛长一二尺,状如五十许人。其与人坐时,忽然已高冠玄衣,人不觉

也。"根自说入山精思,无所不到。盖尝至此也,聚石为坛,广不盈亩。旧传毛公道成罗浮,居山三百余载,有弟子七十二人。夫神化慌惚,万里跬步,夫亦何常哉!有周先生隐遥,字息元,唐贞元[1]中,来游包山之神景观。距观五里,见白鹿跪止,即毛公坞也。得异石一方,上有虫篆,即毛公镇地符也。得一井泉,色白味甘,即炼丹井也。傍又有古池,深广袤丈,旱岁不竭,即毛公泉也。此宫乃开成三年建,盖因先生云。右四

上真观,在洞庭山上,建于梁世。唐僧皎然尝陪湖州郑使君登此,却望湖水赋诗。皮、陆亦有此作。诗中云:"昔有叶道士,位当升灵官。欲笺紫微志,唯食虹景丹。"叶君,不知何名也。右五

乾元观,在常熟一里虞山下。梁天监五年,张裕先生来此山,栖遁十余载,梦神人告曰:"峰下之地,面势闲寂,可以卜居。"裕如教兴葺,号曰"招真",昭明太子为之撰碑。简文帝尝赐玉案一面、钟一口、香百斤、烛百铤,陈供于此。其后,改曰乾元。右六

太一宫,旧在郡中,或传在报恩寺之侧。太平兴国中,方士楚芝兰言:"五福太一,天之尊神也。太一所在之处,人丰乐而无兵役。凡行五宫,四十五年一移。以数推之,当在吴越分,请就其地筑宫以祀之。"奏可。六年十月,苏州言太一宫成。芝兰又言:"都城东南地名苏村,可徙筑宫于此,以应苏台之名,则福集帝都矣。"太宗从之。于是,作太一宫于都城之南,而姑苏之宫遂废。右七

寺院 凡三十五节

自佛教被于中土,旁及东南,吴赤乌中,已立寺于吴矣。其后,

---

1 原作"正元",避讳,见前注。

梁武帝事佛,吴中名山胜境多立精舍。因于陈、隋,寖盛于唐。唐武宗一旦毁之[1],已而宣宗稍复之。唐季盗起,吴门之内,寺宇多遭焚剽。钱氏帅吴,崇向尤至。于是,修旧图新,百堵皆作,竭其力以趋之,唯恐不及。郡之内外,胜刹相望,故其流风余俗久而不衰,民莫不喜蠲财以施僧,华屋邃庑,斋馔丰洁,四方莫能及也。寺院凡百三十九,其名已列《图经》。今有增焉,考其事迹可书而《图经》未载者,录于此。至于湖山郊野之间,所不知者,盖阙如也。又有寺名见于传记,而今莫知其处者,如晋何点兄弟居吴之波若寺。又故传唐有乾元寺,戴逵之宅也;宴坐寺,张融之宅也。又有龙华、禅房、唐慈、崇福、慈悲、陆乡数寺,皆建于六朝之间。而龙华、宴坐之额,乃陆柬之书,今莫见之矣。右一

承天寺,在长洲县西北二里。故传是梁时陆僧瓒故宅,因睹祥云重重所覆,请舍宅为重云寺。中误书为重玄,遂名之。韦苏州《登寺阁诗》云:"时暇陟云构[2],晨霁澄景光。始见吴都大,十里郁苍苍。山川表明丽,湖海吞大荒。"即此寺也。钱氏时,又加缮葺,殿阁崇丽,前列怪石。寺中有别院五,曰永安,曰净土,禅院也;曰宝幢,曰龙华,曰圆通,教院也。所谓宝幢者,旧曰药师院。昔有钱唐僧道赞者,作紫坛香百宝幢,覆以殿宇,翰林晁承旨与当时诸公凡二十三人为之赞云。又有圣姑庙,盖梁时陆氏之女,吴人于此祈有子,颇验。右二

永安禅院,在承天寺垣中,旧号弥陀院。初,太宗朝以藏经镂本,有余杭道原禅师者诣阙借版印造。景德中,又以太宗御制四帙,及新译经一十四帙,并赐之。道原既归,藏于此院。大中祥符八年,

---

1　原作"一旦毁云",误,据文意改。

2　原作"古候切,一字",避赵构讳。

又编修《景德传灯录》以进，敕赐今额。每岁度一僧，至今为禅院。右三

报恩寺，在长洲县西北一里半。在古为通玄寺，吴赤乌中，先主母吴夫人舍宅以建。晋建兴二年，沪渎渔者见神光照水彻天，旦而观之，乃二石像浮水上。或曰水神也。以三牲巫祝迎之，像泛流而去。时吴人率僧尼辈迎于海滨，入城置于通玄寺，光明七昼夜不绝，号其殿曰“二尊”。建兴八年，渔者于沪渎沙上获帝青石钵，初以为臼类，舁而用焉。俄有佛像见于外，渔者异之，知其为二像之遗祥也，乃以供佛。梁简文制《石像传》云：“有‘迦叶佛’‘维卫佛’梵字刻于焰间。”唐天后遣使致珊瑚鉴一、钵一，供于像前。又有陆柬之书碑。开元中，诏天下置开元寺，遂改名开元，金书额以赐之。寺中有金铜玄宗圣容。当天下升平，富商大贾远以财施，日或有数千缗。至于梁柱栾楯之间，皆缀珠玑、饰金玉，莲房藻井，悉皆宝玩，光明相辉，若辰象罗列也。大顺二年，为淮西贼孙儒焚毁，其地遂墟。同光三年，钱氏更造寺于吴县西南三里半，榜曰“开元”，并其僧迁焉，即今之开元寺也。今开元寺有瑞像阁，乃别加塑饰，其帝青石钵犹存。周显德中，钱氏于故开元寺基建寺，移唐报恩寺名于此为额，即今寺也。唐之报恩寺，在吴县之报恩山，即支硎山也。自梁武帝建寺，经唐武宗残毁，至是乃移额于此。寺有宝塔，顷罹火灾，郡人复建巨殿，穷极雕丽，为东南之冠，今仅毕工云。寺有别院三，曰泗洲，曰水陆，为禅院；曰法华，为教院。右四

普门禅院，在报恩寺旁。景德中，日本僧寂照号圆通大师来贡京师。上召，赐紫衣、束帛。寂照愿游天台山，诏令县道续食。丁晋公时为三司使，为言姑苏山水奇秀。寂照愿留吴门，遂居此院。朝宰诸公并作诗送之，刻石院中。右五

承天万寿禅院,在长洲东南。钱氏时,中吴从事丁守节,即晋公之祖也,于其所居东南隅唐长寿寺之旧基,锄荒架宇。祥符中,晋公请改赐今额。天圣初,辟为禅刹,高僧住持相继崇饰,最为闳广。又有华严阁。祥符中,有浮图自京趋蜀,刻造十六罗汉像,乃来钱唐布饰之。将还京师,至苏感梦,遂留此阁下。郡中士民祈请,数应。去年久雨,太守章公迎禅月像于郡厅,致请,俄遂晴霁。右六

雍熙寺,在吴县北。故传郡人陆氏舍宅以置,号曰"流水"。旧有三殿三楼,高僧清闲所建也。雍熙中,改今额。寺之子院三,曰华严,曰普贤,曰泗洲[1],皆为讲教之所。右七

瑞光禅院,在盘门内。故传钱氏建之,以奉广陵王祠庙。今有广陵像及平生袍笏之类在焉。嘉祐中,转运使李公复圭请本禅师住持,吴民竞致力营葺,栋宇完[2]新。相国富公有书颂,刻石院中。右八

广化禅院,在长洲县西。钱氏时,大校舍所居以置,久而摧敝。自嘉祐以来,稍稍缮完,门庑严新,有藏院,可以安众。右九

永定寺,在吴县西南。梁天监中,吴郡顾氏施宅为寺,唐陆鸿渐书额。韦苏州罢郡,寓居永定,殆此寺耶!旧在长洲界,后于永定乡安仁里。右十

寿宁万岁禅院,在长洲东南。唐咸通中,州民盛楚等建为般若寺。至道九年[3],敕赐御书四十八卷。二年,改今额。《吴地志》:"郡中有般若台,内有金铜像,高一丈六尺,高士戴颙所制。"访之,未得其遗迹。此寺旧名般若,殆是欤!右十一

1　原作"泗州",据乌程蒋氏景宋本改。

2　"完"字原作"胡官切,一字",拟避宋钦宗名讳。

3　宋太宗至道(995—997)仅三年,"九"字疑为"元"字之误。

定慧禅院，本万岁之子院，祥符中别改今额。内藏御书，岁得度僧一人，雅为丛林唱道之所。右十二

大慈院，在长洲县北。唐咸通三年，陆侍御以宅为院，号为"北禅"，祥符中改今额。皮、陆有《北禅避暑联句》，注云："院昔为戴颙宅，后司勋陆郎中居之。"即此是也。右十三

明觉禅院，在长洲东南，俗所谓"东禅"者。晋开运中，有僧遇贤，姓林氏，常以酒肉自纵。酒家或遇其饮，则售酒数倍于他日，世号为"酒仙"。而能告人祸福，必验。与符治疾者，必瘥。建隆二年，来居是院，创佛屋，修路衢，无虑用钱数百万。虽称丐于人，而人不知其所从得者。盖其容似灵岩智积圣者，而每与人符，以陈僧为识，或谓为后身，其塑像今存院中。右十四

朱明尼寺，在吴县西北。旧传东晋时，有朱明者，富而孝友。其弟听妇言，伐木坏宅，欲弃兄异居。明乃以金谷尽与弟，唯留空室。一夕，大风雨，悉飘财宝还明宅。弟与其妇愧而自缢，明乃舍宅为寺。右十五

云岩寺，在长洲西北九里虎丘山，即晋东亭献穆公王珣及其弟珉之宅。咸和二年，舍建精庐于剑池，分为东、西二寺，寺皆在山下。盖自会昌废毁，后人乃移寺山上。今东寺皆为民畴，西寺半为榛芜矣。寺中有御书阁、官厅、白云堂、五圣台，登览胜绝。又有陈谏议省华、王翰林禹偁、叶少列参、蒋密直堂真堂。寺前有生公讲堂，乃高僧竺道生谈法之所。旧传生公立片石以作听徒，折松枝而为谈柄。其虎跑泉、陆羽井，见存。比岁，琢石为观音像，刻经石壁。东岭草堂亦为佳致，惜已废坏。右十六

西庵禅院，在虎丘西。本属云岩，后别为院。盖亦古西寺之地。近岁，颇增葺。右十七

普明禅院，在吴县西十里枫桥。"枫桥"之名远矣，杜牧诗尝

及之,张继有《晚泊》一绝,孙承祐尝于此建塔。近长老僧庆来住持,凡四五十年,修饰完[1]备,面山临水,可以游息。旧或误为"封桥",今丞相王郇公顷居吴门,亲笔张继一绝于石,而"枫"字遂正。右十八

寿圣义慈禅院,在阊门外枢密直学士施公昌言墓侧,近得赐额。右十九

天峰院,在吴县西二十五里报恩山之南峰。东晋时,高僧支遁者尝居此,故有支硎之号。山中有支遁石室、马迹石、放鹤亭,皆因之得名。昔唐自有报恩寺在山麓,故乐天、梦得游报恩寺,作诗。盖自武宗时,报恩寺废,虽兴葺,不能复,故皮、陆犹有《报恩寺南池联句》,其后益沦坏。至乾德中,钱氏于报恩寺基作观音院,今名楞伽院。即其地也。所谓"南峰"者,乃古之报恩之属院耳。院枕岩腹,跻攀幽峻。自报恩寝衰,而南峰乃兴。大中五年,号为"支山"。天福五年,改曰南峰。圣朝赐以今额。禅老相承,殿阁堂庑奂然一新矣。山中危壁竦立,石门夹道,前对牛头山,旁作西庵。又有碧琳泉、待月岭、南池、新泉之类,自昔著名。故传裴休书额,已亡矣。右二十

天平寺,在吴县西南天平山下。山有白云泉,始见于白公诗。其寺建丁宝历二年,乃乐大为苏州刺史之岁,盖因泉以兴寺也。范文正公之先葬其旁,赐额"白云寺",中有文正公祠堂。右二十一

澄照寺,在长洲县西北阳山下。方俗以为丁令威所居。《图经》"吴县界有丁令威宅",此殆是欤!钱氏时,有泉出于寺中,因名仙泉。后改曰澄照寺。右二十二

白莲禅院,本澄照别庵。池中生千叶白莲,故以名院。端拱初,

---

1 "完"字原作"胡官切,一字",拟避宋钦宗名讳。

谢宾客涛尝讲学于院之西庑。明年,登第。其子绛,尝刻石为记。
右二十三

秀峰寺,在灵岩山,梁天监中置。既经一纪,忽有异人于殿隅画一僧相。俄而,梵僧见之曰:"此智积菩萨也。"化形随感,灵应甚多。仪相虽经传绘,吴民瞻奉,至今弥勤。此寺占故宫之境,景物清绝,旧乃律居,不能兴葺,徒长纷讼。太守晏公辟为禅刹,人甚便之。右二十四

尧峰院,在吴县横山旁。俗传尧民于此避水。苏子美诗云:"西南登尧峰,俗云尧所基。洪川不能没,上有万众栖。"谓此也。唐末,慧齐禅师首建精舍,名曰免水,后改曰尧峰,盖亦有所传也。登高极目,邻州隐隐然。右二十五

楞伽寺,在吴县西南横山下。其上有塔,据横山之巅,隋时所建,有石记存焉。白乐天及皮、陆有诗载集中。寺旁有巨井,深不可测。井有石栏,栏侧有隋人记刻。盖杨素移郡横山下,尝居此地。又有宝积、治平二寺相联,皆近建也。右二十六

明因禅院,在横山下。广陵王元璙墓在其旁,故号"荐福"。昔义怀禅师居此终焉。院有藏经,故传广陵姬媵所书。右二十七

感慈禅院,与荐福相并,乃宣徽使郑文肃公坟寺。右二十八

智显禅院,在横山下。梁人吴广施所居为寺,号曰宝林。钱氏改名宝华,故今名宝华山。祥符中,心印轲禅师重建殿堂、经藏合三百楹,号为胜刹。初,颟颟和尚以锡扣石,清泉为流,虽水旱不增减,轲师引泉足用,汔今犹存。右二十九

光福寺,在吴县西南,建于梁世。近岁,居人获观音铜像于水滨,乃置寺中。民间瞻奉,颇有感应。本郡或迎就城中,祈请皆验云。右三十

高峰禅院,在胥山,故在洞庭。近岁,郡人张谔葬亲于胥山

下,旁建精舍,乃请移赐额于此。谘弟曰询,今为户部员外郎。右三十一

水月禅院,在洞庭山缥缈峰下,抵吴县百里。建于梁,废于隋。至唐光化中,有浮图志勤者结庐于此,因而经构[1]至数十百楹。天祐四年,刺史曹珪以"明月"名之。大中祥符中,易今名。山旁有泉,甘洁,岁旱不涸。右三十二

孤园寺,在洞庭。梁散骑常侍吴猛之宅,施为精舍。右三十三

慧聚寺,在昆山县西北三里马鞍山。孤峰特秀,极目湖海,百里无所蔽。昔高僧慧向,梁武帝之师,宴坐此山,二虎为侍,感致神人,愿致工力,乃请师之畺县。是夜,风雷暴作,喑鸣之声,人皆闻之。迟明,殿基成矣,延袤十七丈,高丈有二尺,巨石矗然,其直如矢,非人力所能成。县令以闻,武帝命建寺,敕张僧繇绘神于两壁,画龙于四柱。娄乡之民病疠疟者,至壁下乃愈。每阴晦欲雨,画龙溙溙其润,鳞甲欲动。僧繇又画锁以制之。会昌废寺,藏龙柱于郡中。大中修复,乃复以柱并金书牌、鸿钟还之。至道中,郡将陈公省华尝游是寺,岩穴奇巧,胜致甚多。诗人孟郊、张祐有诗。今丞相王荆公次韵作之,刻于石。右三十四

兴福寺,在常熟县破山,为海虞之胜处。齐郴州刺史倪德光舍宅为寺。唐常建诗云:"竹径通幽处,禅房花木深。山光悦鸟性,潭影空人心。"即此地也。山中有龙斗涧,唐贞观[2]中,山中姬生白龙,与一龙斗于此而成此涧,有空心潭。因常建诗以立名。有御赐钟,唐懿宗咸通六年所赐。有文举塔、体如塔,二人者,唐之高僧也。有救虎阁,五代时僧彦周为虎拔箭于此。有宗教院,雍熙中,高僧

---

1 "构"字原作"古候切,一字",拟避宋高宗嫌讳。

2 原作"正观",史无"正观"年号,当是拟避宋仁宗'祯'字嫌讳,才改"贞"为"正"。

晤恩修天台教于此,故以名云。近刘御史拯宰邑,作《八咏》以志
其事云。右三十五

山 凡十五节

吴郡诸山,名载图籍者甚众,不复殚纪,辄再考传记,补其缺
漏,以资博览云。右一

虎丘山,在吴县西北九里。旧经载之已详。《吴越春秋》《越
绝书》之类,皆以为阖闾所葬,有金精之异,故名虎丘。然观其岩
壑之势,出于天成,疑先有是丘,而阖闾因之以葬也。晋王珣撰《山
铭》云:"虎丘,先名海涌山。"又云:"山大势,四面周岭[1],南则是山
径,两面壁立,交林上合,升降窈窕,亦不卒至。"盖得其实。褚渊
尝叹曰:"今人所称,多过其实,今睹虎丘,逾于所闻。"故传以为江
左丘壑之表云。旧传秦皇求剑,地裂为池。《太平寰宇记》云:"山
涧是孙权所发,以求阖闾宝器。"是非未可必也。涧侧有平石,可
容千人,故谓之千人坐。传俗因生公讲法得名。右二

横山,在吴县西南。《十道志》云:"山四面皆横。"盖以此得
其名也。又名踞湖山。踞,或作据。山中有陆云墓,今未审其处也。
观是山,镇此邦之西南,临湖控越,实吴时要地。隋开皇中,尝迁郡
于横山东,亦以是山为屏蔽也。山周围甚广,环以佛刹,如荐福、
楞[2]伽、宝华、尧峰之类,皆在焉。荐福寺旁有五坞,皇祐中,节度推
官马云与山人仇道名之,曰芳桂,曰修竹,曰飞泉,曰丹霞,曰白云,
盖因其物象云。右三

1　据范成大《吴郡志》,"周"字下有"围"字。

2　原作"偈",据江苏书局本改。

姑苏山，在吴县西三十五里，连横山之北。或曰姑胥，或曰姑余，其实一也。传言阖庐作姑苏台，一曰夫差也。据《左氏传》云："阖庐食不二味，居不重席，器不雕镂[1]，宫室不观，舟车不饰。"而《吴越春秋》言"阖庐昼游苏台"。盖此台始基于阖庐，而新作于夫差也。以全吴之力，三年聚材，五年而后成，高可望三百里，虽楚"章华"，未足比也。初，越王得神木一双，大二十围，长五十寻。巧工施校，制以规绳，雕治刻削，错画文章，婴以白璧，镂以黄金，状类龙蛇，文采生光，献于吴王。王大悦，受而起姑苏之台。申胥谏曰："王既变鲧禹之功，而高高下下，以罢民于姑苏，吴民离矣。"夫差既亡，麋鹿是游。昔太史公尝云："登姑苏，望五湖。"而今人殆莫知其处。尝欲披草莱以访之，未能也。右四

胥山，在吴县西四十里。《寰宇记》云："吴王杀子胥，投之于江[2]。吴人立祠江上，因名胥山。"郦善长《水经》云："胥山上今有坛，长老云胥神所治也。下有九折路，南出太湖，阖闾造以游姑胥之台而望太湖也。"或曰姑苏山，一名胥山。右五

岝崿山，在吴县西南一十五里。《图经》云："形如师子。"今以此名山也。郦善长以为岝嵂山云。俗说此本在太湖中，禹治水，移进近吴。又东及西南有两小山，皆有石如卷笮，云禹所用牵山也。人湖中有浅地，长老云："是岝岭山麓，自此以东差深。"盖闾巷之谈云。《吴地记》云："吴王僚葬此山，山旁有寺，号曰思益。"乐天尝游之。右六

报恩山，一名支硎山，在吴县西南二十五里。昔有报恩寺，故以名云。所谓南峰、东峰，皆其山之别峰也。今有楞伽、天峰、

1　原作"彤镂"，误。据范成大《吴郡志》，"彤"乃"雕（雕）"之误。

2　原作"子江"，误，据江苏书局本改。

中峰院建其旁。乐天诗云："净石堪敷坐,寒泉可濯巾。"即此山也。右七

砚石山,在吴县西二十一里。山西有石鼓,亦名石鼓山。《越绝书》云:"吴人于砚石置馆娃宫。"扬雄[1]《方言》谓"吴人呼美女为娃",盖以西子得名耳。《吴都赋》云:"幸乎馆娃之宫,张女乐而娱群臣。"即谓此也。山顶有三池,一曰[2]月池,一曰砚池,一曰玩华池,虽旱不竭。其中有水葵甚美,盖吴时所凿也。山上旧传有琴台,又有响屧廊,或曰鸣屧廊,以楩梓藉其地,西子行则有声,故以名云。下有石室,今存,俗传吴王囚范蠡之地。山相连属,有嵝村,其山出石,可以为砚,盖砚石之名不虚也。尝登灵岩之巅,俯具区,瞰洞庭,烟涛浩渺,一目千里,而碧岩翠坞点缀于沧波之间,诚绝景也。或曰晋陆玩施宅为寺,即灵岩寺也。右八

阳山,在吴县西北三十里。一名秦余杭山,一名四飞山。有白垩,可用圬墁,洁白如粉,唐时岁以供进,故亦曰白磶山。《吴越春秋》云:"越王葬夫差于秦余杭山卑犹。"盖即此山也。今澄照寺、白莲院在其下。右九

华山,在吴县西六十里。于群山独秀,望之如屏,长林荒楚,蓊郁幽邃。或登其巅者,见有石如莲华状,盖亦以此得名。或云:晋太康中,曾生千叶莲花也。老子《枕中记》谓"可以度难"。盖岩穴深远,宜就隐也。旧有兴教院,院据山半,近岁改为禅刹。右十

天平山,在吴县西二十里。巍然特高,群峰拱揖,郡之镇也。林木秀润,瞻之可爱。游者陟危蹬、攀巨石,乃至山腹。其上有亭,

---

1 原作"杨雄",误,据文意改。
2 原稿仅在"月池"前作"一曰",后面均无"一"字,今据《吴邑志》补。

亭侧清泉泠泠不竭，所谓白云泉也。自白乐天题以绝句，范文正继之大篇，名遂显于世。有卓笔峰、卧龙峰、巾子峰、五丈峰、石龟、照湖鉴、毛鱼池、大小石屋，盖因好事者得名。右十一

穹窿山，在吴县西六十里。旧传赤松子食桂实、石脂，绝食仙去。尝于此山采赤石脂。《吴都赋》云："赤须蝉蜕而附丽。"谓此也。右十二

包山，在震泽中。山有林屋洞，昔吴王尝使灵威丈人入洞穴，十七日不能穷，得《灵宝五符》以献，即此洞也。《水经注》云："山有洞室，入地潜行，北通琅耶东武，俗谓之洞庭。"鲁哀公元年，夫差败越于夫椒。盖即此山也。或曰太湖中别有夫椒山，盖与此山不远，可以通称。湖中之山，有谓之大雷者、小雷者、三山者，昔人或号为三山湖。旧传震泽有七十二山，唯洞庭最巨耳。乐天尝泛舟洞庭，著于篇什。陆龟蒙、皮日休有《太湖》诗二十篇，如神景宫、毛公坛、缥缈峰、桃花坞、明月湾、练渎、投龙潭、孤园村、上真观、销夏湾、圣姑庙、崦里、石版之类，皆在此山。苏子美云："洞庭民俗真朴，历岁未尝有诉讼至县吏庭下。以桑、栀、甘柚为常产，每秋高霜余，丹苞朱实，与长松茂木相差于岩壑间，望之若金翠图绘之可爱云。"右十三

昆山，在本县西北。或曰在华亭，盖割昆山之境以县华亭故也。晋陆机与其弟云生于华亭，以文为世所贵，时人比之"昆冈出玉"，故此山得名。右十四

海隅山，在常熟。山有二洞穴，穴侧有石坛，周回六十丈。山东二里有石室。吴仲雍、周章、阖庐长子并葬此山。山西北三里，有越王勾践庙。梁昭明太子作《招真治碑》云："虞山，巫咸之所出也。高岩郁起，带青云而作峰；瀑水悬流，杂天河而俱会。"又云："其峰有石城、石门。"即此山也。右十五

水 凡十节

太湖，在吴县南。《禹贡》谓之震泽，《周官》《尔雅》谓之具区，《史记》《国语》谓之五湖，其实一也。吐吸江海，包络丹阳、义兴、吴郡、吴兴之境，其所容者大，故以"太"称焉。《书》云："三江既入，震泽底定。"三江者，北江、中江、南江也。历丹阳、毗陵者，为北江，即今之大江也。首受芜湖，东至阳羡者，为中江。分于石城，过宛陵，至于具区者，为南江。三江在震泽上下，而皆入于海。震泽之流有所泄，是以底定。今二江故道中绝，故震泽有泛滥之患，理势然也。所谓五湖者，盖所纳之湖有五也。郭景纯《江赋》云："包五湖以漫漭。"言江水经纬五湖，而包注震泽也。旧传五湖之名各不同。《图经》以谓一曰贡湖，二曰游湖，三曰胥湖，四曰梅梁湖，五曰金鼎湖，又曰菱湖。郦善长以谓长塘湖、贵湖、上湖、滆湖，与太湖而五。韦昭云："胥湖、蠡湖、洮湖、滆湖，就太湖而五。"虞仲翔云："太湖，东通长洲松江水，南通乌程霅溪水，西通义兴荆溪水，北通晋陵滆湖水，东连嘉兴韭溪水，凡五道，谓之五湖。"陆鲁望以谓太湖上禀咸池之气，故一水五名。又为仙家浮玉之北堂，故其诗曰："尝闻咸池气，下注作清质。至今涵赤霄，尚且浴白日。"又云："构[1]浮玉宛与昆阆。"正谓此也。湖中有山，大小七十二，洞庭其一也。有大雷、小雷山，相去十里，其间谓之雷泽。或谓舜之所渔，非也。又有三山，白波天合，三点黛色。陆士龙《赠顾彦先》诗云："我家五湖阴，君住三山阳。"是此山也。右一

松江，出太湖，入于海。韦昭以为三江者，松江、浙江、浦阳江

1　原作"古候切，一字"，避赵构讳。

也。今浙江、浦阳与震泽不相入，韦说非也。昔吴王军江北，越王军江南。越王中分其师以为左右军，衔枚溯江五里以须，中军衔枚潜涉，吴师大北。即此江也。郦善长云："松江，自湖东北径七十里，江水分流，谓之三江口。"《吴越春秋》云："范蠡去越，乘舟出三江之口，入五湖之中。"此谓也。庾仲初《扬都赋[1]》注云："太湖东注为松江，下七十里有水口分流，东北入海为娄江，东南入海为东江，与松江而三。"此非《禹贡》之三江也。今观松江正流，下吴江县，过甫里，径华亭，入青龙镇，海商之所凑集也。《图经》云："松江东写海曰沪渎，亦曰沪海。"今青龙镇旁有沪渎村，是也。江流自湖至海，凡二百六十里，岸各有浦，凡百数，其间环曲而为汇者甚多，赖疏瀹而后免于水患。或传松江口故深，久淤而不治，稍稍乃浅，故可为梁以渡。然或遇大水，不能遽泄者，以此也。松江，一名笠泽，陆鲁望居甫里，号所著曰《笠泽丛书》。右二

运河，出震泽《传》称："吴城邗，沟通江淮。"《国语》亦云："夫差起师北征，阙为深沟，通于商鲁之间。"盖由此河以通江北也。隋大业六年，敕开江南河，自京口至余杭郡八百余里，面阔十余丈，拟通龙舟，巡会稽。陆士衡诗云："阊门何峨峨，飞阁跨通波。"乐天诗云："平河七百里，沃壤两三州。"皆谓此水也。岁旱，或浅淤，故常加浚治，乃得无阻。右三

新河，在城市。杜荀鹤诗云："夜市卖菱藕，春船载绮罗。"盖指此地。祥符中，崇仪使秦羲守郡日尝开广之。右四

七堰者，皆在州门外。据乐天诗云："七堰八门六十坊。"而《图经》云："废堰一十有六。"盖乐天指其近者言之也。旧说蓄水养鱼之所，或云所以遏外水之暴而护民居。近世，城中积土渐高，故

虽开堰,无甚患也。右五

越来溪,在吴县之境,自太湖过横山,至于郡城之西。盖越王
由此水至于吴,故得此名。右六

谷水,据郦善长云:"松江,一东南行七十里,入小湖,自湖东
南出,谓之谷水。谷水出小湖,径由卷县故城下,即秦之长水县。
又东南径嘉兴县城西、盐官县故城南,过武原,出为散浦,以通巨
海。"陆机诗云:"仿佛谷水阳,眷恋[1]昆山阴。"即此水也。盖此渠
足以分震泽、松江之水,南入于海也。后世谷水堙废,人不复知其
名。故吴中多水,尝质于老儒长者,谓松江东流,聚为小湖,西北接
白蚬、马腾、谷、玳瑁四湖,盖所谓谷湖者,即谷水之旧迹也。又南
接三泖,泖有上、中、下之名。故传陆士衡对晋武帝云:"三泖,冬
温夏凉。"盖此地也。泖之狭者,犹且八十丈,又下接海盐之芦沥
浦。海盐,即武原也。行二百余里,南至于浙江。疑此即谷水故道。
《水经》以谓入海,而此浦入江者,盖支派之异也。梁大通二年,以
吴兴水灾,诏遣前交州刺史王弁开大渎,导泄震泽以写浙江中。盖
此浦是也。浦旁颇有遗迹。至唐时,乃设堰以隔海潮。嘉祐中,姑
苏水灾,诏遣都官员外郎沈衡相视,尝欲开此浦,未克兴功。右七

昆山塘,自娄门历昆山县而达于海,即娄江也。据郦善长引庚
仲初《扬都赋》注云:"太湖东注为松江,下七十里有水口分流,东
北入海为娄江,东南入海为东江,与松江而三也。"按娄者,县名,
今之昆山是也。塘之两岸,又为六塘、四十四浦、六十四浮,接引湖
泽,乃昔人所以泄具区之暴流,备民畴之灌溉也。右八

常熟塘,自齐门北至常熟百余里,皆有泾浦入□□□[2]。盖酾其

1　《昆山杂咏》作"婉娈"。

2　此三字原阙。

渠以泄水则有泾，引其流以至江则有浦，其名甚众，而昆湖、阳城湖之水皆赖以泄焉。右九

新洋江，在昆山县界。本有故道，钱氏时尝浚治之，号曰新洋江。既可排流潦以注松江，又可引江流溉冈身也。右十

卷 下

治 水

　　地势倾于东南，而吴之为境，居东南最卑处，故宜多水。昔禹之治水也，因其势之可决者，疏而为三江；因其势之必聚者，潴而为五湖，乃底于定。微禹，其能不鱼乎？自二江故道既废，而五湖所受者多，以百谷钟纳之巨浸，而独泄于松陵之一川，势不能无浸溢之患也。观昔人之智亦勤矣。故以塘行水，以泾均水，以塍御水，以埭储水。遇淫潦可泄以去，逢旱岁可引以灌。故吴人遂其生焉。前代经营之迹，多不见史。至唐元和中，开常熟塘，古碣仅存，颇称灌溉之利，其郡守氏李、不著名。[1]廉使氏韩。韩皋，元和三年，为浙西观察使。钱氏时，尝置都水营田使以主水事，募卒为都，号曰"撩浅"。盖当是时，方欲富境御敌，必以是为先务。自国朝天禧、天圣间，吴中水灾，于是命发运使张纶，同郡守经度于昆山、常熟，各开众浦，以导积水。景祐中，范文正公来治此州，适当歉岁，深究利病，不苟兴作。公以谓松江不能尽泄震泽众湖之水，虽北压杨子江，东抵巨海，河渠至多，埋塞已久，不能分其势。今当疏导诸邑之水，东南入于松江，东北入于杨子与海也。

---

　　1 《永乐大典》卷三千三百六十九《苏州府志·牧守题名》："李素。元和二年，以度支郎中衢州刺史，迁苏州，五月到任。九月，李锜反，镇将志安执素。锜败，迁州，赐紫衣金鱼袋。三年，开常熟塘。四年二月十八日，立碑。改河南少尹，卒。"

于是,亲至海浦,开浚五河。询之旧老,云茜泾之类是也。是时,论者
沮之。或曰江水已高,不纳此流;或曰日有潮至,水安得下?或
曰沙因潮至,数年复塞;或曰开浚之役,重劳民力。公以谓江海
善下,故得为百谷王,岂能不下于此?谓"江水已高,不纳此流"
者,非也。彼日之潮,有损与盈,三分其时,损居二焉。乘其损而
趋之势,孰可御?谓"日有潮至,水安得下"者,非也。新导之河,
必设诸闸,常时扃之,沙不能塞。每春理其闸外,工减数倍,亦复
何患?谓"沙[1]因潮至,数年复塞"者,非也。东南所殖唯稻,大水
一至,秋无他望,俾之遵达沟渎,脱百姓于饥馁,佚道使之,虽劳
不怨。谓"开浚之役,重劳民力"者,非也。于是,力破浮议,疏
瀹积潦,民到于今受其赐。有盘龙汇者,介于华亭、昆山之间,步
其径才十里,而洄穴迂缓逾四十里,江流为之阻遏。盛夏大雨,
则泛溢旁啮,沦稼穑,坏室庐,殆无宁岁。范公尝经度之,未遑兴
作。宝元元年,太史叶公清臣漕按本路,遂建议酾为新渠,道直流
速,其患遂弭。厥后,转运使沈立之又开昆山之顾浦,颇为深浚。
吴城东阛距昆山县七十里,其地北[2]纳阳城湖,南吐松江,旧谓之
昆山塘。堤防不立,风涛相乘,废民畴,阻舟楫,盗窃、盐贾行其
间,吏莫能禁。由唐以来,欲修筑,未克也。皇祐中,王丞相以舒
州通判被旨来相水事,荆公与县吏挐舟遍视,讯其乡人,伻图以
献。至和中,昆山主簿丘与权白郡守吕光禄居简,以为作塘有大
利,吕公从之。于是调民兴役,先设外防[3],以遏其上流,立横埭以
限之,乃自下流浚而决焉。既成,号曰至和塘。嘉祐之间,吴人
洊饥,朝廷选择守将经制其事,蔡秦州抗自校理典是郡,尝请行县

1　原作"之",据前文改。
2　"吴城东阛距昆山县七十里,其地北"原阙,据乌程蒋氏景宋本补。
3　原作"外防",误,据乌程蒋氏景宋本改。

按水，亲度其利。是时，李兵部复圭为转运使，韩殿省正彦宰昆山，于是大修至和塘，使之完[1]厚，民得因依立塍堨，以免水患。而韩君又开松江之白鹤汇，如盘龙之法，皆为民利。转运使王纯臣建议，请令苏、湖、常、秀修作田塍，位位相接，以御风涛；令县令教诱殖利之户，自作塍岸，定邑吏劝课为殿最，当时推行焉。其后，论水者益多。儒者傅肱欲决松江之千墩、金城诸汇，涤去迂滞；又欲开无锡之五泻堰，以减太湖而入于北江；导海盐之芦沥浦，以分吴松而入于浙水；于昆山、常熟二县深辟浦港。遇东南风则水北下于杨子，遇西北风则水南下于吴松，庶可纾患；又令有田之家，据顷亩疏凿沟港。司农丞郏亶，请先取昆山之东、常熟之北凡所谓高田者，一切设堰潴水，以灌溉之；又浚其沟洫，使水周流于其间，以浸润之。立堨门以防其壅，则高田不涸，而水田亦减流注之势。然后取今之凡谓水田者，除四湖外一切罢去，如某家泾、某家浜之类。循古遗迹，或五里七里而为一纵浦，又七里或十里而为一横塘，因塘浦之土以为堤岸，使塘浦阔深，堤岸高厚，则水不能为害，而可使趋于江也。郏衒命至苏，经度其事，而工重役大，不克成。既而朝廷置农田水利使者，以专其事，所以浚河渠、固防岸、通畎浍，事在司存，可以按见其迹。自熙宁之末旱灾之后，累年颇稔。由是兴作差简，然水旱之数古所不免，而长民者不可以缓其防也。尝闻濒海之地，冈阜相属，俗谓之冈身。此天所以限沧溟而全吴人也。虽有泾浦，而日为潮沙之所积，久则淤淀，是不可以不治也。夫治水者，当浚其下，下流既通，则上游可道也。范文正公尝与人书云："天造泽国，众流所聚，或淫雨不能无灾。而江海之涯，地势颇高，沟渎虽多，不决不下。如

---

1 "完"字原作"胡官切，一字"，拟避宋钦宗名讳。

无所壅,良可减害。若其浚深,江潮乃来。愆亢之时,万户畎浍。此所以旱潦皆为利矣。"此智者之言也。范公之迹固未远,求其旧而缵其功,不亦善哉!至于群言众说,各有见焉。择其可行者,裁而行之,斯善矣。夫事有兴于古人而废于后世,有遗于前代而补于来今。苟为古人所兴者勿废,前之所遗者必补,则何利之不成,何病之不梐哉!

往迹凡二十六节

　　长洲苑,吴故苑名,在郡界。昔枚乘谏吴王云:"汉修治上林,杂以离宫,积聚玩好,圈守禽兽,不如长洲之苑;游曲台,临上路,不如朝夕之池。"《吴都赋》亦云:"带朝夕之浚池,佩长洲之茂苑。"注云:"有朝夕池,谓潮水朝盈夕虚,因名焉。"庾信《哀江南赋》云:"连茂苑于海陵,跨横塘于江浦。"亦取诸此。右一

　　阖庐城,即今郡城也。旧说子胥伐楚还师,取丹阳及黄渎土以筑。盖利其坚也。郡城之状,如"亚"字。唐乾符三年,刺史张傅尝修完[1]此城。梁龙德中,钱氏又加以陶甓。右二

　　阊门,故名阊阖门,吴王阖庐时有之。或云鲁匠般所制也。有皋楼阁道,吴兵后由此出伐楚,改曰破楚门。吴属楚,复曰阊门。右三

　　吴小城白门,盖阖庐所作。至秦始皇时,守宫吏烛燕窟,失火烧宫,而此楼故存。右四

　　鱼城,在吴县西横山下,遗址尚存。盖吴王控越之地,宜为吴城。谓之鱼城,误也。横山之旁,冈势如城郭状,今犹隐隐然。又

---

　　1 "完"字原作"胡官切,一字",拟避宋钦宗名讳。

有射台,亦在横山。右五

石城,在吴县东北。故为离宫,越王献西子于此。山有石马,望之如人乘之。右六

华池、华林园、南城宫,故传皆在长洲界,阖庐之故迹也。有流杯亭,在女坟湖西二百步,亦云游乐之地。又有吴宫乡,陆鲁望以谓在长洲苑东南五十里,盖夫差所幸之别观,故得名焉。鲁望作《问吴宫辞》。辞见[1]《总集》。右七

三泖,在华亭境。鲁望诗云"三泖凉波渔蔬动",谓此也。右八

洞庭,亦多吴时旧迹。所谓练渎者,练兵之所也。《传》云:"越败吴于夫椒。"[2]夫椒,即包山也。湖岸极清处为销夏湾,乃吴王游观之地。右九

鸡陂墟者,畜鸡之所。豨巷者,畜豨之处。走狗塘者,田猎之地也。皆吴王旧迹,并在郡界。又有五茸,茸各有名,乃吴王猎所。陆鲁望诗云"五茸春早雉媒娇",谓此也。右十

蠡口,在长洲界,又谓之蠡塘。昔范蠡扁舟浮五湖,盖尝经此。右十一

胥口,在姑苏山西北十二里,因胥山得名。右十二

坛塘,在吴县东南三十五里大江边。夫差十二年,既杀子胥,投尸于江,浮以鸱夷革。后悔之,君臣临江作塘,创设祭奠,百姓缘为立庙。宋元嘉三年,吴令徙庙匠门内。一云坛塘边有酒城,夫差祭子胥劝酒,因名之。右十三

许市,在郡西二十五里。《图经》云:"秦皇求吴王剑,白虎蹲于丘上,遂西走二十五里而失,剑不能得,地裂为池,因名其地曰虎

---

1 原无"见"字,据文意补。

2 《左传》定公十四年称:"於越败吴于檇李。"哀公元年称:"吴王夫差败越于夫椒。"

璆音留。"盖此地是也。唐讳琥，钱氏讳镠，故改云许市。右十四

胥屏亭，在吴县界。汉初有陆烈字伯元，为吴令、豫章都尉。既卒，吴人思之，迎其丧，葬于胥亭。子孙遂为吴县人，吴郡陆氏之所自出也。右十五

袁山松城，在沪渎江侧，为波涛冲激，半毁江中[1]。袁山松城东三十里，夹江又有二城相对，阖庐所筑以控越处。古人于海道，固为之防矣。右十六

死亭湾，在阊门外七里。故传朱太守妻惭，自经于此。右十七

新郭，在吴县西横山下。隋既平陈，江南未服，聚为盗贼。隋文帝以杨素为行军总管讨之，追击至苏州，移郡邑于横山下。盖欲空其旧城耳。此新郭者，当时之遗址也。或曰越王城亦在焉，盖此地吴、越之所控守也。初，杨素迁城于横山也，匠者以楮木为城门之柱。素见之，谓匠者曰："此木恐非坚，可阅几年？"匠曰："可四十年不朽。"素曰："足矣，是城不四十年当废。"至唐贞观[2]中复旧城，果如其言。右十八

莲塘，《寰宇记》云："在吴县西十二里，有田数亩，生莲华千叶，华丽。"右十九

望市楼，据元微之诗《寄乐天》云："弄潮船更曾观否，望市楼还有会无。"注云："望市楼，苏之胜地也。"今观风楼为近市，殆即此耳。右二十

东城桂，白乐天云："苏之东城，吴都城也。今为樵牧场。有桂一株，生乎城下，惜其不得地也。"诗见[3]《总集》。右二十一

望亭，在吴县西境。吴先主所立，谓之御亭。隋开皇九年置为

1　原作"江山"，误，据文意改。

2　原作"正观"，避讳如前注。

3　原无"见"字，据文意补。

驿。唐常州刺史李袭誉改今名。刘禹锡诗云"怀人吴御亭",谓此也。右二十二

柳毅泉,事具《图经》。泉在太湖之滨,虽大风挠之不浊,虽旱不耗。此所以为异。右二十三

沪渎,松江东写海曰沪渎。陆龟蒙叙矢鱼之具云:"列竹于海澨曰沪。"盖以此得名。今其旁有青龙镇,人莫知其得名之由。询于老宿,或云因船得名。按庾信《哀江南赋》云:"排青龙之战舰。"《北[1]史》:"杨素伐陈,以舟师至三峡。陈将戚欣,以青龙百余艘屯兵守狼尾滩。杨素亲率黄龙十艘[2],衔枚而下,击败之。"则青龙者,乃战舰之名。或曰青龙舟,孙权所造也。盖昔时尝置船于此地,因是名之耳。右二十四

吴王之时,剑有干将、莫耶,甲有水犀,舟有馀艎。干将者,剑工也。莫耶者,干将之妻也。始,干将作剑,采五山之铁精、六合之金英,候天伺地,阴阳同光,百神临观,天气下降而金铁之精不销。于是,莫耶曰:"神物之化,须人而成。今夫子作剑,当得其人而后成乎?"于是,干将妻乃断发剪爪,投于炉中,使童男童女三百人鼓橐装炭,金铁乃濡,遂以成剑,阳曰干将,阴曰莫耶。阳作龟文,阴作漫理。干将匿其阳,出其阴而献之阖庐,阖庐甚重之。水犀者,徼外有山犀、水犀。水犀之皮有珠甲,山犀则无。吴人盖以水犀饰甲也。馀艎者,大舟也。勾践溯江袭吴,"入其郛,焚其姑苏,徙其大舟",即此也。右二十五

大酒巷,旧名黄土曲。唐时,有富人修第其间,植花浚池,建水槛、风亭,酝美酒以延宾旅,其酒价颇高,故号大酒巷。右二十六

1　原作"南",事见《北史·杨素传》,据改。

2　据《隋书·杨素传》:"素亲率黄龙数千艘,衔枚而下。"是为"千艘",作"十艘"误。

园第 凡十五节

伍子胥宅,故传在胥门旁。子胥谏吴王,王不听,使子胥于齐。子胥属其子于齐鲍氏,还报吴王。吴王闻之,怒,赐之属镂。子胥曰:"吾死,必抉吾目置之吴东门,以观越兵之入也。"右一

言偃宅,在常熟县西北。宅中有井,阔三尺,深十丈。井傍有坛,坛北百步有浣沙石,方四尺。县有言偃桥,盖得名于此。子游以文学升圣师之堂,吴人好儒术,其有所自哉!右二

长铗巷,一名弹铗巷,在吴县东北二里。巷有冯谖[1]宅。谖,客有齐孟尝君之门,弹长铗而歌者也。焚虚券以彰孟尝君美声,说齐王以复孟尝君相位,其显名也宜哉!唐人云:"有坟在侧,碑刻犹存。"旧传郡郭三百余巷,盖皆有名而失之,惜哉!右三

陆氏郁林石。初,陆绩事吴为郁林太守,罢归无装,舟轻不可越海,取巨石为重。至姑苏,置其门,号为郁林石,世保其居。唐史书之。右四

晋东亭献穆公王珣与其弟珉宅,外在虎丘,内在白华里,后皆施以为寺。昔虎丘东、西二寺,今之景德寺,皆是也。景德寺,旧号"虎丘廨院"。《晋书》云:"吴内史王珣有别馆在武丘山,戴逵潜诣之,与珣游处积旬。后珣为尚书仆射,上疏请召逵为国子祭酒。"逵名益显。右五

顾辟彊园。王献之入会稽,经吴门,先不识主人。值辟彊方集宾友酣燕园中,而献之游历既毕,指麾好恶,傍若无人。辟彊勃然曰:"不足齿之伧耳!"使驱其左右出门。献之独坐舆上,展转顾望,

---

1 原作"冯煖",误。下同,不一一出注。

而仆从不至，遂移时。盖献之之肆，辟彊之隘也。辟彊园，唐时犹在，顾况尝假以居。郡守赠诗云："辟彊东晋日，竹树有名园。年代更多主，池塘复裔孙。"今莫知其所。右六

戴颙宅，故传北禅寺是也。颙父逵，字仲若，尝游吴，号为吴中高士。颙居剡下，复游桐庐。桐庐僻远，难以养疾，乃出居吴下。土人共为筑室，聚石引水，植林开涧，少时繁密，有若自然。三吴将守及郡内衣冠，要其同游野泽，堪行便去，不为矫介，众论以此多之。右七

陆龟蒙宅，在松江上甫里。鲁望，唐相元方七世孙也，始居郡中临顿里，晚益远引深遁，居震泽旁，自号甫里先生。有地数亩，有屋三十楹，有田奇十万步，有牛减四十蹄，有耕夫百余指。而田污下，暑雨一昼夜，则与江通色。先生由是苦饥困，仓无斗升蓄积，乃躬负畚锸，率耕夫以为具，盖遂终焉。后以高士召，不至。李蔚、卢携素与龟蒙善，及当国，召拜左拾遗。诏方下，龟蒙卒。其所居遗基尚存。右八

任晦宅，见于皮、陆诗，有深林曲沼，危亭幽砌。而任君弃泾县尉归，居于其间。鲁望诗云："吴之辟彊园，在昔[1]胜概敌。前闻富修竹，后说纷怪石。风烟惨无主，载祀将六百。草色与行人，谁能问遗迹？不知清景在，尽付任君宅。"据此，殆即辟彊之园耶？右九

广陵王元璙别宅，旧与南园相近。据《九国志》云："元璙治苏州，颇以园池花木为意，创南园、东圃及诸别第，奇卉异木，名品千万。"今其遗迹多在居人之家，其崇冈清池，茂林珍木，或犹有存者。右十

1　原作"所昔"，据乌程蒋氏景宋本改。《吴郡志》亦作"在昔"。

范文正公义宅,在普济桥旁。宅之建旧矣,有西斋已百载,二松对植,扶疏在轩。文正公少长于北,及还吴,乃命斋曰"岁寒堂",松曰"君子树",阁曰"松风阁",赋三题以规戒其昆季子弟。其后,遂置宅为义宅,使其族属世世居焉。既贵,又于其里中买常稔之田,号曰"义田",以养济群族。族之人日有食,岁有衣,嫁娶凶葬皆有赡。择族中长而能干者一人主其计,而时其出纳焉。人日给米一升,岁衣一缣。嫁女者钱五十千,娶妇者二十千。再嫁娶,与长、幼之葬者,皆有差。公之令嗣显于朝,虽未归吴,而至今能修其法、承其志不坠也。故族中之仕者,足以养其清;族中之不仕者,足以助其生。盖自古未有而文正为之,斯百世之师法也已。文正公诗见《总集》。右十一

苏子美沧浪亭,在郡学东。子美既以事废,乃南游吴中。一日过郡学,东顾,草木郁然,崇阜广水,并水得微径于杂花修竹之间,趋数百步,有弃地,乃中吴节度孙承祐之池馆也。坳隆胜势[1],遗意尚存。子美买地作亭,号曰"沧浪"。前竹后水,水之阳又竹无穷,诸公多为之赋诗。子美尝谓:"吴中渚茶野酝足以销忧,莼鲈稻蟹足以适口。又多高僧隐君子,佛庙胜绝。家有园林,珍花奇石,曲池高台,鱼鸟留连,不觉日暮。"遂终此不去焉。右十二

程正议宅,在南园旁。公少而轩辟有才志,因过隙地,右开元、瑞光二寺,左南园,尝曰:"此可以为宅也。"及稍显,遂得其地,卜居焉。太守晏公赠之诗云:"衣冠虽盛皆侨寄,青琐仙郎独我乡。"盖衣冠居郡固多,唯公实吴人也。晏公又名其坊曰"昼锦"以志焉。右十三

---

1 原作"胜执",《沧浪小志》同;《吴邑志》《姑苏志》作"胜概";《姑苏采风类记》作"胜势",从之改。

故资政殿学士太子少保元魏公宅,在带城桥东。元公尝参大政,引年归老,居于是邦。太守章公命其宅曰"衮绣坊"。右十四

先光禄园,在凤凰乡集祥里。高冈清池,乔松寿桧,粗有胜致,而长文栖隐于此,号曰"乐圃"。右十五

冢墓 凡十五节

巫咸坟,在平门东北三里。巫咸,商大戊时贤臣也。《书》云:"伊陟赞于巫咸,作《咸乂》四篇。"《离骚》云:"巫咸将夕降兮,怀椒糈而要之。"说者以为,巫咸,古神巫也。旧传有墓于此,故书之。《图经》亦曰:"虞山者,巫咸所居。"然则咸尝在吴矣。平门,又名巫门,为此故也。吴王寿梦时[1],楚之大夫申公巫臣适吴。《图经》云:"巫臣冢在将门外。"非与此同。右一

太伯墓。《皇览》云:"在吴县北梅里聚,去城十里。"刘昭案:"无锡县东皇山有太伯冢,去墓十里有旧宅,其井犹存。"二说固不同。今吴县、无锡界,俱有梅里之名,未知孰是,要当访之耳。右二

仲雍墓。《太平寰宇记》云:"常熟虞山有仲雍、齐女冢,东是仲雍,西是齐女。"仲雍比德太伯,孔子谓"虞仲夷逸,隐居放言,身中清,废中权"。班固以虞仲者,仲雍也。梁昭明太子作虞山《招真治碑》云:"远望仲雍,而高坟萧瑟;傍临齐女,则哀垄苍茫。"盖梁时犹可见也。右三

女坟湖,在吴县西北六里。《吴越春秋》以谓吴王小女因王食蒸鱼辱之,不忍久生,乃自杀。一说夫差小女字幼玉,观父之过,忧国之危,愿与韩重者为偶,志愿不果,结怨以死。夫差痛思

1　原无"时"字,据江苏书局本补。

之,以金棺铜椁葬之阊门外。葬已祭之,其女化形而歌曰:"南山有鸟,北山张罗。鸟既高飞,罗将奈何? 志欲从君,谗言孔多。悲怨成疾,殁身黄坡。"窃谓此诗亦有深旨,殆此女生时所赋耶? "南山有鸟",喻越也。"北山张罗",喻制越非其所也。"鸟既高飞",勾践之盛也。"罗将奈何",夫差不可以制越也。"志欲从君,谗言孔多",谓虽欲从父之命,奈何其听谗言而忘忠议也。彼韩重之怨,蒸鱼之忿,殆恐非也。坟之为湖,或曰墓所陷也,或曰取土为坟,凿而成也。右四

齐女墓,在虞山。吴太子所娶也。齐女忧思发病,且死,谓太子:"必葬我虞山上,傥死而有知,犹望故国。"吴王从之。《孟子》谓:"齐景公既不能令,又不受命,是绝物也。涕出而女于吴。"即此也。右五

吴王僚坟,在吴县西十二里岸粤山旁。在西下有思益寺。右六

吴王夫差墓,在吴县西北四十里余杭山犹亭卑犹之位,今名阳山者是也。地近太湖。夫差栖于姑苏山,转战西北,败于干遂。夫差既伏剑死,越王令干戈人以一堁土葬之秦余杭山卑犹。宰嚭亦葬其旁。右七

言偃墓,在虞山上,与仲雍墓并列。右八

汉梁鸿墓,在县西四里,要离墓北。《后汉书》云:"梁鸿字,伯鸾,扶风平陵人。娶同郡孟光字德耀,共至吴,依皋伯通。鸿闭门著书十余篇,疾且困,告主人曰:'昔延陵季子葬子于嬴博之间,慎勿令我子持丧归去。'及卒,伯通葬于吴要离冢旁。咸曰:'要离烈士而伯鸾清高,可令相近。'葬毕,妻子归扶风。"唐陆龟蒙云:"在金昌亭一里。"《续志》云:"今阊门南城内有古冢二,相传为要离、梁鸿墓。"金昌亭在城内,《宋书》可证。右九

汉豫州刺史孙坚及其妻吴夫人、会稽太守策三坟,并在盘门外三里,载唐陆广微《吴地记》。墓前有小沟曰陵浜,乡俗称为孙王墓。按《吴书》,坚死于初平三[1]年,年三十七。策死于建安五年,年二十六。坚妻吴氏死于建安七年,合葬坚墓。黄龙元年,权追尊坚为武烈皇帝,庙曰始祖,墓曰高陵;吴氏为武烈皇后;策为长沙桓[2]王。太元元年八月朔,大风拔吴高陵松柏,石碑蹉跌。按《晋阳秋》云:"惠帝元康中,吴令河东谢询表为孙氏二君墓置守冢五人,修护扫除,有诏从之。"其文张悛所作,今载《文选》。盘门外大冢是也。又唐《孙德琳墓志》云:"开元十年,窆于十四代祖、吴武烈皇帝陵东南平地。"《续志》云:"魏吴纲立孙坚庙,在县东北;孙策祠,在县南。"右十

张翰,葬横山东五里。翰,吴人,见几而作,托意莼鲈,归以毁卒[3],可谓高行之士。坟虽亡而名宜存也。右十一

顾三老坟,在娄门外塘北,盖顾综坟也。综字文纬,吴人,辟有道,历御史大夫、尚书令、殿上三老。汉明帝袭三代之礼,正月上日践辟雍,严设几杖,乞言受诲焉。吴丞相雍,其裔孙也。综于《东汉书》无传,事见顾况所撰《庙庭碑铭》,云:"刊石娄门,德辉不灭。"碑亡。右十二

史惟则,葬吴城下。惟则,字天问,吴人也。工八分、飞白、二篆。在唐中叶,以八分名家者四人,惟则与韩择木、蔡有邻、李潮也。历集贤、翰林学士,卒。右十三

广陵王元璙墓,在横山。元璙,字德辉,武肃之子,文穆之兄也,

1　原作"二",据《三国志·吴书》改。

2　"桓"字原作"胡官切,一字",避讳见前注。

3　《吴郡志·人物四》云:"张翰,字季鹰,吴人……性至孝,遭母忧,哀毁过礼,年五十七卒。"

为中吴节度。文穆既袭位，元璙来觐，置宴宫中，用家人礼。文穆起，酌酒为寿[1]曰："先王之位，兄宜当之，俾小子至是，实兄推戴之力。"元璙俯伏曰："王功德高茂，先王择贤而立，君臣之分，敢忘忠顺？"因相顾感泣，酣乐而罢。元璙卒，子文奉嗣为中吴节度。涉猎经史，好宾客，饮兼数人，常乘白骡，被鹤氅，泛舟池中，远近闻宾客笑语声，则就饮为乐。卒官，亦葬横山。右十四

范文正公之先墓，在天平山下，置祠堂于白云院中。每岁清明，大合族人，以义田之资设盛馔祭扫，至今修之。近世诸公葬于郡境者固多，知之不详，未悉书也。右十五

碑碣 凡九节

朱氏墓碣，在吴县西穹窿山傍。俗传云买臣之墓，非也。按旧经云，买臣冢在嘉兴县界，不在此也。墓旁有碑，已漫灭，其字可读者云：一十六世，四百一十九年居下邳；自平始三年避地至会昌壬戌凡八百四十二年，籍于吴，故邳村之名由下邳之来也。请序朱氏过江之祖文阙孝廉、除郎中、举有道茂才、辟大将军府、除长水校尉文阙当汉纲既坏，天下大紊，公侧足虺蜴，径逾江文阙。其后，大概叙子孙官爵。此盖唐人追叙朱氏过江之祖。石字埋泐，谱系不传，惜哉！又按《唐志》载朱氏世系，汉司隶校尉禹坐党锢诛，子孙避难丹阳，丹阳朱氏之祖也。盖丹阳亦有朱氏云。右一

春申君庙碑，史惟则书。又尝书太伯庙碑、重玄寺额，今失之。右二

阊门额，李阳冰篆，今已失之。右三

1　原作"甚寿"，据江苏书局本改。

武丘东山碑、龙兴观碑,皆陆柬之书,亡矣。右四

包山神景观林屋洞院碑,唐开成三年建,石已残缺。据其所述,盖唐肃宗时,有自润州刺史求入道者。又云,乃去权位,散禄亲知,草屩杖藜,游乎山岳,至此山,于洞之西门造玄坛,立室修玄元真容。而石刻断折,莫知其姓名为谁氏。其铭有云毛公、唐君,前后出处,盖唐君斯人也。碑中亦述周息元之事云:止于内殿,帝频见,就问以道德之门,乃献谏书,用毗圣化。其文间可见,不能详知。噫!高士之节固难得,偶一有焉,又远遁山泽,不与人接,其名闻于王公大人者几稀矣。如此碑所载者,既不见于史册,托之金石,又复磨灭,虽缀拾存之而不得其完[1],惜哉!右五

报恩寺慧敏律师碑铭,台州司马陈谏撰,苏州刺史元锡书,字刻刓缺。碑云:迁神建塔于寺之西南隅,当八隅泉池之上,中峰兰若文缺,盖有"之下"字。所谓八隅泉池者,皮陆集所谓南池者是耶?今不见其迹。右六

天台大德元浩和尚灵塔碑颂,太原少尹崔恭撰。元浩姓秦氏,字广成,智者大师之六世孙、荆溪和尚之法子。翰林学士梁肃、苏州刺史田敦及崔恭,皆受业弟子,起塔于虎丘东山南原。文具《总集》。右七

画龙记。长洲县令厅事北庑有画龙六,僧繇、弗兴之旧度,模之不知何人,其工不谢二子也。唐李绅为记其事,碑刻犹存。右八

周先生住山碑,在洞庭山,唐华州刺史令狐楚撰。右九

---

1 "完"字原作"胡官切,一字",拟避宋钦宗名讳。

事志 凡二十七节

泰伯三以天下逊，延陵季子三以国逊，孔子谓"泰伯至德，民无得而称焉"。其于《春秋》书曰："吴子使札来聘。"于札之葬也，题曰："呜呼，吴延陵季子之墓！"贤之也。《吴越春秋》云："古公病，将卒，令季历归国于太伯[1]，而三逊不受。"盖孔子称三逊者，著其实也。《诗》云："维此王季，因心则友。"美王季之友泰伯，是王季尝归国于太伯，而泰伯不受，不为虚言也。吴王寿梦有子四人，长曰诸樊，次曰余祭，次曰余昧，次曰季札。季札贤而寿梦欲立之，季札辞不可，诸樊乃摄事当国。已除丧，致位季札，季札又辞。吴人固立焉，季札弃其室而耕，乃舍之。诸樊卒，授弟余祭，欲传以次，必致国于季札，以称先王之意。余祭卒，弟余昧立。余昧卒，欲授季札，又逃去。是三逊其国也。然太伯逊而周兴，季札逊而吴亡，其所遇则然也。其清风大节足以兴万世之善，所补岂小哉！宜血食于吴不绝也。右一

昔孔子登泰山，见吴门有白马如练，此论者传闻之误而好奇之过也。孔子虽至圣，其视听与人同耳。吴、鲁相去不翅[2]数千里，安能见白马如练哉？昔王允《论衡》尝辩之矣。右二

吴王夫差之盛也，越王与范蠡入臣隶于吴，或曰囚也。盖三年而后得归越。其所以断大谋、成霸业，蠡之功居多。勾践之灭吴也，师还至五湖，范蠡辞于王曰："君王勉之，臣不复入越国矣。"越王曰："吾将与子分国而处之。"范蠡对曰："君行制，臣行意。"遂乘轻

---

1 "太伯"即"泰伯"。

2 "翅"通"啻"。但；仅；止。

舟以浮于五湖。王命金工以良金写范蠡之状而朝礼之,环会稽三百里以为 [1] 范蠡地。左丘明著《国语》,盖与蠡同时,犹曰"莫知其所终极",而太史公以谓浮海出齐,变姓名,自谓鸱夷子皮,耕于海畔,老居陶,号陶朱公。呜呼! 蠡能霸其君、寿其身,智哉! 智哉! 右三

御儿者,地名也。《国语》曰:"勾践之地,南至于句无,北至于御儿。"又勾践曰:"吾用御儿临之。"而俚俗之言,以"御"为"语",曰:"范蠡献西子于吴,道中生子,至此而能语。"又从而为之说曰:"吴既亡,西子从范蠡以行。"杜牧亦云:"西子下吴邦,一舸逐鸱夷。"夫蠡之智足以显君,而保躬必不蹈于污也。昔武王伐纣,诛妲己,而高颖请诛张丽华。孰谓蠡不如高颖乎? 右四

吴旧号"句吴",盖方俗之辞,犹越之为"於越"也。又说者曰:"吴者,虞也。太伯于此,以虞志也。"右五

张良七世孙曰睦,字选公,为后汉蜀郡太守。始居吴郡,吴郡张氏皆其后也。右六

褚伯玉,字元璩,钱塘人也。少有隐操,遂往郊,居瀑布山。在山三十余年,隔绝人物。王僧达为吴郡,苦礼致之,停都信宿,才交数言而退。宁朔将军丘珍孙与僧达书曰:"闻褚先生出居贵馆。此子灭景云栖,不事王侯,有年载矣。自非折节好贤,何以致之?"僧达答书曰:"褚先生从白云游旧矣。近故要其来此,冀慰日夜。比谈讨芝桂,借访薜萝,若已窥烟液、临沧洲矣。"昔丘丹答韦应物诗云:"还同褚伯玉,入馆忝州人。"谓此也。右七

晋颜含,以孝友闻。自西平县侯拜侍中,除吴郡太守。王导问含曰:"卿今莅名郡,政将何先?"答曰:"王师岁动,编户虚耗。南北权豪,竞招游食。国弊家丰,执事之忧。且当征之势门,使反田桑。

---

1 原作"为以",据江苏书局本改。

数年之间,欲令户给人足。如其礼乐,俟之明宰。"含所历,简而有恩,明而能断,然以威御下。导叹曰:"颜公在事,吴人敛手矣。"未之官,复为侍中。右八

晋何求,字子有;弟点,字子晳;嗣胤[1],字子季,简穆公尚之孙也。何氏过江,自晋司空充并葬吴西山。求除中书郎,不拜。隐居吴之波若寺,足不逾户,人罕见其面,后隐武丘山。齐永明四年,拜太中大夫,不就,卒。点不入城府,性率到,好狎人物[2]。遨游人间,不簪不带。以人地并高,无所与屈。大言踸踔,公卿礼下之。或乘柴车草屩,恣心所适,致醉而归。累召中书侍郎、太子中庶子,不就。点少时,尝病渴利。后在吴中石佛寺建讲,于讲所昼寝,梦一道人,形貌非常,授丸一掬,梦中服之,自此而差。梁武帝与点有旧,赐以鹿皮巾,并召之。点以巾褐引入华林园。帝赠诗酒,仍诏拜侍中。辞疾不起。子季以会稽山多灵异,往游焉,居若邪山云门寺。初,子季二兄求、点并栖遁,求先卒。至是,子季又隐。世以点为"大山",子季为"小山",亦曰东山兄弟。又谓点为"孝隐",子季为"小隐",世号何氏三高。子季年七十余,乃移还吴,居武丘山西寺,讲经论。东境守宰经涂者,莫不毕至。梁武帝诏为特进,不起。给白衣尚书禄,固辞不受。卒,年八十六。右九

陆慧晓,字叔明;张融,字思光,皆吴人也。慧晓清介正立,不杂交游,时人以为"江东裴乐"也。融弱冠有名,行己卓越。慧晓与融并宅,其间有池,池上有二株杨柳。何点叹曰:"此池便是醴泉,此木便是交让。"武陵王晔守会稽,以慧晓为征虏功曹,与府参军

---

1 "胤"字,原作"避太祖讳"。江苏书局本改作"允",疑又避清世宗名讳。据《晋书》本传改。

2 "好",《南齐书》本传作"鲜"。参见中华书局点校本《南齐书》卷五十四校勘记第四八条。

刘琎同从述职。琎，清介士也，行至吴，谓人曰："吾闻张融与慧晓并宅，其间有水，必有异味。"故命驾往，酌而饮之，曰："饮此水，则鄙吝之萌尽矣。"慧晓为南兖州刺史，融为司徒左长史，卒。旧传有交让渎，与乘鱼桥相近，盖因张、陆得名也。右十

江左时，三吴旧有乡射礼。羊玄保为吴郡，尝行之。后久不复修。蔡兴宗为会稽太守，行之，礼仪甚整。右十一

《南史》称："汝南周洽，历吴令，廉约无私，卒于都水使者，无以殡敛，吏人为买棺器。"傅翙，亦有能名，为吴令，别建康令孙廉。廉因问曰："闻丈人发奸摘伏，惠化如神，何以至此？"答曰："无他也，唯勤而清。清则宪纲自行，勤则事无不理。宪纲自行则吏不能欺，事自理则物无凝滞。欲不理，得乎？"翙位至骠骑咨议。右十二

虎丘有《清远道士同沈恭子游寺》诗、《幽独君》诗。清远道士所称自商周至秦汉末，以鬼神自谓。颜鲁公爱之，遂刻于岩际，并有继作，李卫公又从而和之。《幽独君》诗，大历中于剑池石壁隐出，观察使李道昌以闻于朝。代宗敕道昌祭之。此亦甚异也。右十三

张长史，吴县人也。为人倜傥闳达，卓尔不群。所游者，皆一时豪杰。其草书入神品。初，为常熟尉，有老叟陈牒，既判去，不数日复来。长史怒而责之曰："汝何以细故屡扰吾官府也？"叟曰："观君笔迹奇妙，欲以藏箧笥耳，非有所论也。"因问所藏，尽出其父书。长史视之曰："天下奇书也。"自此益尽其法。性嗜酒，每大醉，呼叫狂走，下笔愈奇。尝以头濡墨而书，既醒，视之，自以为神，不可复得也。世以此呼张颠。后为金吾长史。右十四

韦应物，贞元[1]初为苏州刺史。是时，房孺复为杭州刺史，皆豪

---

1 原作"正元"，避讳，见前注。

人也。韦嗜诗，房嗜酒，其风流雅韵播于吴中。或目韦、房为诗酒仙。韦立性高洁，鲜食寡欲，所在焚香扫地而坐，唐人贤而慕之，不敢名，皆曰"韦苏州"云。右十五

杜牧诗云："我爱朱处士，三吴居中央。罢亚百顷稻，西风吹半黄。"又云："我昔造其室，羽仪鸾鹤翔。交横碧流上，竹映琴书床。出俗无近语，尧舜禹武汤。"观此诗，知处士之贤也。然莫知其名，而他书亦无所见，惜哉！右十六

《图经》每岁有丁身钱，自大中祥符四年，诏以两浙、福建路，荆湖南、北，广南东路，在伪国日出丁身钱并特除放，凡岁免缗钱四十五万有余贯。由是苏民至今无计口算缗之事，蒙泽最厚。右十七

谢宾客涛，字济之，既冠，居吴中。会汾晋平郡国，当表贺，吴士为奏者文体弱，更数人，皆不能如郡将意。谢公私草之，为人持去，郡将大称惬。吴中先生亦自愧不及。故王黄州、罗拾遗处约并为吴之属县长，谢公与之游。罗尝与王书云："济之扬搉天人，盖吾曹之敌。"其为名流推重如此。右十八

王黄州禹偁，字元之，尝为长洲宰，其风流篇什播于一时，由此遂拜拾遗。故其诗云："吴门吏隐过三年，何事陶潜捧诏还？步武已趋龙尾道，梦魂犹忆虎丘山。"今虎丘至今有画像存焉。他诗皆具《总集》。右十九

丁晋公，吴人。大中祥符中，参豫大政。八年，出为平江节度使，知升州，拥节旄还本镇，过乡拜墓，搢绅荣之。吴人自陆宣公后，至公为宰相。归葬于华山习家原[1]。右二十

两浙转运使治所，初在吴郡。孙何汉公自京东迁二浙，实居

于此,作三亭,一曰"自公",于此退处也;二曰"温故",于此阅书也;三曰"舣舟",于此系舟以备巡按也,有《三亭记》,见集中。右二十一

姑苏刺史有若范文正公、富监,皆牧乡郡。叶少列先典州,既而请老。其子道卿以本路漕节来侍。其孙公秉,熙宁中又为郡守。蒋希鲁再牧是邦,遂归休于此。盛文肃[1]、胡武平、赵叔平后至政府,皆盛事也。右二十二

平江节度推官廨舍,昔甚隘陋。天圣中,武宁章岷伯镇居幕府,始广而新之。伯镇时名藉甚,初登第,翰林诸公赋诗赠行,其《廨舍记》并记刻犹存。当是时,盛翰林度、黄工部宗旦守郡,多以事委伯镇,而伯镇之弟伯瞻及今太守朝议公同侍亲居此,吴中士大夫多称之。伯瞻后至太常少卿、按漕广东云。右二十三

章太守尝言伯镇之在幕也,盛文肃公委之遍阅经史,凡言吴事者录为一书。其书在盛氏,人不复见之,惜哉! 右二十四

许洞以文词称于吴,尤邃《左氏春秋》。嗜酒,尝从酒家贷饮。一日,大写壁,作歌数百言。乡人竞来观之,售数倍,乃尽捐其所负。右二十五

陈氏有两高士,曰郯,曰之奇。郯不闻其字,范文正公以先生称之。钱氏归朝也,郯有兄七人,皆仕宦,而独隐居里中,以琴书自乐。好佛老,晚不茹荤者十五载。丁晋公,其甥也,欲荐以官,郯拒之。晋公以诗诵美。呜呼! 可不谓高士哉! 之奇,字虞卿,谢陇西郡王宅教授以归,十八年而终。尝有诏起之,不行也。持身谨严[2]而外简旷,不为矫刻之行。衣冠耆旧置酒相过从,虞卿遇兴辄往,

---

1 原作"盛又肃",据江苏书局本改。
2 原作"欢严",据江苏书局本改。

未尝视其人以为高下。乡人爱之，逢于道者，必肃容起恭。相语曰："此吾陈君子也。"孝友恺悌，赒赡宗族，虽贫而竭力。吴人言家行者，必推虞卿。其葬也，今丞相王公为之铭，号曰"陈君子"云。右二十六

元丰四年，资政殿学士、太子少保元魏公绛，正议大夫、集贤殿修撰程公师孟，相继请老，居吴中。二公交契最密，又同还里第。时太守、朝议章公岵亦平昔僚旧，于是良辰美景，往来置酒以相娱乐。又尝盛集诸老，以继会昌洛中之宴，作新词以歌焉。右二十七

杂录凡十五节

《吴都赋》云："乡贡八蚕之绵。"苏州旧贡：丝葛、丝绵、八蚕丝、绯绫、布、白角簟、草席、鞋、大小香粳、柑橘、藕、鲻皮、鲅鲭[1]、鸭胞肚鱼、鱼子[2]、白石脂、蛇、粟，皆具《唐志》。右一

大业中，吴郡送扶芳二百本，敕西苑种之。其木蔓生，缠他木，叶圆而厚，凌冬不凋。夏月，取叶，微炙之以为饮，色碧而香美，令人不渴。有筹禅师，妙医术，以扶芳叶为青饮。又献菰菜裹二百斤，其菜生于菰蒋根下，形如细菌，色黄赤如金，梗叶鲜嫩，和鱼肉甚美，七、八月生，薄盐裹之入献。右二

大业中，吴郡送太湖白鱼种子。敕苑内海中以草把别迁著水边，十余日即生小鱼。其取鱼子，以夏至前三五日。白鱼之大者，日晚集湖边浅水中有菰蒋处产子，缀著草上。是时，渔人以网罟取鱼。然至二更，则产竟散归深水。乃刈取菰蒋草有鱼子者，曝干为

---

1 《吴郡志·土贡》作"鲅腊"。

2 《吴郡志·土贡》："唐之土贡，考之《唐书》，所贡丝葛……鲻鱼条、鲅鱼条、鱼春子焉。二鱼条，疑即鲻皮、鲅腊；春子，疑即鱼子也。"

把，运送东都。至唐时，东都犹有白鱼。右三

大业中，吴郡所献有海鲩鱼干脍四瓶，浸一瓶可得径尺面盘十盘，帝以示群臣云："昔术人介象于殿廷钓得此鱼，此幻化耳，亦何足珍？今日之脍，乃是东海真鱼所作，来自数千里，亦是一时奇味。"虞世基云："术人既幻，其脍固亦不真。"出数盘以赐达官。海鱼肉软而不腥，虽已经久干，以法修之可食也。又海虾子四十挺，色如赤琉璃，光彻而肥美，胜于鳞子数倍。又献鲩鱼含肚千头，极精好，愈于石首含肚也。松江鲈鱼干脍六瓶，瓶容一斗，取香柔花叶相间，细切和脍，拨令调匀。鲈鱼肉白如雪，不腥，所谓金齑玉脍，东南之佳味也；紫花碧叶，间以素脍，鲜洁[1]可爱。蜜蟹[2]二十头、拥剑四瓮。拥剑似蟹而小，一螯偏大，《吴都赋》所谓"乌贼拥剑"也。鲤腴鲑四十瓶，肥美冠于鳣鲔干脍之类，作之皆有法。时有口味使杜济。济，会稽人，别味善于盐梅。然暴殄海物，以纵口腹之欲，卒至于亡国。兹可以为戒也。右四

大业中，杨玄感反。吴人朱燮、晋陵人管崇起江南应之，兵十余万。隋将讨之，不能克。帝遣江都赞治王世充发淮南兵三万讨平之。初，世充渡江，三战皆捷。至毗陵，开城以迎，即日进军。贼据潘封栅，断路。世充运薪数万围逼栅，纵火焚之。贼溃，死者十四五，余众保无锡。世充又拔之。贼守白方栅，世充军至，出栅而迎。世充并许其首不罪，追吴人魁帅先降者数十人于通玄寺瑞像前，燃香，誓不诛杀。吴人闻之，一旬之间，归者略尽。世充食言，贪其子女财货，坑降者八千人于黄山下，获资巨万，选美女八十余人，将还，进之，帝并以赐世充。世充将至家，其妻卢

1　原作"鲜絮"，据江苏书局本改。

2　原作"密蟹"，据江苏书局本改。

氏见之，愤惋，即日卒。武德之际，世充遂至奸夷。负誓杀降，不祥之极。右五

苏之东禅院古佛像，容貌端丽，顶珠围径数寸。乾符甲午岁，忽有毫光红黄青紫。于是士庶观瞻，檀施山积。后三日，有老所由惑其事，固请梯升，即佛光焰而窥之。乃见佛像之首有一穴，扪之，有二白鼠，长可尺余，自穴跃出，缘光焰入藻井。斯人遂探得碎幡数片，以红幡映顶珠，即红光出，青、黄、紫亦然，人皆叹息而去。鹿门子曰："佛，金仙也。而白鼠之祸作光于顶，得非金气盛乎？"是后，金革遂兴。右六

中和二年，僖宗狩蜀。润帅周宝以子婿杨茂实为苏州刺史，溺于妖巫，作火妖神庙于子城之南隅，祭以牲牢，外用炭百余斤燃于庙庭。自是，吴中兵火荐作，亦被发伊川之先兆欤？右七

光启初，董昌知杭州军事，浙西周宝惧其强，乃用徐约为苏州刺史以御之。约至未逾年，建九江王庙，殿堂屋壁塑神龙蛟螭，绘画云雷波涛之状。自是，姑苏连大水，民几不粒食者三载。《传》云："妖由人兴，衅不自作。"其斯之谓乎！右八

洞庭山出美茶，旧入为贡。《茶经》云："长洲县生洞庭山者，与金州、蕲州味同。"近年，山僧尤善制茗，谓之"水月茶"，以院为名也，颇为吴人所贵。右九

张又新品天下之水，其二慧山泉，三虎丘井，六松江。陆鲁望好之，高僧逸人时致以助。松江水或以谓第四桥者最佳，盖差远井邑，宜更清耳。以江水酝酒，特佳于他处。昔人重若下酒，亦以溪水为美耳。右十

唐世，苏州进藕，其最佳者名伤荷藕，或曰叶甘为虫所伤，或曰故伤其叶以长根。又多重台莲花，花上复生一花，亦异也。右十一

唐时，重玄寺阁一角忽垫，计数千缗方可扶荐。一匠云："不

足劳人,请得一夫斫楔,可正也。"主寺者从之。僧食讫,辄持楔数片,登高敲斫。未逾月,阁柱悉正。右十二

吴县有利娃乡,吴人以美女为娃,盖宜为丽娃。右十三

《图经》吴县境有定山、粟山者,殆编录之误也。按谢灵运诗云"朝发渔浦南,暮宿富春郭。定山杳云雾,赤亭无淹泊"者,乃浙江中粟山,有飞泉、石杵,吴先主刻题者,在钱唐县西。右十四

吴江旧有如归亭,俯视江湖,为天下绝景处,昔人题咏最多。庆历中,知县事张先益修饰之,蔡君谟为记其事。熙宁中,林郎中肇出宰,又于如归之侧作鲈乡亭,以陈文惠有"秋风斜日鲈鱼乡"之句也。亭旁画范蠡、张翰、陆龟蒙像,谓之"三高",好事者为美。右十五

书吴郡图经续记后

　　昔杨子云尝有言："仲尼多爱，爱义也。子长多爱，爱奇也。"予尝患之。今记述类多博收泛采，譬犹广廛大肆，百物群品杂然陈列于前，而无所别异。此记述者之公患也。辞曹朱伯原，少以文学第进士，退居吴郡，博览载籍，多所见闻，因为《图经续记》以补阙遗。观其论户口，则继之以教；陈风俗，则终之以节。至于辨幼玉之怨，正语儿之妄，纪谭生之讥，其论议深切著明，皆要之礼义。与夫牧守之贤、人物之美、事为之善，凡前言往行有足称者，莫不褒嘉叹异，重复演说。信乎！所谓"君子于言无苟"者。予每至伯原隐居，爱其林圃台沼，逍遥自乐。及得斯记观之，然后又爱其趣识志尚，洒然有异于人。使逢辰汇征，则其所摅发岂易量哉！惜其遗逸沉晦，而独见于斯记，故为书其后，以待知伯原者。

　　元祐元年四月十五日，临邛常安民书。

图经续记后序

余家自伯父、皇考[1]泊诸父奉王大母、大母来居于苏,著籍此州者五十年矣,今带城桥儒学坊为吾家榜也;横山之宝华、华山之博士坞,吾家三世之所葬也。余虽少长于苏,而山川、城邑、津梁、园观,往往未知其所由来。尝以问乐圃先生。先生出所为《图经续记》以示我,曰:"此一览尽之矣。"退而观之,千数百载之废兴、千数百里之风土,灿然如指诸掌。呜呼!何其备哉!先生之书三卷若干条,而所包括者,古今图籍不可胜数,虽浮图方士之书、小说俚谚之言,可以证古而传久者,亦毕取而并录。先生岂欲矜淹博而耀华藻哉!举昔时牧守之贤,冀来者之相承也;道前世人物之盛,冀后生之自力也。沟渎,条浚水之方;仓庾,记裕民之术。论风俗之习尚,夸户口之蕃息,遂及于教化、礼乐之大务。于是见先生之志素在于天下也,岂可徒以方域舆地之书视之哉!先生未冠而擢第,英声振于士林。不幸以末疾卧家,不得达其志于斯民。然而潜心古道,笃意著述,其所撰次成秩如是书者非一。窃尝探测其渊源而妄论其规制,以谓黄钟大吕不足以比其清,《阳阿》《激楚》不足以方其妙,齐纨蜀锦不足以埒其华,昆玉南金不足以俪其美,长江巨河不足以况其远,轻车骏马不足以侔其

---

1 黄宗羲《金石要例·讳祖父例》:"范育《吕和叔墓表》,称曾祖为皇考,祖为王考。"

逸。意者，左丘非失明，《国语》不成；虞卿非困穷，《阳秋》不作。一何发挥之妍丽也，不然天将激先生以鸣斯文，是以固厄之耶？虽然先生之疾损矣，无害其可以亨举于天衢也。昔者刘向非大发天禄石渠之藏，不能尽论分野之风物；贾耽非博询遐陬绝域之众，不能悉知华夷之道里。先生之才，不歉于二子，特处非其所而已。与其陈四境之形胜，孰若使志四海之封畿？与其论千里之事物，孰若使综万方之利害？况史观经始，品藻才难。当笔削之任者，非先生而谁可哉？伏读终篇，感先生之未遇，辄书卷末，庶几万一有儆于朝廷，今日当为官而择人者。

元祐七年十二月朔，大云编户林虙序。

图经续记后序

秘书省正字、枢密院编修朱公伯原尝为前太守晏公作《吴郡图经续记》三卷。既成而晏公罢去，遂藏于家。其后，太守章公虽求其本以置郡府，而见之者尚鲜也。元符改元，安上以不才滥缩倅符。到郡之后，周览城邑，顾瞻山川，窃欲究古兴替盛衰之迹，而旧经事简文繁，考证多阙，方欲博访旧闻，稍加增缀，而得此书于公之子耜。读之终卷，惜其可传而未传也。于是不敢自秘，偶以承乏郡事，俾镂版于公库以示久远。若乃著述之本意，则详于自序，而其摅辞之博赡、措意之深远，则又详于常、林二君之后序矣，兹不重见。姑志其刊镂之岁月云。越明年岁在庚辰八月望日，朝请郎、通判苏州权管军州事祝安上书。

图经续记后序

自庚辰八月权州祝君镂版题跋之后,距今绍兴甲寅实三十五年。佑被命假守,时兵火之余,图籍散亡,秉笔疑滞,触事面墙,每贤士大夫相过,必以咨访。未几,前湖州通判陈能千自青龙泛舟,携此书相访。开卷欣跃,因授学官孙卫补葺校勘,复为成书以传。异日,职方氏缵修中兴新书,当亦有取于斯,则乐圃先生之志不泯矣。

绍兴四年六月初十日,涟水孙佑书。

石湖志略·石湖文略

◎〔明〕卢襄 撰

点校说明

《石湖志略》1卷《文略》1卷,明卢襄撰,《四库全书》著录"浙江范懋柱家天一阁藏本",《江苏艺文志·苏州卷》著录两种版本:(1)明嘉靖刻本,清吴翌凤、黄丕烈跋;(2)清然松书屋抄本,清顾沅校并跋。《江苏旧方志提要》云"苏州博物馆有藏",又"钞本有顾千里等题识"。按:今苏州博物馆所藏乃李根源先生捐赠的抄本,书的扉页处有"李根源先生捐赠苏州市文管会藏"字样的收藏章。抄本用纸上有"民国十七年戊辰六月腾冲李根源",落款章上"印泉"两篆依稀可辨。全志粘有不少贴条,可能是李根源先生校读抄本时所为。从《文略》后所录"枚庵"(吴翌凤)、"复翁"(黄丕烈)两跋推测,抄本所据当为明嘉靖刻本。

卢襄(1481—1531),字师陈,自号五坞山人,明吴县人。嘉靖二年(1523)进士,授永丰知县,转刑部主事,改兵部,升礼部员外郎,迁职方司郎中。寻改武选。以争大礼下狱,事白,升陕西右参议。为文敷腴明畅,诗尤精诣。卒后,文徵明为他撰墓表。卢氏世居石湖,为不使先贤故实隐而不彰,"乃述其山川古迹为《志略》,又集诸人题咏为《文略》",仿"太史公曰"之体,正文内容本志、流衍、诸山、古迹、灵禀、物产、灵栖、梵宇、书院、游览等十类之后均附"职方氏曰",简核有法。书前《石湖山水之图》可见明嘉靖时石湖全貌,弥足珍贵。

本次点校,以李根源先生抄本为底本,原粘贴条以注文形式标明,参校明嘉清刻本。明显的文字差错,直接在误字之后用[　]注明正字,不再出注。《文略》,则在所校篇什之后括注参校所自。

石湖志略序

翰林、国史编修文林郎、前进士江阴张衮

予友职方氏卢子师陈志石湖成，以示衮曰："志昔有也，辞芜寡要，流缀溢牍，厥觊病矣。予兹薙焉，凡湖之有，悉为论以厘之，其仍焉者，惧失实也，可不可须若质诸？"衮辞不能役。比子既受命服，试事江西，伻来征言益急。予乃阅编叹曰：

志哉殆史之别乎，凡其发凡立例，撼幽辨殊，考哲章庸，法而有究，典而不诬，贞而不泥，卓乎莫之尚矣。虽然，卢子之作之也，得无慨于其后乎？湖之灵，粤自文穆公居此，湖名滋贵。沦湮数百余祀，子之伯氏学宪君者，乃堂于湖之上，堂成而湖益奇。子复讨而志之，志成而堂殷以奂，则吴多山水，输灵委秀于兹湖者，胜专之卢氏矣，子得无慨于其后乎。其后者脱[1]弗思弗慨，挟是以启来游者，与苏人争胜概焉，则志黲[2]矣，岂职方氏意乎！

嘉靖戊子夏五月。

---

1 脱：倘若。
2 刻本作"黲"，疑当作"黳"，乖戾。

其 二

承直郎刑部主事、前翰林庶吉士平湖屠应埈

卢子曰："予世家石湖，伯氏尝诏予曰：'石湖，吴之巨汇也。自范文穆显名于宋，越兹流播，顾后世弗纪焉。予既为文穆祠矣，其使之世者，奚不在子乎？'于是辑《石湖志略》成。"

屠应埈序之曰：

夫石湖故不有志哉？其词支，其事衍，奖诬诞而略近，其弗可训已。夫《志略》也，其事核，其词修，兼总类析，大义彰矣。是故辨方表胜，轨度以次，是舆地之经也。

序本志，沃泽支流，庶土作乂，厚生赖焉；序流衍，泉壤融结，卑高以陈，凡山泽之奠，以胥胜也；序诸山，登高览胜，眷焉慷慨，哲士所共；序古迹，湖山降神，世有攸萃，匪人则湮也；序灵禀，水深土膏，厥产维茂，有庶鲜粒食之利焉；序物产，死生之道，咸秩之祀，井丘之封，久不可以荒也；序灵栖，后世异端曼衍，宫室繁兴，然亦形胜之助矣；序梵宇，夫邪说不可弗呕返也；序书院，书院文穆所祀也，今昔异时，仁知异乐，感而动者人情也；序游览，是故涤源流之奥，标生物之备，具地利焉。阐没世之休，使闻风者起，具人道焉；广废兴之戚，以稽治乱之异，具天时焉。其弗曰徒作也已。

嘉靖[1]己丑八月。

---

1 抄本在"嘉靖"前有"时"字。今据刻本删。

石湖志略目录 [1]

1　刻本无此目录。

《石湖山水之图》

石湖志略

湖介吴县灵岩乡一都、吴江县范隅上乡一都。

本志第一

吴，泽国也。五湖之外，以湖名者犹多，石湖其一也。志以湖名，法当首列，作本志。

湖在郡城西南十二里横山之下，一壑广仅数里，深不盈仞，春秋时范蠡所从入五湖者。其水东北自娄江注胥门塘，折西而南；西北自震泽注胥口以及跨塘[1]，折东而南，至此并皆汇焉。其宣泄也，复下震泽，达于吴淞、娄江以入于海。

湖西面为山，山下及东、南、北三面多良田沃壤。夏秋湖风作时，波涛澎湃汹涌，势将挟山走石，莫或障焉。风定波平，则一碧千顷，天镜在目。

湖北二桥，东曰越城，西曰行春。越城斗而稍广，舟多由之；行春蜿蜒而平，凡九虹，仅通其一，余皆设栅水中，行人望之，略似光福之虎山桥、西湖之六桥，而或过之。

湖之名，宋以前不大显，自阜陵[2]书"石湖"二大字以赐其臣范

---

1 本地称之为"西跨塘"。
2 宋孝宗（赵昚）的陵墓永阜陵的省称，此处指代宋孝宗。

参政成大,于是石湖之名闻天下。成大尝曰:"太湖日应咸池,为东南水会,石湖其派也。吴台越垒,对立两涘,危峰高浪,襟带平楚,吾州胜地莫加焉。"林光朝[1]云:"石湖旧隐,在江东为第一。"龚氏《纪闻》云:"石湖西南一带,皆佳山水。"《东皋录》云:"石湖山水为吴中伟观。"又云:"吴郡山水,近治可游者,惟石湖为最。湖上至今有吴中胜景坊,盖表其实云。"

职方氏曰:石湖涵灵潴秀,混辟已然。其显于宋者,文穆为之地主也。然则居其地而使之寂漠焉,亦足以自耻也已。

流衍第二

石湖一也[2],其出入震泽,达于吴淞、娄江以入于海,此大势也。其旁通散溢,无所不之,皆足以资灌溉、厚民生也。因志其流衍。

石湖水,北出行春、越城二桥以入横塘曰越来溪。越伐吴时,兵从此入。《郡志》云"在越城东南",又云"溪上有越城"。按此,则今横塘南一溪是也。然湖之南尽一水通太湖者,相传为越来溪,甚者,其桥亦揭溪名,岂一溪分南北,而湖固处其间邪?《史记正义》云:"越伐吴,自松江北开渠至横山下,东北入吴。"按此,则南通太湖之溪是也。今姑以南北溪别之。

1　林光朝(1114—1178),字谦之,号艾轩,兴化军莆田县(今福建莆田)人,郑侠之婿。宋隆兴元年(1163)进士。以名儒召对,迁国子祭酒,兼太子左谕德。以朝散郎充集英殿修撰知婺州。他专心圣贤之学,动必以礼。有气节,朱熹兄事之。南渡后,以伊洛之学倡东南,自光朝始。

2　抄本粘条:"一也"疑为"一水"。

溪之外，为口者一，曰鲇鱼口在湖之东南，与太湖相接；为塘者三，曰横塘水东入胥门塘，西北入彩云港，南与北溪相连，上有横塘桥，桥上有亭，左右居民几千家，跨塘[1]胥口、木渎之东有东西二跨塘，各有石桥，南北皆美田，民居不甚稠，新郭塘越城桥北转东，水出盘门塘，上有新郭、永安二石梁，民居成市；为荡者一，曰荷花荡行春桥北，水淤涨而成，各有塍段，居民植荷芰为业，夏月花开如云锦，城中士民多往游焉；为泾者三，曰殳泾湖东北一大港，出蠡塘，上有殳泾桥，桥北通新郭入郡城，其左又有卫家村，即范公别墅；陈家村，村多陈姓，国初有名子敬者，始徙城中，其子祚以进士官至佥事，有直节，此其祖居也，彭泾湖东南一小港，出东湖，在里墅之南，金墓泾南溪桥之南第一支港，居民多业儒。又其形修直如笔，王文恪公过之，为更其名曰文笔泾。又曰南周村，予家世居焉，上有饶稼、恩荣二桥，其西有周家桥；为港者六，曰抢港湖东南一小港，在窑湾港之东，九曲港湖东一小港，纡曲以避湖险，在邵巷港之南。此近年所开，邵巷港湖东一港，在彭泾之南，与九曲港相接，水东入蠡塘，又名邵昂。相传旧有石刻"昂台"二大字在水中，上有怀范桥。国初，许士瞻居其地，作勤稼堂，里墅港湖东南一港，在彭泾北，居民数百家，江南漕舰多造于此，其上亦多旧族，前后陆巷港在南溪之西，前后二港。吴县、吴江之交，水深汇聚。后港有永济桥，国初，著姓张珙、孟璋居之，至今子孙众盛，有登科者，称溪西张氏。又有顾氏、金氏，亦著姓；为溇者一，曰莫舍溇南溪之东一港，承太湖之水以入湖者，即绮川也。其东有泰和冈，旧名石舍，其后以莫姓蕃衍，遂易今称。上有绮川亭。前莫分秀沙田、石家下场、红桥[2]，又有南村张氏、竹堂薛氏、蜕窝朱氏、西坡沈氏、中村李氏、汝南袁氏，皆文献之族；为湾者二，曰陈湾湖南嘴一大港，通吴岭下，内有潘家桥、徐家坞，又名南村。藕花洲在坞中，积水静深，洲突出水中，术家谓之出水莲花，窑湾湖南溪东一大港，通东湖入太湖；为浜者五，曰寺浜湖北小港，在治平

1　抄本粘条："跨塘"与石湖无关，似不宜阑入。

2　抄本粘条称："前莫"句有误。

寺左。仅藏僧舟，游湖小舟亦多泊者，上有楞伽桥，寺下浜寺浜之南小港，与入
上方山之路相直，卖鱼小舟多停焉，鱼鼓声闻远近。其上即紫薇村。永乐中，张天
祥字景祯被召不赴。其南又有巘下村，小港抱之，上有石梁。永乐中，里人张宗道
居之，有乐善堂。子昱，正统中任运判，今族姓犹盛，五丫叉浜溪南口五水合流
处，下周浜南溪桥西北一港，上有下周桥，石灰浜又名庙桥浜。在下周南小港，
直西通土神祠，至山麓而止，山水出焉。折北名湾潭，湾，去声。潭水深广，下多
石，宜菰苇，上有顾野王墓；为渚者二，曰红蓼渚在湖东北，三面皆水，环田
渚在东湖之南口，内皆良田，过此则太湖矣，皆湖之支流，虽其名称多不雅
驯，弗忍遗也。抑清流深泽，僻在荒野，无所于考[1]，遗之者亦多矣，
夫亦水之弗遭矣乎！

　　职方氏曰：石湖之水，分注远近，民日资焉，不独游观而已。凡
水所注处，乡村聚落，多不特书。而杠梁之小，必附书者，重水道也。

诸山第三

　　巨浸之所，山多阙焉。石湖之西，皆山也。善游者，于是得奇
观焉，不可以不志。凡墩、岭、岩、坞之属，咸附之。

　　吴之山多在西，其西南一大山，四面皆横，自天平诸山而来，曰
横山，又谓之踞湖山，以东北一面，下临石湖，有箕踞之势也。就其
踞湖者叙之，行春桥西，一山平颠，广可百亩者，曰茶磨屿，其形似
磨，俗又谓之磨盘山。其下有岩，曰观音岩，岩下有深池，架以石梁，
水大旱不竭，类虎丘剑池而小。茶磨之南，冈阜忽偃下有治平寺而又

1　抄本粘条称："无所于考"句有误。

崛起,其颠可以眺远,曰拜郊台。台之南,稍折而西,曰楞伽山,即上方山上有楞伽寺、浮屠、五通诸神祠。楞伽之东南,有丁家山。其左又特起一岭,曰褒忠岭下有褒忠寺,今废。褒忠之西,冈阜起伏。其西又特起而上平广,曰吴山岭,凿山甃衢,上有水一泓在石罅间,极清冽,故又名分水岭旧有施水坊,有僧居之。吴岭之南,则冈阜起伏,又不可指名。其最高一峰,曰大尖墩。墩之南,重冈复岭,联络未绝。其西尧峰诸山,回合映带,去湖渐远,不志。自褒忠迤逦而南,下多深坞。褒忠之下,有丹霞坞。与丹霞相直,曰瑞云坞旧有瑞云庵,今废。吴岭之下有徐家坞,大尖之下有桃花坞。按旧志,横山有五坞,又名五坞山。五坞旧名不雅,皇祐五年,节度推官马云、高士仇道始更名丹霞、白云、芳桂、飞泉、修竹。今所著者丹霞耳。四坞亦无所考,或徐家之类[1],犹蒙旧名云。

职方氏曰:予尝航扬子,见江干诸山,凝蔚秀润,乃知山泽之气,恒相通也。石湖诸山,早暮望之,岚翠欲滴,草树亦若膏沐然者。予兄师邵尤眷焉,至旬月不返。书院成而泉出芝生,山泽之气,殆有所感哉!

古迹第四

山峙川流,与天地相终始。而人事之废兴,则有可慨可鉴焉者,不志则迹熄矣。乃志古迹。

旧志:横山之麓有吴王姑苏台,台高可见三百里,为城三重,

---

1 抄本粘条:"或徐家之类"疑误。

为遶九曲,春夏与西施游焉。子胥谏不听,竟为越所败,而焚其台,今不知其处。或云胥台山是也。茶磨屿之南半里,治平寺之上,山势平广,壇壝之形俨然。相传为吴王拜郊台,吴僭王号,祀天于此。台之下,有吴王大井,又名越公井越公,杨素也,径一丈八尺,石阑绕之。盖吴时所创,越公移郡时加浚治焉。上有冽泉亭施清臣有《记》。今在治平寺东南房菜圃中,五十年前,故老犹及见八角、石阑,今皆无存。湖东北新郭塘之上,高原百余亩,称宴宫里,云吴王郊毕,以享群臣,故名。塘之南崖,湖之东北汭[1]也,堁垣高下。越伐吴时,夫差在姑苏,勾践筑此以逼之,谓之越城。又有越来溪,亦勾践所凿以进兵者也。溪有南北,南溪之西,田间基厚而土细,高可二丈,广倍之,吴王游姑苏,筑以养鱼,今谓之鱼城基方言"鱼"作"吴",《图经》本作"吴"。鱼城西南有酒城,亦吴王酿酒之地,俗呼苦酒城。新郭之称,则始于隋平陈后,群盗绎骚,文帝以越公杨素为行军总管讨之,素遂移郡横山下,民居栉比,自成坊市。或云越城亦在其地,初,素移郡,匠者以楮木为城门柱,素问曰:"可阅几年?"匠曰:"可四十年。"素曰:"足矣!"后三十一年为唐武德七年,复还故城。治平寺即吴县治,横塘其县学也。郊台之后,丁家山下,有丁晋公宅。晋公,大中祥符九年为苏州节度使,御制诗送之,并序曰:"卿黄阁同寅,实彰于尽瘁,碧幢临镇,方属于报功。言当入谢之辰,特赐褒贤之作,依韵和进诗云:懿词硕画播朝中,造膝询谋礼遇丰。文石延登彰顺美,高牙前导表畴庸。书生杖钺今尤贵,旧里分符古罕逢。昼锦买臣安敢比,黄枢早日接从容。"晋公刻石置石湖别墅,今不存矣,子孙亦无闻,山下有镶者姓丁,岂其族欤?越城之阳有石湖旧隐,文穆公归田别墅也,面山临湖,随城势高下而为栋宇,天镜阁第一,其余千岩观、此山堂、寿栎堂光宗御书,说虎、梦渔二轩,绮川在莫舍溇上、盟鸥在行春桥右二亭,又有玉雪、锦绣二坡,别筑农圃堂,正对楞伽寺,公自作《上梁文》。周益公过之,留题壁间。一时名人多为文词以侈之。《上梁文》云"吴波万顷,偶维风雨之舟;越戍千年,因筑湖山之观"云云。乾道间,周益公必大尝留题。事具《游览》。其南又有范村,以唐胡六子涉海所遇为名,中有重奎堂,奉孝宗、光宗两朝宸翰,众芳杂植,梅菊尤盛。公自有《范村记》《范村梅菊》二谱。吴山下陈湾,有卢氏南村。淳熙间,寺簿璿所居,称吴中第一林泉,有御书"得妙堂"扁、卢园三十咏。南村、柴关、带烟堤、吴中第一林泉、佐书斋、吴山堂、正易堂、紫芝轩、瑞笔轩、静宜轩、玉华台、苍谷、来禽坞、逸民园、植竹处、江南烟雨图、香岩、湖山清隐厅、得妙堂、云村、香岩玉界、古芳、玉川馆、山阴画中、杏仙堂、藕花洲、桃花源、曲水流觞,今惟藕花洲尚存,小石桥刻三字于上。[1]元有卢氏山居,亦在山下。临安县尹廷瑞所居,中有八景越溪春水、柳涧啼莺、分水松声、上方塔影、石湖秋月、陈湾古桂、横山雪霁、吴岭梅开,题咏甚多[2]。其后绮川张氏,亦曰南村,元末隐士琦所居。莫氏有东村,国初户部侍郎礼所居,其家又有寿朴堂,詹中书孟举书扁,方正学元生记。今皆无有存者。

职方氏曰:石湖,山水之会也。城郭宫榭,多伯战之遗;台池苑囿,极游观之盛。难于尽模。历世滋远,废者罔葺。幸有存者,亦既鞠为榛莽。昔人悲故国之墟,式贤人之闾,殆其情之所不能已乎。

灵禀第五

山川灵秀,钟而为人,石湖佳山水也,虽僻在一隅,必有以发之

---

1 抄本中原注仅列二十八种。

2 "题咏甚多",抄本作小注文字,今据上下文改作正文。

者。然名德所聚，地因以显。故凡乐其胜而卜居者，得并列焉。若夫纪籍罕载，耆老莫询，尚俟于博闻君子。

石湖人物，宋以前无所考见。于宋吾得三人焉，曰：范成大，字至能，吴县人。父雩，秘书郎，生成大，在襁褓已识屏间字，年十二，遍读经史，十四能文词。父亡，读书昆山荐严寺，十年不出，取唐诗"只在此山中"语，号此山居士。又慕元鲁山为人，字幼元。登绍兴二十四年进士。淳熙五年，官至参知政事，两月罢，奉祠。起知婺、明、福、太平诸州，封吴国公。绍兴四年，赠少师，追封崇国公，谥文穆。成大立朝多奇节。尝奉使金国，欲正受书之礼，辞气慷慨，金主不能屈。朝廷以此知其忠劲可大用，而卒亦不能用也。所著有《石湖集》一百三十六卷，又有《吴郡志》《虞衡志》《揽辔》《吴船》《骖鸾》三录行于世。余见《古迹》。莫子文，绮川人。父赠朝请郎，讳宁，生子文于绍熙癸丑。少敏悟，通九经诸史。宝庆二年进士，累官广德知军，兼内劝农营田事，赐绯鱼袋，年七十五卒。自志其墓。或云湖州人。卢瑢。吴县陈湾人。淳熙中，为宣教郎，充两浙西路提举常平茶盐司干办公事，终寺簿。余见《古迹》。

元季国初之间，得一十有六人，曰：卢廷瑞，字君祥，吴县陈湾徐家坞人。元皇庆中为临安尹。继妻周氏封恭人，有贤行，郑元祐为作《贤母传》，今藏予家。或云，其族居南濠。余见《古迹》。廷瑞子守仁，字毅夫，早从浮梁吴氏受经，有隐德。其家有山居八景。薛某，名字无考，绮川人。元季兵部员外郎。所居有竹堂，又有栖月楼，瞰小河，叠石成基，极其坚美。子孙不闻有存者。泗园易恒挽其诗云云。袁黼，字焕文，其先木渎人。父曙，赘绮川文氏，徙居南周村。元季，隐不仕，有诗名，与吴文度、丁巽学相倡和，卒年七十五，葬汤家湾。黼弟黻，字焕章，至正中，任平江路达鲁花赤[1]。其族人彻，字制辩，洪武中，以人材任湖广布政司经历，卒于官。彻三子：畴，字谷仲；畦，稷仲；畛，稼仲。俱业儒。畦曾孙有登科者。顾谅，字季友，后陆巷人。博通经史，尝注《仪礼》行于世。元季，

1　抄本粘条："达鲁花赤"下疑有脱。

隐居不仕,名所居室曰怡斋。**金某**,字公信,后陆巷人。其家有三一斋,王止仲为之记。**莫諟**,子文五世孙,字芝翁,生元延祐丁巳,襟度倜傥,与大姓葛、沈通婚姻。国初,尝应召延[廷]见,参大臣谋议。每万岁节,与葛、沈进贡称寿。太祖加宴赉焉。又尝奉旨于京师营建,为费巨万。其后坐党殁。**諟子礼**,字士敬,生至正丁未。洪武二十年,以材识任户部员外郎,升右侍郎,转左。在官九年,不受禄。时族有讦误党禁[1]者,竟致于理,临难赋诗,有"一心忠义坚如石,惟有皇天后土知"。号东村,詹中书孟举书扁。**礼兄子辕**,字巽仲,年十一时,与父同系诏狱,辕泣请独死,许之。其父更称冤,辕得不死。变姓名入京师,窃其祖与叔之遗骸归葬。尤能推所有以赡其族人,以及其乡之贫乏者。年七十七卒,私谥贞孝。**陈尧道**,字伯玑,父允恭,有溪云山居,吴县紫薇村人。伯玑隐居有行义,洪武中,辟为北平布政司参议,升青州知府,卒年五十九。弟舜道。舜道二子:简、敬。敬,字叔庄,号石湖渔者,博学稽古,尤工诗。兄弟同居,兄殁于外,扶榇归葬。敬子拯,字廷济,亦能诗。拯从兄信,宣德初为安州判官。**朱应辰**,字文奎,绮川里人,生洪武中,尝从杨廉夫游,有诗名。以荐仕,终江阴县学训导。卒,葬丹霞坞。其外孙都少卿穆,刻其诗以传。**吴文泰**,字文度,吴县桃花坞人。于经史能究其指归,尤喜为诗,虽困厄不废吟咏。洪武中,以人材为涿州同知。去官,归吴山,以诗自娱。常熟陈从道聘为子弟师,居数年,卒于其家。从道为归葬桃花坞。翰林检讨陈继铭其墓云:"所著有《愚庵集》行于世。"**张琦**,字季琏,吴江人。其父子文,赘绮川薛氏,遂为绮川人,以力农拓其家。兄弟四人:璟,伯珩;琚,叔琳,荆州知府;瑾,叔瑜,工部员外郎,同居友爱。尤好文事,善吟咏,三吴名士多集其门。自号南村居士,兄弟俱坐党祸,籍其家。子孙今无存者。**王行**,字止仲,居横山下褚园。博学能文章,用荐授苏州府学训导,后坐蓝党卒。所著有《半轩集》行于世。**李鼎**,绮川人,以人材为礼部主事,与南村张氏同被党祸。

---

1 古代指禁止某一集团、派别及其有关的人出任官职。

正统以后三人,曰:莫震,辕子,字廷威,正统己未进士,知嘉鱼、海盐二县,通判建宁,终延平同知,年八十一卒。质性朴雅,所著有《由庵录》十九卷、《诗文集》二十二卷、《嘉鱼志》三卷、《石湖志》四卷、《日记》六卷、《家礼节要》一卷。国朝石湖登进士,自震始。震子旦,字景周,成化乙酉举人,授新昌训导。九年,以南京国子监学正致仕。博学洽闻,多所著述。尝创石湖乡贤祠、绮川亭。居家有法,重修吴江、石湖二志。遗文数十卷,名《鲈乡集》。卒年八十余,自为志。从兄宏,景泰癸酉举人,安陆训导;弟昊,庠生,早世;子潜,乌程训导。卢雍。字师邵,金墓泾人。正德辛未进士,授河南道监察御史,以学行、政事称于时。凡建白,必持大体,其清理畿甸军伍,巡按四川,所至令行,而民不扰。辛巳,擢四川按察副使,提督学校。未上,以疾终于家,年止四十有八,朝野悼焉。尝建石湖书院以祀范文穆公。其后,有司奉其主以配。平生著作甚富,笔札精绝,然多不存稿。今有梓行《诗文奏疏》十卷。葬所居之西南尺字围新茔,李学士廷相为墓志,邵尚书宝为墓表,其略云:今之君子之论君也,由其言于上者,谓之贞臣;由其行于下者,谓之才臣;由其润于身而表章乎古人者,谓之文学之臣。夫三者有一,已为人望,而况兼有之乎?盖贞而不迁,济之以敏;才而不浮,持之以重;文学而卒归于雅,将之以德。盖不惟成章而已,殆知所以裁之者。故虽未见其止,即其所至,亦可称于天下矣。云云。

职方氏曰:予读《范参政传》至"使金,陛辞曰'臣已立后,仍区处家事,为不还计。'"壮哉斯言!孔子所谓"见危授命",公实有焉。有臣如斯[1],不能使之久安庙堂,而卒老江湖,惜也!公非石湖人,自公居湖上,天下后世乃知有兹湖。故予叙次人物,以公为之首,原湖之所由重也。他凡湖上人,予所得闻者书之。

---

1 刻本作"有臣如此"。

物产第六

江南水深土沃，率多美产。石湖真其地也，其所产独无可标者乎？然与他方并有而无少异者，兹皆不著。

水之产，有藕，出湖北荷花荡。《唐史》："苏州进藕，最上者名伤荷藕。叶甘，虫食之，叶伤则根长也。"又"花白者藕佳"，又"藕九窍者，食之无滓，此荡独过九窍"。盟鸥亭前亦多植之，花盛开时，烂然云锦也。今为稻畦矣。有菱，南北溪与诸港多有。白色者惟湾潭一种。自古窑荡来，色红而大，味亦甘脆。有茭，茭，菰也，亦出荷花荡，即张翰所思江东之菰。叶中生台如小儿臂，俗名茭手。他所产八月方有，惟此荡初夏时台即长。又名吕公茭，相传吕[1]洞宾所遗，质白而中有黑斑，味甘嫩，可生啖。投他物中，无不宜。茭之别种有此菰。叶大似芋而香美，可投茗中。有鱼，鱼非一种。其取之也，亦非一法。湖中鲫、鲤、鳠、鳊为多。五月雨水大发时，尤多白鱼，谓之时里白，味殊美。近湖之人取之，止以罾或以罩，其素业渔者，或网或药，或泅而得之。其取虾也，或以杉枝置水中，杉香虾集，得之比常虾有味。有鳗，出鲇鱼口鳖塘。六月以后，风起则举大网得之，味极甘美。城中贩者，尝夜半守之，天明则虽近湖，人不能得矣。《尔雅》曰：鲇别名鳗。[2]鲇，巨口而刿尾。鳗，无鳞白[3]腹，似鳝色青，焚之，其烟可辟蠹。痨瘵人食之，可杀虫。有雄无雌，以影漫鳢而生，绝非鲇比。或云：鲇亦产鳗。有蟹。吴城所鬻者，多贩自江北，小而不甚肥。湖蟹食谷，十月稻熟，其黄满腹，近湖人多以沪得之。沪，今谓之籪。

陆之产，有梅，有菊。梅、菊植范村者，《范谱》可稽焉。《梅谱·序》

1　刻本无"吕"字。

2　据郭璞《尔雅注》，当作"鲇，别名鳀"。

3　刻本作"曰"，误。

云：梅，天下尤物，无问智愚、贤不肖，莫敢异议，吴中[1]所植。而成大得植于范村者十二种：曰江梅，曰早梅，曰官城，曰消梅，曰古梅，曰重叶，曰绿萼，曰白叶[2]，曰红梅，曰鸳鸯，曰杏梅，曰蜡梅。其《菊谱·序》云：菊，所在有之，吴下尤盛。圃者俟春苗尺许时，掇去其颠，数日歧出两枝，又掇之，每掇益歧。开时，一干所出数千百朵，婆娑团圞，如车盖薰笼矣。成大于范村得三十六种，曰胜金黄，曰叠金黄，曰棣棠，曰叠罗黄，曰垂丝，曰鸳鸯，曰千叶小金钱，曰金铃，曰小金铃，曰大真黄[3]，曰单叶小金钱，曰麝香黄，曰甘菊，曰白荔枝，曰白麝香，曰喜容千叶，曰御衣黄，曰万龄，曰莲花，曰艾叶，曰荼䕷，曰银杏，曰芙蓉，曰紫菊，曰十样菊，曰五月菊，曰金杯玉盘，曰毬子，曰野菊，曰藤菊，曰茉莉，曰木香，曰波斯，曰佛顶，曰桃花，曰胭脂。今湖上人家亦有种者，特未有范村之盛。亦有杨梅，本出荐福山，今桃花坞南北亦间有种者，实小而酸，色赤不紫[4]，然以少，人反珍之。有橘，本出洞庭两山，湖上人家今亦有栽者。有李，湖村远近多有之，然皆常品耳。予尝从南都之寒桥移植溪园，实大而核小，甘脆独胜他产。有竹，竹之种不一，山村人家所植皆丛生，繁而多节，其萌亦不佳。惟治平、楞伽二寺，陆参政墓庵左右者为猫竹，大干阔节，苍翠可爱，游人多刻名其上，僧家极珍护之。有菌，地蕈也，山中沙土及桑根、蘗柳之间，雨后多生之。山人筐盛入市，好事者争买之。僧家以为上供。有茶。近山诸坞多有之[5]，谷雨前摘细芽入焙，谓之芽茶，又谓之奴茶。一裹入市，市之人[6]争买之，或以馈送[7]。

横山之北，农家多畜犉，取其乳为饼。他处多有之，弟先汁其精者为酥，却以藿粉入焉，味殊减，惟此则纯用乳。

1　刻本作"吴下"。
2　刻本作"百叶"。
3　刻本作"大真黄"。
4　刻本作"色亦不紫"。
5　刻本作"多植之"。
6　刻本作"市中人"。
7　刻本作"馈远"。

山寺僧多取松花为饼以饷客,夸奇品。松三月花,屑之,和蜜作饼。味极佳,市无鬻者。

职方氏曰,《尔雅》记:"东南之美,有竹箭焉。"由今观之,独竹箭云哉!石湖水陆之产,虽非袖然者,然或足以充圆方、作器用,适情娱目。要非偏乡一隅之足伦也。

灵栖第七

石湖介二邑之间,有所当祀之神,若贤人君子之丘墓在焉。死者有神明之道,与当祀之神同得山川之灵,又依之以为灵也。命之曰灵栖。

土谷神祠有六,湖南者三,曰苏大司马,莫舍溇上野田中,有石塔巍然,旧为司马庵。司马,名逸不传。曰吴京思义[1],前陆巷上。已上吴江。曰八蛮;桃花坞南,其前有石桥石井。大朴覆之,百余年物也。朴今不存,旁室有观音像,正德间家君重修。湖西者一,曰陈葛;宝积寺之前。湖北者二,其一曰吴点,新郭宴宫里。其二在行春桥之西,遂以桥名。即古广济院基也。正德间,家君建石湖书院,因撤而新之,诸祠惟此无专祭,过者合掌作礼而已,故谚云"行春桥土地,虚恭敬"。已上吴县。风气所聚,体魄藏焉。

遗墓之可考者,凡十有九[2]:

横山东五里有顾野王墓。野王字休伦,又字希冯,吴县人,陈黄门侍郎。《吴郡志》云:野王坟近越来溪。绍兴间,碑石虽皴剥断裂,尚巍然植立,后为醉人推仆,碎于地。尚有存者,其后为吴兴人暮夜窃载而去。今墓上惟一巨石,可二丈

---

1 抄本粘云:"吴京思义"疑有误。
2 原文下列二十一处。

许,横卧。又有一石壁立,石旁古松一株似盖,湖上望见之,即知野王坟。数年前,为樵牧蹂伐,予家溪园在其旁,因少葺焉。

东曹掾张翰墓。字季鹰,今不知其处。

楞伽寺下有范学士墓。范良器。

周尚书墓。宋建炎三年,龙图学士周武仲所葬。

唐侍郎墓。宋礼部侍郎烨所葬,凡十七世。周益公《南归录》云:唐致远先陇,自五代以来,接续葬一山,平江世家,惟此最久。

俞贞木墓[1]。都昌知县。

陈湾有卢县尹墓。元临安尹廷瑞所葬,周伯琦撰墓志。

陆教授墓。元徽州路儒学教授、甫里陆德原葬,金华黄潜撰墓志,巙子山书,石尚存。

陆参政墓。昺字孟昭,太仓州[2]人。

莫同知墓。延平同知震所葬。其父贞孝为首穴。

丹霞坞[3]有宁元帅墓。元初,镇守长桥都元帅魏国武宣公玉所葬。玉子居仁,广东道宣慰使、都元帅;居正,金行宣政院事;昌言,江南财赋司副使。孙德谦,奉御;伯让,淮南行省管勾,俱祔[4]。玉,河阳人,子孙俱居吴江。

祝参政墓。颢,长洲人。

孔侍郎墓。镛,吴县人,工部侍郎。

夏御史墓。玑,昆山人,任御史。

桃花坞有贺郡君墓。宋长乐郡君贺氏,元丰七年葬。

王奉议墓。宋奉议郎王仲举。其孙参议大本,大本从弟大成,大成子棽,棽子德文,德文子孜,俱祔。

1　抄本漏"墓"字,据刻本补。

2　刻本无"州"字。

3　抄本粘条云:"丹霞坞"在九龙坞,与石湖无关。

4　祔,泛指配享、附祭、合葬。

陈佥事墓。福建按察佥事祚所葬。祚有直节，其详载《一统志》。吴文定公《墓表》："其先亦石湖陈家村人。"

吴同知墓。涿州同知文度，永乐中葬。

袁太守墓。名觳，子孙居绮川者多祔。

予先世墓。墓在坞中平地，胜国时为赵氏墓。国初，青州通判讳吉，赘赵氏，始葬此。青州子吉，吉子绍基，绍基子立，立子士诚，皆祔葬。士诚，予大父也。少孤，鞠于母王节妇。长通医术，有隐行，年止四十五卒。正德中，李文正公东阳为墓表，略云：卢处士抱艺服善，不仕以殁，再世而有闻。孙举甲科，官宪台，用能征文以彰不朽。若陈僖敏公镒，吴中名宦，尝为之主，则其贤可知。子二：纲纪、纲令，封监察御史。孙二：雍、襄。

新郭宴宫里有莫知军墓。宋广德知军子文，咸淳四年葬。子知县若鼎，孙直显文阁中孚，并祔。

职方氏曰：土谷之神，民得而祀者，有其举之莫敢废也。而冢墓又君子之体魄藏焉，尤不可忽，故并列云。抑修葺表树，又有望于后之有力者。

梵宇第八

湖上诸胜处，多招提据之，然名僧亦往往于是出。予志梵宇，附见其显者。韩子曰："无亦使其无传焉。"

其在湖西者十：行春桥之右有广济院；今废为土地祠，其左有吴中胜景坊。广济之右，背山面湖有妙音庵；茶磨山下，今石湖书院之南，又名观音岩。淳祐中，尧山主开山。洪武中重建，有"石湖佳山水"扁。嘉靖乙酉，郡守天水胡缵宗过而爱之，题名崖石间。妙音循山而南，有治平寺；梁天监中，僧书法镜开山，随冈阜高下而为台殿，厘僧居为十，曰环翠轩、深秀堂、湖山堂、永庆堂、云深处、得月轩、足庵、枫岩、西林、中隐，竹树森蔚，泉石幽清，中有吴时井冽泉，尤为胜迹。国初，名僧心觉原居之，所著有《宜晚堂集》。宣德间，又有澄心印用荐为右觉义，奉敕校藏典中禁，正统九年卒，赐祭归葬。寺旧藏东坡手帖二纸，有赵文敏、吴文定跋语。又有僧巨然萧寺图，今佚[1]。出治平南，经紫薇村而西，有宝积寺；梁乾元元年开山，为石湖梵刹之冠，唐人如罗隐、白居易、许浑、"皮陆"，俱曾留题。国初，名僧宗衍有《碧山堂集》。又有金西白，能诗善书，与沨季潭等，奉诏注《楞伽》《金刚》《心经》。声九皋称其以英才伟学莅天下。僧盟有《淡泊斋集》。寺今渐废为人葬地，所存者正殿耳。旧名楞伽寺。宝积之旁，有明因院；今废。明因稍西，拾级而上，有上方寺；隋大业四年开山，郡守李显建塔七级。严德盛铭[2]，魏瑗书碑，尚存。寺由半山亭，半里为翠微亭，入山门，门内因山势为殿二重，其前为观音，后为五通，两翼亦各有神宇，岁时禳赛不绝。其寺旧有白云径、清镜阁、双冷泉、楞伽室、藏晖斋、先月楼、青莲峰诸景。其下有报本兰若；今废。其稍南而西丹霞坞，有褒忠寺；其上为褒忠岭。今废。与褒忠相望稍西，有金仙寺；旧志云在陈湾，今废。金仙西，上吴山岭，有施水院。宋绍兴二年，僧法圆开山。山巅平广，内有殿三重，亦因山势高下。其前有深池、石梁，池水大旱不涸。在湖东者一：陈家村有圆觉庵。庵有古碑，今并入治平寺。

　　职方氏曰：佛教昉于东京，盛于萧梁，故世称萧寺为最古。石湖诸寺，多创自乾元、天监时，足称为山中故物，而其僧尤多[3]儒行者，皆于山水有助焉，予恶得而遗之。

1　刻本作"今皆不存"。

2　刻本作"严德作铭"，今从抄本。《石湖文略》收录严德盛《吴郡横山顶塔铭》。

3　刻本作"又多"。

书院第九

书院，讲学之所也，而祀事行焉。古者乡先生没，祭于社。后世兹礼不传，则夫俎豆于斯也者，犹古之遗意云尔。石湖书院之作，以祀文穆公，君子曰礼也。抑经始者于是亦劳矣。爰志其略，俾来者无忘焉。

昆山荐严寺之左，故有石湖书院，又有范公亭，盖公读书处也。其后大臣循行，至则莅焉，额虽存，而人但知为抚臣行台而已。予兄弟家食时往来湖上，每慨公宅里芜废，子孙罔闻，曰他日有余力，当作书院以祀公。正德戊寅，兄以御史在告，思毕往志，乃白于家君，请于有司，购茶磨山之地，作书院一区。郡守永康徐公赞，以昆山旧额来揭之，经始于己卯，落成于辛巳，湖山负带，树木荫翳，称伟观焉。大学士王文恪公鏊为之记。其略曰：昔在有宋，吾苏入参大政者，有两范公，文正为宋人物第一流，文穆其流亚欤？观其使金争受书之仪，举朝皆竦，有苏子卿啮雪之操。缴还[1]阁门，张说词头有阳城裂麻[2]之忠。奏罢明州海物

1 原作“缴還”，据刻本改。

2 此乃出自《旧唐书·阳城传》的典故。唐德宗在位时，裴延龄、李齐运、韦渠牟等奸佞被重用，诬谮时宰，毁诋大臣，陆贽等都遭枉黜。阳城伏阁上疏，与拾遗王仲舒共论裴延龄奸佞，陆贽等无罪。阳城说：“如果让裴延龄为相，我要取白麻坏之。”麻，指白麻纸。唐时，由翰林院起草制书，凡立皇后、太子，施赦，讨伐，任免三公将相，皆用白麻纸书写，然后封付阁门使，由阁门使召集朝士拆封宣读实行。阳城反对裴延龄为相，甚至不惜撕裂白麻纸诏命。后因用为直臣敢谏的典故。

之贡,继美孔戣[1]。在成都演武修文,奖励名节,间与陆务观诸人赓唱[2]。流风余韵,渐被岷峨。而吴中民风土俗,人情物态,纤悉备见其诗。读其稿,知其用世之具,素讲于胸中,而时莫之用,可惜也已。吴城西十里许,有浸曰石湖,山曰横山,湖山之间,故垒隐然,所谓越城也。文穆之别墅在焉,其境最胜,周益公谓天阃绝景,以须其人。而数世之后,求其仿佛,不可复得。所谓天镜阁、玉雪坡之类,已沉埋于荒烟野草之中,过者伤之。而阜陵宸翰碑石,岿然独存,若有神物护持之者。封监察御史卢君纲,家越来溪上。其子雍、襄,少时数过其地,雍期谓襄,他日且将俎豆文穆于兹。及为御史,乃克如志。正德庚辰十月,庙成。予兄方图异时投老其间,谈道讲学,以淑乡之后进。不幸斋志而殁,有司并奉其主以配云。书院之设,其一别封限,下行春桥而西行百武,妙音庵之左,茶磨山之右,通衢下临石湖,与盟鸥亭相直,地凡数亩,故为里民张姓所有,榛莽丛荟,家君以数十金购得之。芟薙垦辟,平旷幽迥,而古木修篁出于冈坞间矣,东西若干丈,南北若干丈。盟鸥亭后,有大井,名范公井。其二妥神灵,正堂三大间面南,其楣揭昆山旧额,字径三尺,相传为赵雍仲穆[3]书,中肖文穆像,有木主,题曰"宋中大夫崇国范文穆公成大"。又得昆山顾氏所藏小影,刻石立于堂左。予兄配位在堂右,题曰"明中顺大夫四川按察司提学副使卢君雍"。堂之前有广庭,庭有桧机树[4]。其三宝宸翰,宋孝宗御书"石湖"二大字碑,旧在盟鸥亭。书院成,徙置正堂前厅事,字径一尺五分,中有"赐成大"三小字。范公自叙在碑下方,小楷精绝,

---

1　孔戣(752—824),字君严,冀州信都(今河北省衡水市冀州区)人。唐朝大臣,孔子第三十八代孙,著作佐郎孔岑父之子。唐德宗建中元年,进士及第,为谏议大夫,受中官排挤,出任华州刺史,擢拜广州刺史、岭南节度使,以清俭为理,交、广大治。(参见《新唐书》)

2　刻本作"赓倡"。

3　赵雍(1289—1360),字仲穆,元湖州人。赵孟頫次子,官集贤待制。书画继承家学,画山水学董源、李成,尤精人物鞍马,并能画兰竹及界画。赵雍善正、行、草及篆书,精于鉴赏。

4　刻本作"桧机株",今从抄本。

凡四百七十一字。其略曰[1]：淳熙八年三月庚戌，制书擢臣居守金陵。闰六月丁亥，朝行在所。庚寅，辞后殿。翼日既望，诏锡清燕苑中。皇帝亲御翰墨，大书"石湖"二字以赐。天纵圣能，游艺超绝。典则高古如伏羲画，体势奇逸如神禹碑。日光云章，垂耀缣素，环列改观，禁御动色。臣惊定，喜极，不知拚蹈，昧死奉觞，上千万岁寿。奉书以出，越五日，至石湖藏焉。臣既摩刻扁榜，又被之琬琰以传，且附著臣之自叙云。是日，公入辞东宫，请曰："石湖既被宸翰，臣有'寿栎堂'，愿得宝书。"光宗遂书三字赐之。公并刻石立于范村，名其堂曰"重奎"。**其四重手泽**，淳熙丙午，范公罢政，居石湖，作《四时田园杂兴诗》六十首，尝手书寄其同年、抚州使君和仲，词翰两绝，有周伯琦跋尾，岁久流落浙中。正德辛巳，予兄购得之，因手摹入石，王文恪公鏊、都少卿穆[2]、文待诏徵明，俱有题识。嘉靖戊子，予以使便过家，复从海虞友人赵君之履得公所作《蝶恋花》词行书刻石，一并陷堂壁[3]。盖赵尝得之湖中。**其五给岁事**，文穆列祀郡学乡贤祠，书院未有祀。予兄欲疏于朝，不果。嘉靖己丑，家君买旁近田数亩，计所入，稍给四时俎豆。其田在才字圩，计若干段。堂左亦有隙地，宜蔬果。四时采掇，脩荐乃需焉[4]。**其六表休祥**，堂之右，茶磨山麓也，旧多榛莽，芟洗石出，疏瀹之，则有泉涓涓注石罅间坎。其前，须臾为沼焉。予兄遂觞以为家君寿，因名寿泉[5]。其后又有紫芝三茎生石上，列为品字，远近聚观之。盖天顺间，予家尝产芝。至是六十年复见之，因作芝泉亭。少保太原乔公宇书扁。**其七择居守**。书院旧设山长，国朝无复此制。石湖去予家稍远，不能朝夕洒扫。嘉靖己丑，始命妙音庵僧一人[6]居守，仍假郡札给之，俾世自择其徒嗣焉。

1　原作："跋语载《文略》中，兹不赘录。""其略曰：淳熙八年三月庚戌"至"且附著臣之自叙云"，据刻本补。

2　刻本作"都太仆穆"。

3　原作"陷于祠堂之壁"，据刻本改。

4　原作"乃须焉"，据刻本改。

5　刻本作"因名之曰寿泉"。

6　原作"僧人"，据刻本改。

职方氏曰：予少闻老长言，吴中二范，非通谱也。文正子孙，世有复兴[1]。故文穆之后，乃并祖焉。久之，石湖之旧业，莫或有问焉者。书院作而祀事专，公之神，庶几有所依已。

游览第十

山水胜绝处，世岂少哉！或落偏州陋邑，无贤人君子以登览之、纪述之，亦寻常丘壑类耳。石湖当大邦，又近治可游，过者独多焉。因其遗文志之。

湖自范蠡泛舟以入五湖，其后游者不知其几矣，无所以考[2]，不可得而志也。载籍所存，唐则有若刘长卿、长卿有《夕次石湖》《梦洛阳亲友》诗。许浑、罗隐、白居易、皮日休、陆龟蒙；许浑以下，俱有《游楞伽寺》诗。宋则有成大为之地主，又有若周必大兄弟、乾道辛卯三月上巳，周益公必大以春官去国，与其兄必达，泛舟石湖，过成大别墅，题其壁曰："吴台越垒，距[3]盘门裁十里，而陆沉于荒烟野草者千七百年，紫微舍人始创别墅，登临之胜甲于东南，岂鸱夷子成功于此，扁舟去之，天阔绝景，须苗裔之贤者，然后享其乐耶？"成大愧谢曰："公言重，何乃轻许与如此？"益公曰："吾行四方，见园池多矣，如芎林盘固，尚乏此趣，非甲而何？"杨万里、有《圣笔石湖大字歌并寄[4]题石湖》之作。姜夔、字尧章，吴兴人，有《雪中访石湖》三诗。马云；皇祐中节度推官，以五坞旧名不雅，改正之。坞各有诗。元则有若杨维祯、张雨、顾瑛、杨，会稽人，字廉夫；张，茅山外史，字伯雨；顾，昆山人，字仲瑛。至正戊子三月十

1　刻本作"复典"。

2　刻本作"无所于考"。

3　原作"踞"，误，据文意改。

4　抄本"寄"原作"奇"字，有粘条："奇"字有误。

日，烟雨中同游石湖，伯雨为妓璚英赋《点绛唇》词。已而午霁，登湖上山，宿宝积寺。行禅师西轩，伯雨题名轩之壁，璚英折碧桃花。下山，廉夫为之赋《花游曲》，仲瑛和之。一时如昆山郭翼、袁华、陆仁、马麐、秦约、匡庐、于立，相继和之，皆为廉夫称赏焉[1]。**危素**、字太朴，翰林学士，有《游宝积寺》诗。**陈植**、字叔方，尝同陆孔愚诸友游桃花坞，有诗。**郭祥卿**、尝与龚子敬同游桃花坞，有诗。**顾盟**、字仲贽，甬东人，有《游治平寺》诗。**宋无**、字子虚，吴人，有《游楞伽寺》诗。**郑元祐**、字明德，有《春游石湖》诗。**周南老**、字正道，淮南行省照磨，有《郊台》《酒城》《楞伽寺》《野王墓》《丹霞坞》诸作。**高文度**、字惟正，蜀人，尝寓石湖，其诗多湖上事，名《吴山纪实》。皇朝则有若**高启**、字季迪，长洲人，国史院编修，有《泛石湖》《游郊台》《楞伽寺》《酒城》《野王墓》[2]等作。**丁敏**、字巽学，吴山人，有《山中梅发》《怀张秀才琦》等作。**姚广孝**、长洲人，永乐中高僧，以靖难功，授太子少师，有《与张伯雨诸友同游上方》诗。**易恒**、字久成，长洲人，有《中秋泛石湖》《行春桥玩月》并《游上方》诸作。**吴文泰**、有《观音岩》并《宴张南村林堂》诗。**张琦**、有《中秋夜游石湖》诗，一时同游者施彦绅、易久成、薛彦瑛、莫辕，洪武壬申也。后七十年为天顺六年，嘉禾周鼎作《重游记》，同游为杜用嘉、陈孟贤、徐用理、王敏道、王孟南、贺美之，皆一时骚坛名士。**朱逢吉**、字以贞，槜李人，大理丞，有《石湖记》并诗。**杨基**、字孟载，上沙人，按察使，有《咏吴宫遗迹》《盟鸥亭》及《登石湖山亭》诸作。**杜琼**、字用嘉，郡城人，尝寓越来溪西，有《重游石湖图》并诗。**徐有贞**、长洲人，初名珵，字元玉，后更今名，官至大学士，封武功伯，尝与祝参政灏同游石湖，有诗。**吴宽**字原博，长洲人，官至礼部尚书，谥文定，有《游宝积治平寺》并《题卢氏之芝秀堂》[3]诗，《莫氏东村记》[4]，载《家藏集》。**李应祯、文林、沈周**李，字贞伯，官至太仆少卿；文，字宗儒，官至温州知府；沈，字启

南，不仕。俱长洲人，同游石湖，留题治平寺。王鏊、字济之，吴县人，官至大学士，谥文恪，尝往来石湖，登茶磨、上方诸山，有《越城怀古》《宿卢氏芝秀堂》诗，并《石湖书院落成》《石湖阻冰联句》，又与汤用之、刘世熙、徐仲山同游，有作。徐源、字仲山，长洲人，官至副都御史，尝与王文恪公洎予兄弟同游石湖诸山，赓和凡数十篇。载《瓜泾集》。林俊、字待用，莆田人，刑部尚书，致仕过吴中，与王文恪公同游石湖，有作。都穆。字玄敬，郡人，太仆少卿，尝游石湖[1]，谒野王墓，有作。其长篇短章，称诩品鉴，虽荒台遗垒、寒泉幽石，莫不显发之。今犹得以仿佛其什一，亦幸矣哉！昔柳柳州《记钴鉧[2]小丘》曰："书于石，所以贺兹丘之遭也。"予于石湖亦云。

职方氏曰：石湖山水之胜，岂独贤者慕而游之哉！笋舆兰桨，远近毕集，无间寒暑。上巳、重阳之日，尤弥满川陆，识者于是占太平之休焉，殆不可以鄙俗而少之也[3]。

1　刻本作"石胡"，误。
2　刻本作"鉧"，据文意改。
3　抄本在最后有"石湖志略终"五字。

石湖志略跋 [1]

卢君师陈《石湖志略》成，示予，核而理，约而弗遗。由文穆公，天下后世知有石湖，纪公为详。昆故有公读书处，榜曰"石湖书院"。予少时[2]即想像其人，君伯氏提学君，请建石湖书院[3]祀公，有司易旧榜以去，又自昆貌公小景碑之为完祠，予切愧焉。然休风遗烈，赖以不坠，则君《志略》之作，不止石湖之遭也。昆山周凤鸣跋。

---

1 刻本无"石湖志略跋"五字。

2 刻本作"少日"，误。

3 刻本作"书院石湖"，误。

石湖文略

隋

严德盛

吴郡横山顶塔铭 [1]

窃以至理无言，非言无以寄理；玄踪无体，非体无以明踪。然则八十种好，呈应身之妙；三十二相，表化质之妍。至如献土童儿、聚沙稚子，尚获无穷之报，犹成莫尽之因，况撒身命重财、崇诸圣业者矣。但树因之最，无过起塔；崇福之重，讵甚建幢。而银青光禄大夫吴郡太守李显者，乃华阳杞梓，江汉芳兰，凤布素诚，少匡王国 [2]。吐纳风雷之际，出处朱紫之庭。縻爵峻于其身，隆基茂于往业 [3]。温良洽于郡国 [4]，孝友睦于闺门。建节赞治，张振化风 [5]。门虽望族，世载公卿。安仁乐知 [6] 之心，无违终食；谦明 [7] 惠

1　《吴郡志》作"吴郡横山顶舍利灵塔铭"，《横溪录》作"上方山舍利灵塔铭"，《〔崇祯〕吴县志》作"横山顶舍利灵塔记"。

2　《横溪录》作"五国"。

3　《〔崇祯〕吴县志》作"往叶"，《横溪录》同。

4　《〔崇祯〕吴县志》作"治于郡国"，《横溪录》同。

5　抄本粘条："张振"句疑误。

6　《〔崇祯〕吴县志》作"安仁乐智"。

7　《〔崇祯〕吴县志》作"慊明"。

厚[1]之德,造次必存。仍共奖劝[2],郡部官人奉为皇帝、皇后、齐王、
六宫眷属,各舍七珍,同崇八福,在郡城之西山顶上,营建[3]七层之
宝塔,以九舍利置其中。玉瓶[4]外重,石椁周护。留诸弗朽,遇劫
火而不烧;守诸[5]不移,漂幻水[6]而不易。时有龙华道场比丘法首
者,岁居龆龀,即起逾城之心;年将志学,仍持航海之操。自离亲
舍俗,三十许年,洞识苦空,明闲法要。诚心内发,冥梦外酬。时
闻此山古之佛殿,乃共于此所成斯胜业。愿宝铎常摇,法轮恒转。
舍生回向归心[7],上通有顶之天。傍及无边之地,同离生死之苦,
俱成涅槃[8]之乐。

　　其辞曰:相焉是灭,法矣非生。盖缠虚萃,渴爱徒盈。不无不有,
何体何名。业风既息,法水便清。以兹胜地,令德来持。功施合矩,
化动成规。如云出岫[9],状月临池。清流不倦,贻铭无疲[10]。虔心局体,
同归共慕。施彼七珍,崇斯六度[11]。下被群品[12],上资天祚。万福庄严,
千灵辅护。少宣令问,待秀[13]苗聚[14]。轮转三有,驰流六通。独善非德,

1　《横溪录》作“厚惠”。

2　《横溪录》作“伊共奖劝”。

3　《〔崇祯〕吴县志》作“营起”。

4　《〔崇祯〕吴县志》作“金瓶”。

5　《横溪录》作“寸诸”。

6　《〔崇祯〕吴县志》作“劫水”。

7　抄本粘条:“归心”上疑有脱。

8　原作“湿槃”,据《〔崇祯〕吴县志》《横溪录》改。

9　原作“出山”,今据刻本。

10　刻本作“不疲”。

11　刻本“施”字原阙,抄本粘条云:“疑夺一字。”据《〔崇祯〕吴县志》补。

12　《〔崇祯〕吴县志》作“群生”,《横溪录》作“郡品”。

13　《横溪录》作“特秀”。

14　原作“苗集”,此处据刻本,《〔崇祯〕吴县志》作“苗藂”。

兼济为功。俱成法雨,用息尘笼 [1]。

唐

白居易乐天,太原人。贞元间进士。苏州刺史,终刑部尚书,赠右仆射。

自思益寺次楞伽寺作

朝从思益峰游后,晚到楞伽寺歇时。照水姿容虽已老 [2],上山 [3] 筋力未全衰。行逢禅客多相问,坐倚渔舟一自思。犹去悬车十五载,休官非早亦非迟。

许浑仲晦,丹阳人,太和间进士,终郢州刺史。

题楞伽寺

碧烟秋寺泛湖来,水浸城根古堞摧。尽日伤心人不见,石榴花发旧歌台 [4]。

自楞伽寺晨起泛舟道中有怀 [5]

碧树苍苍茂苑东,佳期迢递路何穷。一声山鸟曙云外,万点水萤秋草中。门掩竹斋微有月,棹移兰渚淡无风。欲知此路堪惆怅,菱叶蓼花连故宫。

---

1 《〔崇祯〕吴县志》有落款"大隋大业四年岁次戊辰九月辛未朔八日戊寅吴郡司户严德盛撰"。

2 《〔崇祯〕吴县志》作"易老"。

3 《横溪录》作"上方"。

4 《〔崇祯〕吴县志》作"石榴花满旧楼台"。

5 《〔崇祯〕吴县志》题目作"晨起泛石湖"。

皮日休袭美

初夏游楞伽精舍

越舼轻似萍，漾漾出烟郭。人声渐疏旷，天气忽寥廓。伊予惬斯志，有似瘳瘕瘦。遇胜即夷犹，逢幽且淹泊。俄然棹深处，虚无倚岩崿。霜毫一道人，引我登龙阁。当中见寿象，欲礼光纷箔。珠幡时相铿，恐是诸天乐。树杪见觚棱，林端逢赭垩。千寻井犹在，万祀灵不涸。下通蛟人道，水色黵而恶。欲照六藏惊，将窥百骸愕。揭去山南岭，其险如卭笮[1]。悠然放吾兴，欲把青天摸。紫藤垂蔩珥，红荔悬缨络。薜厚滑似繁，峰尖利如锷。斯须到绝顶，似愈渐离燋。一片太湖光，只惊天汉落。梅风脱纶帽，乳水透芒屩。岚姿与波彩，不动浑相著。既不暇供应，将何以酬酢。却来穿竹径，似入清油幕。穴恐水君开，龛如鬼工凿。穷幽入兹院，前楯临巨壑。遗画龙奴狞，残香虫篆薄。裞[2]魄窥玉镜，澄虑闻金铎[3]。云态共萦留，鸟言相许诺。古木势如虺，近之恐相蠚。怒泉声似激，闻之意争博[4]。时禽倏已嘿[5]，众籁萧然作。遂令不羁性，恋此如缠缚。念彼上人者，将生付寂寞。曾无肤挠事，时[6]把心源度。胡为儒家流，没齿勤且恪。沐猴本不冠，未是谋生错。言行既异调，栖迟亦同托。愿力傥不遗，请作华林鹤。

---

1 《〔崇祯〕吴县志》作"筇笮"。

2 《〔崇祯〕吴县志》作"褫"。

3 《〔崇祯〕吴县志》作"开金铎"。

4 《〔崇祯〕吴县志》作"闻之声似博"。

5 《〔崇祯〕吴县志》作"默"。

6 刻本作"肯"。

陆龟蒙鲁望,吴人,举进士不第,自号天随子。

游楞伽精舍次韵袭美

吴都涵汀洲,碧液浸郡郭[1]。微雨荡春醉,上下一清廓。奇踪欲探讨,灵物先瘵瘼。飘然兰叶舟,旋倚烟霞泊。吟谈乱篙橹,梦寐杂蠍崿。纤情不可逃,洪笔难暂阁。岂知楞伽会,乃在山水箔。金仙著书日,世界名极乐。檐葡冠诸香,琉璃代华垩。禽言经不辍,象口川宁涸。万善峻为城,巉巉扞群恶。清晨欲登造,安得无自愕。险穴骇神牢,高萝挂天笮。池容淡相向,蛟怪如可摸。苔蔽石髓根,蒲羌[2]水心锷。岚侵达磨髻,日照猨狖络。仰首乍眩旋,回眸更辉煜。檐端凝飞羽,磴外浮碧落。到迥解风襟,临幽濯云属[3]。尘机性非便,静境心所著。自取海鸥知,何烦[4]尸祝酢。峰围[5]震泽岸,翠浪舞绡幕。潋滟岂尧遭,岐嶂非禹凿。潜德[6]钟梵处,别有松桂[7]壑。霭重灯不光,泉寒网又薄[8]。僮能蹑孤刹,鸟惯亲㧁铎。服道身可遗,乞闲心已诺。人间亦何事,万态相毒蠚。战垒竞高深,儒衣谩褒博[9]。宣尼名位达,未必春秋作。管氏包伯图[10],须人解其缚。伊予[11]

---

1 《〔崇祯〕吴县志》作"城郭"。
2 原作"蒲差",今据《〔崇祯〕吴县志》改。
3 原作"云履",据刻本改。
4 《〔崇祯〕吴县志》作"何须"。
5 原作"峰园",粘条:"峰园"二字疑误。据刻本改。
6 《〔崇祯〕吴县志》作"潜听"。
7 《〔崇祯〕吴县志》作"松桧"。
8 刻本作"网犹薄"。
9 《〔崇祯〕吴县志》作"儒衣谩褒博"。
10 抄本粘条:"包"字疑"抱"字之误。《〔崇祯〕吴县志》作"霸图"。
11 《〔崇祯〕吴县志》作"伊余"。

采樵者,蓬藋方索寞[1]。近得风雅情,聊将圣贤度。多君富遒采,识度两清恪[2]。讵宠生灭词[3],肯教夷夏错。未为尧舜用,且向烟霞托。我亦摆尘埃,他年附鸿鹤。

宋

真宗皇帝赐苏州节度使丁谓有序

卿黄阁同寅,实彰于尽瘁;碧幢临镇,方属于报功。言当入谢之辰,特赐褒贤之作。今成七言四韵诗一首,赐新授苏州节度使丁谓依韵和进。

懿词硕画播朝中,造膝询谋礼遇丰。文石延登彰顺美,高牙前导表畴庸。书生杖钺[4]今尤贵,旧里分符古罕逢。昼锦买臣安敢比?黄枢早日接从容。

杨万里廷秀

圣笔石湖大字歌[5]

石湖仙人补天手,整顿乾坤屈伸肘。迩来化作懒卧龙,咳唾珠玑漱璚玖[6]。五云万里天九重,玉皇深拱[7]蓬莱宫。岂无九虎守

---

1 《〔崇祯〕吴县志》作“索莫”。

2 《〔崇祯〕吴县志》作“情恪”。

3 《〔崇祯〕吴县志》作“辞”。

4 《吴郡志》作“仗钺”。

5 《〔弘治〕吴江志》作“石湖圣笔歌”,《〔崇祯〕吴县志》作“题石湖别墅御书大字歌”。

6 《〔崇祯〕吴县志》作“簸弄珠玑漱琼玖”,《〔正德〕姑苏志》同。

7 《〔崇祯〕吴县志》作“探拱”。

阊阖,北门半扉当朔风。夜令云师漱风伯[1],鞭起卧龙湖底月。湖
水卷上天中央,却烦北门护风雪[2]。仙人御风[3]乘绿云,玉宸殿上朝
帝真。帝将北斗酌天酒,冰桃碧藕脯麒麟。传呼玉蜍吸银浦,黟
霜调冰浇月兔。洒成羲画[4]河洛书,白璧一双浮雨露。石湖二字
天上归[5],奎星壁[6]宿落山扉。昭回不饰吴苑草[7],姑苏台前近太微。
诗人不直一杯水,自是渠侬命如纸。教人妒杀石湖仙,手揽星辰
怀袖底。

姜夔尧章,番阳人[8],号白石生。

除夜自石湖归苕溪三首

细柳穿沙雪半销,吴宫烟冷水迢迢。梅花竹里无人见,一夜吹
香过石桥。

笠泽茫茫雁影微,玉峰重叠护云衣。长桥寂寞春寒夜,只有诗
人一舸归。

桑间篝火却宜蚕,风土相传我未谙。但得明年少行役,只裁白
苎作春衫。

---

1 《〔崇祯〕吴县志》作"敕风伯"。

2 原作"北风",据刻本改。《〔崇祯〕吴县志》作"却锁北门护风雪"。

3 《〔崇祯〕吴县志》作"驭风"。

4 原作"义画",据刻本改。

5 《〔崇祯〕吴县志》作"天上锦"。

6 原作"璧",误。今据《〔崇祯〕吴县志》改。

7 《〔崇祯〕吴县志》作"花草"。

8 本志"游览第十"作"吴兴人",误。吴兴乃其流寓地。

马 云

横山一名踞湖山,山有五坞,又名五坞山,辄赋六诗。

山临太湖上,寺隐青萝间。五坞洞壑邃,众峰屏障环。浓岚面光彩,惊波背潺湲。云归定僧寂,月伴樵夫还。林墅掩蒙密,级磴容跻攀。钱氏建圭社,此地为家山。右踞湖山

东涧溪谷秀,粲然金碧丽。亘野丹气明,向曙霏烟霁。磴泻红玉泉,林[1]纡赤凤髻。日出诸峰上,月皎半天际。幽谷纡绛缯,层崖萦锦缋[2]。羡此山居人,萧然远尘世。右丹霞坞

森森芳桂树,团团削青玉。春花飞涧户,秋实坠岩曲。霜条封翠紫,风叶摇香绿。下有幽栖人,结芳[3]避世俗。学仙读丹经,好道探药箓。植根满群峰,不使樵夫[4]触。右芳桂坞

高崖落飞泉,深源[5]味冷冽[6]。云津留玉乳,石髓澄金屑。淙淙危磴响,滴滴苍藓缺。溅沫洒明珠,满涧[7]融寒雪。岩夫就漱饮,姬子临浣洁。不独愈痼疾,自可清内热。右飞泉坞

檀栾遍岩川,幽谷气象鲜。风玉[8]自宫徵,秋籁成管弦。夕霭起碧雾,晨曦生绿烟。花繁紫凤饱,质劲苍虬拏[9]。藤萝交密荫,仰

---

1 "林"字原阙,据《吴郡志》补。

2 "锦"字原阙,据《吴郡志》补。

3 《〔乾隆〕苏州府志》作"结茅"。

4 刻本作"樵斧",《横金志》同。

5 《横金志》作"深深"。

6 《姑苏志》作"泠冽",《〔同治〕苏州府志》作"凛冽",《〔民国〕吴县志》作"凛冽"。

7 原作"满漳",据刻本改。

8 《〔崇祯〕吴县志》作"风生"。

9 《〔乾隆〕苏州府志》作"质劲苍虬攀"。

不见云天。欲访桃源路,坞坞疑相连。右修竹坞

君寻白云坞,最近林涧[1]西。永日抱幽石,因风度清溪。炎随夏景变,凉高秋气凄[2]。素霭生崷崒,练光带虹霓。润泽施天下,还返故山栖。深惟贤士志,出处可与齐。右白云坞

仇山人隐居

鸡犬眠云白日空,暮春花木满川红。茶瓯香沸松林火,药杵声清石涧风。玉帛未闻招隐士,神仙今喜识台翁。夕阳半局残棋在,醉倚岩边紫桂丛。

吴井洌泉亭记

侯国而隶苏郡,往迹而迩僧居,故西接横山治平梵刹之旁,吴台并峙,吴井未智,近关[3]之佳境也。粤自姬封斗野,都据[4]具区,季叶[5]侈汰,纵无厌[6]之欲。夷山之颠,碧藓[7]参差以巍其层;穴原之腹,翠鸳周匝以宽其汲。左氏所谓吴夫差一日之行,所欲必成,珍异是聚。遐抚前载,石莫容问矣。然山不可移,则两台未泐;地不可改,则一井未湮。有台以娱己,有井以蓄众[8]。一千九百余载,所以仅存也。顾瞻此井,埏土内甓,潭焉一视[9];衡石外围,觚焉八锐。旁留

---

1 《横金志》作"林间"。

2 《横金志》作"凉逐秋风凄"。

3 抄本粘条:"关"疑"湖"字之误。查《〔崇祯〕吴县志》卷六、《〔康熙〕吴县志·古迹》《〔道光〕苏州府志·集文六》亦作"近关"。

4 《〔崇祯〕吴县志》作"踞",《〔康熙〕吴县志·古迹》同。

5 《〔崇祯〕吴县志》作"季华"。

6 《〔崇祯〕吴县志》作"无限"。

7 《〔崇祯〕吴县志》作"碧鳞"。

8 原作"有井以蓄泉",据刻本改。

9 《〔道光〕苏州府志》作"一规"。

识勒,模款可辨。首建唐楞伽殿,后重修[1]吴朝大井,乃广明元年二月,笺演僧茂乾为之记[2]。法镜禅师初造其寺,井则吴志言当横山艮位、越来溪西百步。隋开皇十年,越国公杨素筑城浚之。唐刻颠末如此。去[3]井南百步,又获《深沙亭录神变相记》。虽在沉瘗,略无剥蚀。亭则大中六年六月,当州刺史奏置此寺于上方,收拾余材,创立神宇。考此寺环于山,井属于寺,皆昭昭也。

乾道壬辰,相国周益公《南归录》系日纪行,至石湖云:初,吴王筑姑苏前后两台,为城三重,遗基俨然。夫差、西施宴游之地,此言台也。游楞伽治平寺,门外八角大井,视栏刻字,隋初平陈,杨素徙吴郡于此,近地尚有新郭之名,其后吴人不安,复还今城。此言井也,创之于吴,则井为台设;浚之于隋,则井为城用。岂细人能私哉!盖兴废[4]藉曩昔而为鉴,形势因天壤而并存。一草一木,计古者必记之方册[5],又岂流俗能识哉!

迨熙宁中,里有胥辈,佃某地为茔[6],迄今一百七十余载,挟后冒先,广包台井。治平主僧义超,越诉诸节府。发运夏卿赵公,目击广轮,力诛其欺。由墓之外,悉归之寺。义超求叙端倪,余曰:"二卿守吴,爱棠奕叶,正值庚子厄数,十有二政,种种加恤,捐余币一百八十万缗以代夏赋,股肱郡最,此特泰山之毫芒耳。抑岂算沙能喻哉!"复俾[7]木章粒斛,结屋庇井,亲以"冽泉"扁之。山灵川后,

---

1 "重修"二字原无,据《〔道光〕苏州府志》补。
2 《〔崇祯〕吴县志》作"尝记之"。
3 《〔崇祯〕吴县志》作"去此"。
4 《〔崇祯〕吴县志》作"兴替"。
5 《〔崇祯〕吴县志》作"方策"。
6 《〔崇祯〕吴县志》作"里胥佃其地为茔"。
7 抄本粘条云:"'复俾'下疑误。"《〔崇祯〕吴县志》作"卑"。

俱贺其遭,相与作证云。公名与筹,今兵部侍郎[1]。

范成大

御书石湖二大字跋

淳熙八年三月庚戌制书,擢臣居守金陵。闰六月丁亥,朝行在所。庚寅,辞后殿。翼日既望,诏锡清燕苑中。皇帝亲御翰墨,大书"石湖"二字以赐。天纵圣能,游艺超绝。典则高古,如伏羲画;体势奇逸,如神禹碑。日光云章,垂耀缣素,环列改观,禁御动色。臣惊定喜极,不知抃蹈,昧死奉觞,上千万岁寿,奉宝书以出。越五日,至石湖[2]藏焉。

石湖者,具区东汇,自为一壑,号称佳山水。臣少长钓游其间,结茅种木,久已成趣。春秋时,吴台其阴,越城其阳。登临访古,往迹具在[3]污莱露蔓,千七百余年,莫有过而问者。今猥以臣故,彻闻高清,天光博临,燕及荒野。由开辟来,未睹斯盛。裴度、李德裕皆唐宗臣,绿野平泉,亦声振[4]当代,揆今[5]所蒙无传焉。何物幺麿,独冒宠赫。百身万殒,莫能负载[6]。臣蒲柳早秋,仕无补益县官,倘婉晚不休,奸止[7]足之戒。则将上累隆知,俯愧初服,臣用是惧。冀

---

1 《〔崇祯〕吴县志》此后还有"知临安府。淳祐二年清明日,施清臣记"十五字。
2 《姑苏志》作"至于石湖"。
3 《横溪录》作"其在"。
4 刻本作"声霈"。
5 抄本粘条:"揆今"句疑误。
6 《〔崇祯〕吴县志》作"负戴"。
7 原作"奸上",误,据刻本改。"奸止"语出《商君书·赏刑》:"故禁奸止过,莫若重刑。"

幸少日,遂赐骸骨,归老湖上,宿卫奎壁[1],与山川之神暨猿鹤松桂同在昭回中,一介[2]姓名,亦因是不朽,使后世知臣[3]属厌荣禄,得全于桑榆,以无辱君赐。则陛下丕显休命,不委于草莽,庶几报恩之万一。臣既摩刻扁榜,又被之琬琰以传,且附著臣之自叙云[4]。

重修行春桥记[5]

太湖曰应咸池,为东南水会,石湖其派也。吴台越垒,对立两涘。危峰[6]高浪,襟带平楚。吾州胜地莫加焉。石梁卧波,空水映发。所谓行春桥者,又据其会。胥门以西,横山以东,往来幢幢[7],如行图画间。凡游吴中,而不至石湖、不登行春,则与未游[8]无异。岁久桥坏,人且病涉。向之万景,亦偃蹇若无所弹压,过者为之叹息。豪有力之家,顾[9]环视莫恤,漫以委之官[10]。前令[11]陈益、刘棠皆有意而弗果作。

淳熙丁未冬,诸王孙赵侯[12]至县。甫六旬,问民所疾苦。则曰:"政孰先于徒杠舆梁[13]者?"乃下令治桥。补覆石之缺,易藉木之腐。

---

1 原作"奎壁",误。

2 《横溪录》作"一芥"。

3 《横溪录》作"后世之人"。

4 《〔崇祯〕吴县志》作"云尔",《横溪录》有落款"七月朔,成大谨书"。

5 《横溪录》无"重修"二字。

6 《〔崇祯〕吴县志》作"危风"。

7 《〔崇祯〕吴县志》作"往来憧憧"。

8 《横溪录》作"未始游"。

9 《横溪录》作"相过",《〔崇祯〕吴县志》作"相顾"。

10 《〔崇祯〕吴县志》作"漫以诿官"。

11 《〔崇祯〕吴县志》作"前知县事"。

12 《〔崇祯〕吴县志》作"赵侯彦真"。

13 《〔崇祯〕吴县志》作"舆梁徒杠"。

增为扶栏,中四周而旁两翼之。岁十二月鸠工,迄于明年之四月。保伍不知,公徒[1]不预。邑人来观,欢然落成而已。

今天下仕者,视[2]剧县如鼎沸。屏气怵惕,犹惧不薿[3]。侯于此时,从容兴废,盖亦甚难[4]。四乡之人,不能出力倾助者,至是始有愧心。则相与商略,他日将作亭其上,以[5]憩倦游者,尚庶几见之。今姑识治[6]桥之岁月。亭成,将嗣书云。侯名彦真,字德全,旧名彦能。隆兴元年进士,擢第后,改今名[7]。

元

宋无子虚,吴郡人。

游楞伽寺

萝径入苍霭,钟声来翠微。招提在何许,云外一僧归。

顾盟仲赟,甬东人。

游石湖兰若二首

湖上春云挟雨来,楞伽山木尽低摧。吴王废冢花如雪,犹自吹

1　《〔崇祯〕吴县志》作"工徒"。
2　原作"观",据刻本改。
3　《〔崇祯〕吴县志》作"既"。
4　原作"其难",据刻本改。
5　原漏"以"字,据刻本改。
6　原漏"治"字,据刻本改。
7　《〔崇祯〕吴县志》有落款"桥成之明年,日南至,资政殿学士通议大夫提举临安府洞霄宫范成大记。"

香上舞台。

石湖春水如酒浓,玻璃万顷开龙宫。我时泛舟过湖西,无数桃花发旧丛。

杨维祯 廉夫

至正戊子三月十日雨中偕张伯雨顾仲英[1] 游石湖诸山宿宝积寺西轩赋花游曲

三月十日春濛濛,满江花雨湿东风。美人盈盈烟雨里,唱彻湖烟与湖水。水天虹女忽当门,午光穿漏海霞裙。美人凌空蹑飞步,步上山头小真墓。华阳老仙海上来,五湖吐纳掌中杯。石山[2]枯禅开茗碗,木鲸吼罢催花板。老仙醉笔石阑西,一片飞花落粉题。蓬莱宫中花报使,花信明朝二十四。老仙更试蜀麻笺,写尽春愁子夜篇。

顾瑛 仲英,昆山人。

次韵花游曲

真娘墓下花溟濛,碧梢小鸟啼春风。兰舟摇摇落花里,唱彻吴歌弄吴水。十三女子杨柳门,青丝盘髻郁金裙。折花卖眼一回步,蛱蝶双飞上春墓。老仙醉弄铁笛来,琼英起作回风杯。兴酣鲸吸玛

1　刻本上此处有批补"诸君"二字。
2　《〔崇祯〕吴县志》作"石上",刻本此处批改为"宝山",当据《姑苏采风类记》改。

瑙碗，立接[1]鸣筝促象板。午光小落行春西[2]，碧桃花下题新题。西家
忽遣青鸟使，致书殷勤招再四[3]。当筵夺得凤头笺，大写仙人蹋踘篇。

高文度惟正，蜀人。

泛舟荷花荡晚过禅院

林转青红合，山围紫翠屏。水光天滉漾，暝色晚晶荧。小艇轻
于叶，重云叠似汀。行瞻松寺近，疏磬隔烟听。

释善住吴郡僧，有《谷响集》。

偶览图经追和马节推云横山六咏

曾峦叠暖翠，影浸苍波间。香□[4]晃金碧，暗泉鸣珮环。林深
聚朴樕，涧竭空潺湲。天晴远峰出，日莫孤云还。青壁峭如削，绿
萝修可攀。不知广陵王，几度来兹山。右踞湖山

商飚拂琼柯，半夜屑香玉。青童倦扫除，委积满林曲。山翁往
来久[5]，毛发初未绿。啸傲烟霞间，翛然远尘俗。藜床饱芝术，白昼
玩仙箓。幽池涵丹光，猨鸟莫敢触。右芳桂坞

高壁泻银潢[6]，怒执常潋洌。因风来树杪[7]，陈陈飞玉屑。苔径
溅成洼，厓石滴应缺。冯陵凛毛骨，饮漱剧冰雪。游禽畏漂洒，志

1　此处原有批改为"立按"。

2　抄本粘条云："午光"句疑有误。

3　原作"再回"，据刻本改。

4　此字原阙。

5　刻本作"住来久"。

6　原作"高璧"，粘条云："璧疑壁之误"，据刻本改。

7　原作"树抄"，据刻本改。

士爱明洁。到海终有时,且此涤烦热。右飞泉坞

林林伴渭川,雨沐颜色鲜。静对宜酌酒,闲居可鸣弦。深沉销夏日,蒙密浮秋烟。柯叶无改易,鞭须肆卷拳。清阴覆白石,修干摩青天。春风产犊角,始觉根株连。右修竹坞

朝光朗嵚岑,厓谷焕明丽。天空荡宿霭,林净豁秋霁。丛薄围锦障,曾峰凸宝髻。鸟鸣殊未终,云起已无际。青红东海笺,炳蔚西戎缬。无处觅桃源,争知在人世。右丹霞坞

油然起石山,无心自东西。纷纭拥高树,寂寞横前溪。气蒸琴徽润[1],寒逼房栊凄。莹洁劣玄鹤,澹靓谐素蜺[2]。未能并檐宿,聊复归岩栖。为雨不为雨,物论自不齐。右白云坞

明

高启 季迪

吴王拜郊台[3]

周纲昔隳顿,礼乐由诸侯。吴子乏代德,居然祀圜丘。燔燎升紫坛,青纮映玄裘。灵明岂来歆,币玉空旅羞[4]。国南见遗墟,萧条委山墩。云和罢九奏,草树鸣飕飗。从来跋扈徒,几人效其尤。鲁郊失礼始,圣笔书春秋。

越来溪

溪上山不改,溪边台已倾。越兵来处路,流水尚哀声。昨日荷

---

1 原作"微润",今从刻本。

2 原作"澹视谐素睨",今从刻本。

3 《〔乾隆〕苏州府志》作"郊台感怀"。

4 抄本粘条云:"旅字疑误"。

花生,今朝菱叶死。亡国不知谁,空令[1]怨溪水。

与客携乐游宝积山遂泛石湖

云山拥春郭,烟花涨晴川。看花入山中,诸峰恣攀缘。客吹玉管笙,合以金柱弦。清音度碧嶂,松风助泠然。宛若鸾凤吟,要眇[2]入紫烟。行人尽矫首,谓遇云中仙。下山兴未阑,相携更登船。虹收岭外雨,鸟没湖中天。岚翠破夕阳,楼阁影倒悬。酒倾绿脂腻,鲙斫璚丝鲜。犹恨无红妆[3],清波照婵娟。微风吹帆缓,欲使归途延。众宾起欢呼,船仄水漫舷[4]。回舻掠寺过,杨柳山门前。此地有离宫,美人艳当年。罗裙罢春舞,草色余芊绵。况我昔此游,冠盖千里连[5]。重来复谁在?新知满中筵。人事竟若斯,今古俱可怜。能游即称达,何须问愚贤。我欲叫冯夷,捧月出海边。醉后不归去,相照舟中眠。

顾野王墓

南朝旧碑倒,墓近樵苏道。应与读书堆,离离总秋草。

五坞山

山空响更远,雨过流还急。余沫洒回风[6],一林红树湿。右飞泉坞

色映溪沉沉,秋云生夕阴。无限楚山意,鹤鸣风满林。右修

---

1 《横金志》作"空令"。
2 〔崇祯〕吴县志》作"要渺"。
3 〔崇祯〕吴县志》作"红装"。
4 〔崇祯〕吴县志》作"舟仄水浸舷"。
5 〔崇祯〕吴县志》作"十里连"。
6 《崇祯〕吴县志》作"丽回风"。

竹坞

遥闻丹霞坞,中有餐霞者[1]。绛彩发朝朝,还同赤城下。右丹霞坞

云开见山家[2],云合失山路。闻语知有人,欲寻已迷误。右白云坞

欲攀淮南树,人去石寂寞[3]。嫋嫋凉风生,疏花月中落。右桂花坞[4]

解 缙

寄题吴山书屋

天开象纬日与星,地灵川岳万汇形。羲书奎画河洛呈,万世照耀传六经。贤传羽翼众喙鸣,博通贯一量重轻。譬犹作室矩度程,群材咸萃无奇赢。曲可使直陂可平,指顾左右集大成。吴山屹立太古青,书屋临高疏牖楹。紫云红雾栖前楹,万家玉树森在庭。牙签历历黄金縢,万轴插架明星荧。斗牛午夜虹光赪,天官逐岁尝躬耕。养志余力籫火灯,布帷黝黑积晕成。秋囊或贮山下萤,有草如带似尧蓂。隐德自足通仙灵,时来九万随风鹏。桥门璧水扬华英,铁冠珥笔朝承明。绣衣持斧白玉京,从龙天飞掌铨衡。春官侍从鸳鸾停,乃知读书助修能。万事转圜无滞凝,他年有待悬车荣。锦袍山中濯冠缨,买舟相送试一登。吴中俊彦来相迎,欢呼共睹贤公卿。乡人子弟传颂声,重作吴山书屋铭。

---

1 原作“食霞者”,据刻本改。

2 《〔崇祯〕吴县志》作“家山”。

3 《〔崇祯〕吴县志》作“山寂寞”。

4 《横金志》作“芳桂坞”。

姚广孝

上 方

莲宫据山杪,岩峣去天咫。风香花雨新,僧行白云里。幽沉树乐静,萧散烟钟起。人登石路迷,依依缘涧水。

再游上方

僧共老花俱在,客将春雁同回。范叔一寒如此,刘郎前度曾来。

杨基孟载

越来溪

远岫如蛾眉,紫菱盖绿猗。小娃木兰桨,采菱溪上归。溪风摇白芷,撩乱蘋花起。疑是越兵来,旌旗照秋水。

绮 川 [1]

川水东北流,川花照青楼。龙船载凤吹,日来川上游。沙明属玉止 [2],苕香翡翠留。渔郎蒲叶底,网得双吴钩。

吴文度

石湖观音岩

意行 [3] 入山中,寻幽信轻策。始瞻灵峰近,似与尘世隔。石梁

---

1 《〔康熙〕吴江县志》题目作"绮川游"。

2 抄本粘条云:"'沙明'句疑有误。"

3 《横溪录》作"行意"。

古削成,岩洞果幽辟。苔壁生阴风,崖树泫苍液。下有百尺潭,龙宫闷甘泽。自非神物[1]居,何以论往迹。游衍意无穷[2],旷然[3]惬所适。觞咏[4]聊赋诗,寄言山中客。

游上方小酌僧舍

上方气压湖山胜,老我登临思惘然。一鸟影沉秋水外,千峰势断夕阳前。青尊白发酬今日,画舫朱帘记昔年。独倚危阑重吊古,荒台樵唱起苍烟。

释宗衍

石湖闲居

昔人买山隐,无乃费经营。而我有兹宇,我翁手所成。土木虽罕丽,林壑有余清。北山当后窗,南山在前荣〔萦〕。登跻亦劳只,每卧看云生。

释来复

游石湖兰若柬翰上人二首

荷花荡西湖水深,上有兰若当高岑。客吟时见猿鸟下,僧定不闻钟磬音。雨香秋林橘子熟,云落空涧棠梨阴。闲来扫石坐竹里,静与山人论素心。

---

1 《横溪录》作"人物"。

2 《横溪录》作"游意无穷旷"。

3 《横溪录》作"悠然"。

4 《横溪录》作"举觞"。

五龙之峰云作屏,双厓削出夫容青。何人涧底拾瑶草,有客松间采茯苓。林风不惊虎卧谷,山雨忽来龙听经。吴王台榭今寂寞,秋香薜荔花冥冥。

赵宋文[1]

题上方八景

迢迢白云径,萦带入山林。　未测幽通处,氤氲几里深。　右白云径

山当翠微半,亭住白云间。　分得千峰秀,都留几席间。　右翠微亭

高阁登临处,平湖一鉴澄。　照心兼照影,时有倚阑僧。　右清镜阁

滋益功能并,寒甘味更同。　只疑深坎底,潜有一源通。　右双冷泉

高僧栖息处,闭户读楞伽。　山远无人听,空中自雨花。　右楞伽室

外物岂能昧,有光中自韬。　莫欺幽隐室,昭晰见秋毫。　右藏晖斋

云收山吐月,楼迥独先窥。　清景非偏照,迷方见自迟。　右先月楼

亭亭青莲峰,何年自天辟。　云散石湖边,千寻净如植。　右青莲峰

徐有贞初名珵,吴县[2]人,字元玉,又字有贞,以字行。成化中进士,官至大学士,封武功伯,后有罪赐归,自称天全翁。

九月八日游石湖与祝惟清大参刘廷美佥宪联句
待韩永熙都宪不至

明日重阳今日游,挽先来赏石湖秋。青山有意邀诗棹,黄菊多情送酒筹。乌帽任从风外落,绯袍不向坐中留。同归同老应难得,莫把茱萸叹白头。

1　"宋文"二字原阙。

2　原作"长洲",误,据刻本改。

韩 雍永熙，长洲人。成化间进士。官至都御史。

次韵天全诸公石湖联句

吴下衣冠集胜游，扁舟游遍五湖秋。未能执笔陪联句，懒得逢人说运筹。绿野文章传在洛，赤松心事弃封留。赓歌趣我归来兴，莫道非才尚黑头。

李东阳宾之，长沙人。成化中进士。官至大学士。谥文正。

题东村精舍

吴城东望吴江北，中有东村侍郎宅。亭台散落歌管空，九十余年尽荆棘。诛茅结屋居者谁？白头孙子青氈客。山分水割才六亩，刚与邻家共春色。莫公村在犹旧姓，詹老书存尚真迹。儿年六十翁八十，幸有冠裳随杖舄。手栽橘刺渐成篱，眼见松稍几盈尺。桂圃兰汀春复秋，林霏涧霭常朝夕。岁晏将归范蠡船，家贫尚捧毛郎檄。公侯复始古所贵，贵不在官元在德。平泉竹石今安论，但论有无无失德。南村张氏无子孙，李谢朱颓竟沙砾。东村胜事君看取，应似许田同赵璧。更谢王门坦腹郎，谢家燕子犹相识。

芝秀堂铭

东吴卢氏居越来溪之上，处士惟明少而孤。母王氏守节不二，抚教笃至。处士奉养甚谨，孝闻于乡。天顺癸未，有芝产于庭，人曰此孝征也。其子伯常甫隐居教授，追念先德，名所居曰芝秀堂。其孙雍举进士，为监察御史，请予铭。予闻御史君贤而有文，乃为作铭曰：

灵芝无根，实出气类。匪仙则祥，异彼凡卉。国望有吴，族望有卢。有芝在庭，惟孝子之符。孝子失怙，无母何恃？惟养之善[1]，匪色伊志。孝子有子，教成于乡；孝子有孙，名显于邦。其显惟何？贤科宪府。曰有是父，曰无忝祖。匪惟物华，惟地之灵。亦有人瑞，实相须以成。石湖左汇，横山右抱。惟斯堂之名[2]，来世是考[3]。

吴宽原博，长洲[4]人。成化壬辰进士及第，官至尚书、东阁大学士。谥文定。

游石湖宝积寺追和危太朴韵

禅堂拥翠总云岑，误认天平万石林。学士放歌来水曲，道人偏袒坐松阴。饮泉别涧多溪鹿，啄木空山或野禽。亦欲他年闲倚棹，绕湖风雨听龙吟。

留题治平寺

野岸舣舟楫，登临扣禅关。木杪望飞阁，半依茶磨山。翻嫌栋宇高，隔林见人寰。石湖分一曲，殿脚临潺湲。老僧阅梵语，跌坐[5]寒云间。不知城中人，暂到非长闲。棹歌答空谷，沿流月中还。

王鏊济之，吴县人。成化乙未进士及第。官至柱国少傅，户部尚书，武英殿大学士致仕。谥文恪。

游治平寺登吴王郊台

朝发石湖渍，暮抵太湖岸。青山亦多情，供我船中玩。船行

1　《横金志》作"惟善之养"。
2　《横金志》作"惟斯堂之铭"。
3　《横金志》作"可考"。
4　原作"长州"，据刻本改。
5　原作"趺坐"，据刻本改。

山亦行,一路青不断。白云渺渺山重重,不知何处昔是吴王宫。越来溪边越城在,夫差受困云在兹山中。今朝扣禅关,访古寻幽踪。僧言事往那能识,钟鼓声中度朝夕。郊台漠漠麋鹿游,茶磨团团蔓荆棘。不须吊古伤怀抱,且欲凭高纵吾眺。人家历历新郭里,川渎沄沄胥口道。吴江塔影昆山城,一览因之发长啸。天风万里天际来,吴王郊祀昔日登斯台。千乘万骑湖上下,只今安在?唯见山崔嵬。船来船去湖西畔,青山无言人自换。来来去去世无穷,莫学牛山独兴叹。

越来溪怀古[1]

吴国江山亦壮哉!一朝谁信粤兵来。旌旗尚动春波影,歌舞翻成子夜哀。往事悠悠余败垒,伤心脉脉一登台。姑苏麋鹿何须恨,闻道阿房也劫灰。

正德庚辰五月过石湖睹宋参政 范文穆公新祠次卢师邵韵

万木阴森荫画梁,淳熙奎画尚流光。一丘尽占吴山胜,二水分萦越垒[2]长。枯坐老禅依竹影,时来估客荐蘋香。雪坡天镜依稀在,莫把名园比洛阳。

---

1 本则原阙,据刻本补。

2 刻本作“粤垒”。

徐　源　仲山，长洲[1]人。成化乙未进士，官至副都御史。

过石湖

湖山不改鬓成秋，老兴春深一泛舟[2]。杨柳堤前黄鸟立，桃花洞口碧溪流。峰峦迓客留青鬓，波浪惊人自白头。万里云霄今杖屦，只将风月锦囊收。

题石湖治平寺

青山湖上翠微深，谁住僧家第一林。暝树苍烟古来色，劫灰飞尽尚如今。

重修行春桥记

洪武戊午岁，春[3]三月，重建行春桥成，设大会以落之。邦人士暨道俗会者数千人。先是，宋淳祐间，径山淮海禅师实来行桥，有文在石。于是乃请今径山中禅师行桥，以修故事。人谓相距百三十有余年，犹一日也。既事，众请揭其概，示诸来者。

按状，洪武七年四月桥坏，公私大沮，计无所出。盖桥当郡西南孔道，又山水回合[4]，为吴中奇观。据要领胜，桥不可一日废也。明年，优婆塞正宗，方事经始，惧弗克终，乃以属长洲僧善成。成倾诚劝募，寒暑匪懈，由是人孚其化，泉布米粟之施日至，乃大鸠工发材，悉撤而新之。取石必坚，佣工必良，植枋必密以深。以为石湖

1　原作"长州"，据刻本改。
2　刻本作"放舟"。
3　原漏"春"字，据刻本补。
4　原作"四合"。

乃具区之委，至是束为澄渊，湍流漂疾，喜与石斗，弗若是，不足以支久也。役且半，会将作大有营缮，尽括匠氏以去，役几中止。秀州人钱玄济，素习桥事，机知便巧，并善袭斫，泅深履险，易甚平地。来未期月，而遂以完告。

桥之修广制度，一仍其旧，而坚致过之。见者惊喜，以为天实有相之道焉。夫桥梁，有司之事也，使谂于有司，则必赋于民。民将观望觝牾，其能弗扰而集乎？就令弗扰而集也，则取具苦窳，又可冀其坚久耶？佛以慈悲弘济利天下，而桥梁居八福田之一，鼓其善以劝，而人乐趋之，故无烦官厉民，而卒溃于成也。然岁丁连侵，百贾腾踊，劬躬尽瘁，犹阅三岁，更三手而后成，抑何其难也。二三子之勤亦已至矣。来者思其成之不易，尚毋忘嗣葺以永其利，可无述乎？乡之好义赞助者，尚多有人，则书于左。

释妙声记。

余占籍古吴邑[1]，石湖在邑境中，童子时钓游地也。初不知其有志，近书友携一《石湖志》来，装一册，分二种，《志略》《文略》各一是也。同人诧为希有，未及买成，即转相传录。枚庵首先抄之，余亦影一副本。后坊友闻之，又携一《文略》来，虽朱墨乱涂，印本较旧，且钤有卢氏图记，盖犹当时初本也。余友切庵张君见之，属为代购，而抄《志略》以补之。此又一本也。后书友应常熟人之求，遂从余索还前帙，而别以《志略》一册归余。余遂乞诸切庵，以《文略》补之，复成合璧。自是所见两刻本，一全者在常熟，一配全者在余家。三抄本，一枚庵，一切庵，一余也。

1　本则识语与下则识语，据《河北大学图书馆藏稀见方志丛刊》本（即黄丕烈藏本）补，刻本《石湖志略序》之前。

己卯中伏日，装成并记。民山山民丕烈。

明卢师陈职方，其名襄，撰《石湖志略文略》两卷，简而有法，尚无浮冗之习。顾姜尧章《除夜自石湖归苕溪》诗有十首，而《文略》仅存其三，岂以余尽无关石湖而置之欤？又危太朴《游宝积寺》诗，胪其目于《游览》篇中，而《文略》顾遗之，则搜辑容有未备也。此书传本甚稀，黄复翁云"一本全者在常熟"，今又不知何往。而复翁配全之本，乃为升兰李君所得。然则常熟之宜有是书，其亦有数存乎其间耶？略读一过，漫书数语以归之。

文村居士识。

吴中藏书家[1]，余所及见而得友之者，首推香严周氏，其顾氏抱冲、袁氏绶阶，皆与余同时，彼此收书，互相评骘。倘有不全之本，两家可以合成，必为允易。周、顾、袁三君，皆如是也。故一时颇称盛事。今抱冲殁已二十余年，绶阶殁已数年，香严殁亦百日外矣，感何如之！犹幸近年复友张君切庵，虽宋元版刻不甚储蓄，而名校旧刊时一收之。又肯踵互相评骘、允易之事，故知交中最为莫逆焉。此《石湖文略》颠末已详录跋，兹不悉著。

己卯中伏复翁。

嘉庆丁丑八月，借黄复翁所藏读一过，并抄录一通。
雨窗枚庵记[2]。

1　此跋原无，在刻本《石湖志略》之后。

2　此记刻本无。

是书贾人携来索直饼金,尚未给直,故不付装。吴文枚庵喜传旧志,遂借与之。还时,适近中秋,因思八月十八串月之观不远矣。

复翁记[1]。

民国十七年戊辰六月腾冲李根源抄本

四库全书总目史部地理类存目

《石湖志略》一卷《文略》一卷浙江范懋柱家天一阁藏本。

明卢襄撰。襄字师陈,吴县人,嘉靖癸未进士,官至兵部职方司郎中。石湖在苏州府城西南,宋范成大为执政时,有别墅在湖上,孝宗御书"石湖"二字以赐,其名始显。卢氏世居于此,襄乃述其山川古迹为《志略》,又集诸人题咏为《文略》。然此书为范氏别业而作,自应以是一地为主,与州郡舆记为例各殊,襄乃兼及人物,多至二十有一人,匪独词涉夸张,抑亦体伤泛滥矣。

---

1 此记刻本无。

灵岩志略

◎〔清〕王镐 辑

点校说明

　　王镐,浙江会稽人。监生,清乾隆二十年(1755)二月任太仓知州,二十四年正月劾去。志前有《灵岩全图》1 幅、《灵岩行宫全图》1 幅、王镐自序 1 篇。卷首记康熙二十八年春,乾隆十六年春二月、三月,乾隆二十二年春,康熙、乾隆二帝南巡 4 次光临灵岩时的御制诗联及敕赐灵岩寺之物。全志共 1 卷,首记灵岩大略,并依次介绍灵岩山寺诸殿、堂、楼、阁、塔、台、廊、池、泉、石、亭、泾、墓等胜迹,最后附录了附近"诸山",主要供游览之用。

《灵岩全图》

《灵岩行宫全图》

王镐序 [1]

　　吴郡多佳山水，城西南数十里，众峰耸峙，环如障列，而岩壑奇秀，泉石清幽，四山遥带，俯瞰具区，灵岩称尤胜焉。康熙二十八年春，圣祖仁皇帝南巡临幸，藻笔宸章，日星焜耀。我皇上轸念民依，法祖时巡。十六年春二月，圣驾幸灵岩，驻跸行宫 [2]。三月，自浙回銮，翠华重幸，观风问俗之暇，锡以天章宸翰，山寺光荣有加无已。今岁秋，江浙臣民思觐天颜，吁请再三，蒙允于二十二年春，再举南巡，百尔欢腾，万民忭舞。复念江苏俗尚奢靡，谕令屏去纷华，归于淳朴。小臣镐承乏太仓州牧，执帚灵岩，得效除道清尘之役，斯诚一时盛遇也。谨载兹山之名胜，以志遭逢之荣幸云。

　　乾隆二十一年丙子嘉平太仓州知州臣王镐恭纪。

1　题目为编者所加。

2　《〔道光〕苏州府志》云："圣祖仁皇帝、高宗纯皇帝南巡，皆驻跸其地，行宫在山巅。"

康熙、乾隆圣驾幸灵岩山纪事 [1]

　　康熙二十八年己巳春,圣祖仁皇帝南巡。二月初八日,圣驾幸灵岩山。十九日,自浙江回銮,御书匾一面"岚翠",御制《登灵岩》诗一首:"霏微灵雨散春烟,按辔逍遥陟翠巅。香水通流明若箭,琴台列石势如拳。诸峰尽在青萝外,万井全依彩仗前。闻是吴宫花草地,空余钟磬梵王筵。"

　　康熙三十二年,御制《弥勒佛偈》一首:"弥勒真弥勒,分身千百亿。时时示时人,时人自不识。"

　　康熙三十五年,御书《金刚经》一卷、御书《心经》一卷,敕赐灵岩山寺。

　　乾隆十六年二月廿四日,圣驾南巡,临幸灵岩,驻跸行宫。三月十七日,自浙江回銮重幸,驻跸两日。

　　本年八月内,奉内廷颁御制对一联:"空际两山青玉削,望中界白银铺。"御制匾额二面"晴湖远碧""云峰叠翠",敕颁灵岩行宫。

　　御制《灵岩驻跸》诗一首:"塔影遥瞻碧汉中,梵王宫侧旧离宫。观民展义因时切,石栈云林有路通。竹籁萧萧喧处静,梅花漠漠白边红。太湖万顷轩窗下,坐辨洞庭西与东。"御书"灵岩"二字,敕勒石。

　　1　题目为编者所加。

御制对一联：“云去云来池边留塔影，烟凝烟泮林外泛湖光。”御制匾一面“吴苑香林”；御书《心经塔》一卷；御书《心经》一卷；御制《三希堂法帖》二部，敕赐灵岩山寺。

太仓州知州臣王镐恭纪，吴县县丞臣袁缙重辑。

乾隆二十二年二月初三日，敕供释迦牟尼文佛于灵岩行宫。御写梅花一枝于龛屏。御笔题画：“西梵庄严释迦牟尼文佛供于灵岩行宫，香雪枝写为龛屏，本地风光，如是如是。”御书对联：“金轮影映牟尼净，宝塔光含舍利圆。”御书佛座铭：“法王调御天人尊，转法轮持大千界。紫金光聚成相好，来自西竺葱岭外。具大威德大利益，导诸众生大欢喜。无量福遍恒河沙，吉祥云护大宝地。清净庄严众瞻仰，于诸供养为最上。”

太仓州知州臣王镐恭纪。

灵岩志略

灵岩[1]发脉于阳山,由王晏岭历鹿山、贺九岭,及天池、华山,从千步廊左转让原山、车厢岭、秦台、石林,越两重岭,分支开嶂于大尖山,中间突起一巘名琴台,西产佳石可为砚,一名砚山。山有石鼓,一名石鼓山。南列峭壁如城,一名石城山。山形如象,一名象山。离城三十里,高三百六十丈,广一千八百亩,馆娃宫遗址在焉。其南麓为山塘,即香水溪。南有箭泾,即采香泾。西行二十五里,至光福邓尉诸山。出斜桥左折而南为走马、兴福二塘。其东北行过跨塘,与越来溪会,曰横塘。更东七里而至胥江。由横塘分流彩云桥而北为枫桥。由跨塘南折而东为荷花荡。自下沙塘绕金山数里而至支硎等处,东南为落星泾,东北为西新桥。其最胜者太湖三万六千顷,中有七十二峰,望之罗列如在几案间。此灵岩山水之大略也。

〔灵岩山寺〕本馆娃宫旧址。东晋末,陆玩舍宅为寺。梁天监中,赐额智积菩萨显化道场。唐为灵岩寺。宋兴,改秀峰禅院。绍兴中,赐额显亲崇报禅寺。明洪武年,赐额报国永祚禅寺。国朝世祖章皇帝,赐名崇报禅寺。

---

1 《〔道光〕苏州府志》云:“按张大纯《采风类记》云:灵岩山去城西三十里,馆娃宫遗址在焉。其突起者名琴台。山有二井,圆象天,八角象地。石屋一,相传为西施洞。池四:曰浣花,曰上方,曰洗砚,曰浣月。石之奇巧者十有八:石鼓二,石射堋、醉僧石、石鼍、寿星石、佛日岩、披云、望月二台,石楼、袈裟石、石髻、石城、灵芝石、石马、槎头石、献花石、藏经石幢、猫儿石,唯灵芝石为最,故名灵岩。”

［弥勒殿］即山门。大殿内供圣祖仁皇帝御制《弥勒偈》碑。

［宝王殿］即崇报寺大殿。康熙丙辰年,江苏巡抚臣慕天颜重建,内悬挂圣祖仁皇帝御书匾额、皇上御书匾对。

［善法堂］在宝王殿后。

［天山阁］在善法堂东阁下,即垂云堂。

［慈受阁］在善法堂西阁下,即明月堂。

［五至堂］在天山阁前。宋僧佛海建,孙登题额。

［大悲阁］在宝王殿东。探花陈皇士建。阁下即再来堂。

［映光楼］在慈受阁西。乾隆十五年,即其地为行宫东围墙基址。乾隆二十一年,添建皇后寝宫。

［镜清楼］在洗砚池上。

［圆照堂］在洗砚池西。

［大鉴堂］在圆照堂北。

［华严堂］在大鉴堂北。

［坚好堂］在华严堂北。以上四堂,乾隆十五年,即其地并改建太后寝宫。

［涵空阁］在智积殿前。唐陆象先建。后郡丞沈尧中重建。乾隆十五年,即其地建行宫正殿。

［智积殿］[1] 唐陆象先弟建。宋僧智讷募众重建。孙觌有记。久废。乾隆十五年,即其地建寝宫楼。

［法华钟殿］在寺门东。国朝顺治年间,僧开化募铜铸钟,有银工改法名,景从者手镌《法华经》全部与《楞严神咒》于钟之四围。康熙年间,江苏巡抚臣慕天颜建殿;翰林学士臣孙一致有碑铭。

［永祚塔］在宝王殿东。梁天监二年建。明万历庚子,雷雨作,

---

1 原稿无括号。

顶级中发焰，僧普含于灰烬中得一木箧，内函佛牙，长三寸许。昆山方氏范铜塔贮之，供慈受阁上。乾隆十五年修建，于第四级中拆见木箧，系宋绍兴十七年僧法愿募众重建时所贮，内藏王雰书《文殊菩萨摩诃般若经》一卷，僧法愿血书《尊胜咒》《大悲咒》各一卷，今仍置旧所。

[金沙塔] 相传在琴台下稍西。今无考。太平兴国二年，孙承祐建砖塔，荐其姊钱王妃，有《新建砖塔记》，疑即是此塔。今人不得其实，以永祚塔当之，固非。以百步阶石幢称之，亦谬。

[馆娃宫] 即灵岩寺旧址。《吴地记》云："宫中作海灵馆、馆娃阁，皆铜沟玉槛，饰以珠翠。"[1]《吴越春秋》云："西有山，号砚石，上有馆娃宫。"晋左思《吴都赋》云："幸乎馆娃之宫。"吴均《吴城赋》："东有铸剑残水，西有舞鹤故壤。萦具区之广泽，带姑苏之远山。"刘禹锡《诗序》云："馆娃宫在旧郡西南砚石山上，前瞰姑苏台，傍有采香泾。梁天监中，置佛寺曰灵岩寺，信为吴中胜境。"

[琴台] 在响屧廊西最高所。相传吴王令西施鼓琴处。石上镌"琴台"二字，明王整题曰"吴中胜迹"。乾隆十五年，建亭其巅。

[响屧廊] 久废。《古今记》云："吴王以梗楠[2]建廊而虚其下，令宫人步屧绕之，则登然有声。"今遗址自琴台下左折而东皆是。乾隆二十一年，即其地为箭道，建箭亭一座于东，两旁栽种花木。

[梳妆台] 在响屧廊东南。相传西施晓妆处。乾隆十五年即其址建朝房三间。乾隆二十一年，又添建三间。

[石关门] 在琴台下直北。两旁巨石紧束如关。

[鲫鱼背] 在石关门北。峻峭如鱼背。以上二处旧志未载。乾隆二十一年，开辟路径，自虎坐门起，盘绕纡曲，由此至山麓，直

1　底本作《吴地纪》，或为《吴地记》之讹，这句话在《吴地记》中也未记载。

2　当作"梗楠"，据文意改。

达高义园。筑砌砖石,转崎岖为平坦。

[佛日岩] 在琴台南下。石上镌 "佛日岩" 三大字。

[献花岩] 在琴台下,今无。《琴台志》有陈沂 "山分僻路惟闻鸟,寺转空廊不见僧" 之句。

[披云台] 在琴台南、佛日岩下,石上镌 "披云台" 三大字。

[望月台] 在披云台下,今无存。

[宫井] 二: 一圆一八角,相距丈许。圆者名日井,八角者名月井,广皆十余抱,而月井水色蔚蓝,较日井更深。在涵空阁后,今在行宫寝宫楼前,绕以石栏。相传二井之水俱系源泉,久旱不竭。

[浣花池] 在涵空阁外,今行宫正殿前。

[浣月池] 在智积殿东,今寝宫楼后。

[洗砚池] 在灵岩大殿西镜清楼下,池右有泉,宛如釜形,涓涓不涸。

[上方池] 在灵岩寺大殿前。池上跨石桥,池边有石栏。

[画船隖] 在南麓西施洞下。有东西二洼。《外纪》云: "夫差作天池,池中作青龙舟,舟中盛陈伎乐,日与西施为水嬉。"

[妙湛泉] 旧志: 在西施洞下。宋时,有僧于松下读《楞严》至 "阿那偈",泉忽涌出。或云: "洗砚池右石罅有泉,涓涓细流,一泓清澈,有妙湛堂在上,以泉名。" 未知孰是。

[一缕泉] 在披云台下。今无。

[石城] 在百步阶南下,巉石壁立,相连数十丈,谓之石城。按《越绝书》云: "石城者,阖闾所筑,内建离宫。" 又《吴地记》云: "馆娃宫有石城。" 据此则石城乃吴王所筑,今并无遗址,惟百步阶旁峭石犹在,而旧志止以石室上为石城,似误。

[石鼓] 在鸟道旁,有二,大可百围,小半之。履之有声,俗呼地鼓。

［石射埘］在石鼓旁，形如张侯。

［石鼍］在百步阶南，正对采香泾，一名望湖归。

［石髻］在石鼓旁，俗呼馒头石。

［石马］在石髻北稍下，望似人骑，俗呼上山马。

［石牛］一在石鼓下北麓，形似双牛饮水，俗呼饮水牛；一在西施洞前，半埋沙土中。

［石室］在百步阶南下。《吴越春秋》云："吴王夫差拘勾践、范蠡于此。"今称西施洞是。

［石楼］在石室上，俗即指为石城，误。

［罗汉石］在百步阶南，俗呼醉罗汉，又呼和尚石。

［袈裟石］在石髻旁。

［寿星石］在东麓，俗呼老鹳石。

［砚石］在琴台西麓。居民攫以为砚，故一名攫村。《米氏砚史》云："攫村石理粗，发墨不渗。"

［灵芝石］巧似三秀，在百步阶北。万历初，僧天际闻石被凿而夜泣，诘朝，石工三人死。今无存。

［槎头石］长五丈，如浮槎。今仅存其半，在百步阶右。

［猫儿石］[1] 今无考。

［石幢］在百步阶。俗呼为智积衣钵塔，又称为无际塔、圆照禅师塔，未知孰是。

［楞严石幢］在披云台左。宋僧以石函置经其中。今无存。

［钦界石］在寺后齐山址。宋绍圣四年，奉旨立界。

［百步阶］即鸟道。自松啸亭左折而上，约三百余步即是。向系石磴白层。乾隆十五年，改为马牙砖级。乾隆二十一年，因路径

---

1 《木渎小志》云："（百步）街南石室为西施洞，洞口有牛眠石，前为出洞龙、猫儿石。"

陡峻,复修筑平坦。

[北青嶂]在东北麓寿星石下。

[莲花沥]在东北麓。宋景德中,奉旨立界,东至于此。

[梁巷]在北青嶂北。相传梁鸿曾采薪牧豕于此。

[迎晖亭]旧名落红亭。乾隆十五年,改名迎晖亭。自由姑岭西折而上,约里许即是。

[松啸亭]旧名迎笑亭。乾隆十五年,改名松啸。自迎晖亭左折而上,约二百步即是。

[偃盖松]在琴台下。见范石湖《志》。宋人有诗刻石。成化中,一夕雷雨大作,忽失所在。

[梧桐园]在响屟廊南下。久无。

[由姑岭]在山东南麓。相传吴王由此登姑苏,故名。俗误"由"为"娄"。今所称娄姑岭即是。

[采香泾]在山南,俗名箭泾河,八里出太湖口。按:太湖一名震泽,又名具区,广三万六千顷,中有七十二峰,跨苏、常、湖三郡,一从山塘南行至箭泾八里出口,一从山塘西行三十里至光福铜坑出口,一从山塘东出斜桥转南七里出胥口,皆是。

陵墓 附

[泰伯墓]在西北麓敕山坞。前代屡有敕赠之穹碑,故名敕山坞。

[朱光禄墓]在东麓。其子长文祔焉。米芾有铭。

[韩蕲王墓]在西南麓。宋孝宗御题"中兴佐命定国元勋之碑",碑高五丈,敕赵雄为文一万三千余言,周必大书。建显亲崇报道观于墓左以祀之。后为采石者毁其宇,乃徙建于城中。其妻姜白氏、

梁氏、郑氏、周氏封秦国、杨国、楚国、蕲国四夫人,皆合葬于山麓。

〔徐林墓〕在西麓。林为宋龙图阁学士,不附王黻,继忤秦桧,自号砚石居士,年九十余卒。

〔黄彦和墓〕在北青崿。彦和避其兄彦清靖难之祸,隐此山下。其七世孙瑞、八世孙辅臣之墓,并在由姑岭南。申时行、董其昌题石表之。

〔陈杰墓〕在由姑岭东南。杰为永乐第一科解元,知平凉府。南濠人,有墓表。

〔徐缙墓〕在由姑山东。缙仕至少宰,西洞庭人。

诸山附

〔香山〕在山之前,南去出胥口十四里。

〔洞庭东山〕在山之东南,出胥口,过太湖六十里。

〔洞庭西山〕在山之西南,出胥口,过太湖七十里。

〔穹窿山〕在山之西南,相去十八里。

〔光福山〕在山之西南,相去二十余里。

〔虎山〕[1]

〔凤凰山〕

〔龙山〕以上三山,俱在山之西,相去三十余里,互相联属。

〔夏周山〕在山之西北,相去三十余里。即尖山之后。

---

1 《光福志》云:“光福镇,古虎溪地,相传吴王养虎处,萧梁时建光福寺于龟峰,遂以寺名镇,迄今因之。隶吴县长山乡,一名志里。按:苏州一府,县凡有九:吴县、长洲、元和、昆山、新阳、常熟、昭文、吴江、震泽;吴邑镇凡有六:横塘、新郭、横泾、社下、木渎、光福。光福,吴邑之一镇也。《邓尉圣恩寺志》:‘光福有虎山,相传吴王养虎处。’虎溪之名始于此。”

［大尖山］在山之西北，与本山相连。

［华山］在山之西北，相去十里。

［天平山］在山之北，与本山相连。

［查山］即玉屏山，在华山之西北。

［阳山］即洋山，在华山后，与夏周山相连。

［支硎山］在本山北，与天平山东麓相连。

［金山］在本山北，相去二里。

［皋峰山］在山之东南，相去十三里。

［尧峰山］在山之东南，相去十四里。

［七子山］在山之东，相去十三里。

［紫石岭］在七子山东北。姑苏台在其上。

［上方山］在东，与七子山连，相去十五里。

［磨盘山］在东，与上方山相连。

［横山］在山之东北，相去十八里。

［毬山］¹

［狮山］²

［何山］以上三山俱在山之北。

［虎丘山］在山之正北，相距三十余里。

---

1 《木渎小志》云："岑崿山，在金山东五里，俗称狮子山，以形名。上有落星石及吴王僚墓，旁为思益寺，东及南有球山、索山，皆附会狮子得名。"又云："寿圣公主墓，在球山，宋高宗南渡，妹寿圣公主薨，择葬狮山旁，因更名思益寺为思怀寺。"

2 《姑苏志》云："岑崿山，在金山东，俗称狮子山，以形名。一名鹤阜山，又名苲雄山。《吴地记》云：王僚葬此山，傍有思益寺。山上有石巷，山南有大石，相传为坠星（今其东有落星泾）。《水经》云：吴西有苲岭山。（俗传此山本在太湖，禹治水，移至此。又西南有两小山，皆有石如卷苲，禹所用牵山也。吴山有浅处，在三山之南，长老云是苲岭山麓，自此以东差深。言是牵山之沟。朱伯原谓牵山事，闾巷之谈，因故书所载，姑存之。）山右有土阜曰铃山，左曰索山，皆以狮子名。山南顶上有巨石二如楼，云是狮子两耳。自元以来，凿石且尽。"

吴门耆旧记

◎〔清〕顾承 撰

点校说明

《吴门耆旧记》1卷,顾承撰。顾承(1757—1841),字燕谋,号醉易、醉经,江苏长洲人。经学名家,尤醉心于《易》。年届耄耋,犹读书不倦。当时与顾广圻、顾曾号称"三顾"。本书乃顾承就所识者记之,共收吴中耆旧30余人。所记诸人事迹为顾氏亲闻,殊可征信,其中不乏堪补史书邑乘之遗佚者。今以《江苏人物传记丛刊》本为底本,即据清同治十三年(1874)虞山顾氏刻《小石山房丛书》本影印本。书后有顾承自记及常熟赵允怀跋。

吴门耆旧记

李绳,字勉百,号耘圃,长洲人,归愚先生之弟子也。以举人为云南恩乐令,罢官后,日与里中故旧以诗文相讨论。其为诗一以唐人为宗,别裁伪体,盖归愚先生之派也。所著有《耘圃诗钞》行于世。卒年七十余,最为吴中耆宿云。

张德荣,字充之,号伊嵩,长洲县学生也。家贫力学,内行笃挚,讷讷然似不能言者。平生好古书,手钞数百卷藏于家。钱竹汀先生尝亟称之。予《感旧诗》云:"讲席钞书不计贫,愚愚真是葛天民。家风疏水寻常事,留得心香一点春。"予少时尝问业焉。

钱载锡,字晋蕃,号鹤谋,乾隆甲午举人。性淳谨而谈笑娓娓可听。尝入都赴选,不得志而卒。予《感旧诗》云:"风流儒雅真吾师,赋物曾传绝妙词。再入春明成底事,盘中苜蓿未曾知。"陈纯贞白,其女婿也。予得识贞白,盖于先生家云。

褚绳爕,字肇磻,吴县人也。年十三,补博士弟子员。父恩日课之为文,文辄善。性嗜酒,喜诙谐,尝为人钞书易酒饮之。赴省试,携酒多。主者诘之曰:"汝能尽饮此乎?"即立饮都尽,然亦以是得疾。乾隆四十二年夏,病甚,死矣。家人治殓具,越宿而苏,言曰:"吾睡梦中迷不自省,仿佛若有人导我归者,吾其死矣乎?"于是病良已,痛惩勿饮。治古文,颇有所撰述。是时,予方有意古学,家与君家近,时时过从,论古文。君移书规之,以为孟某、扬雄、庄、屈之徒生于今日,亦必从功。令为时艺,不矫激以违俗也。予深韪其言。

岁己亥,举于乡。明年会试,报罢,乃稍稍复饮。无何,竟死。予《感旧诗》云:"少小文章便绝伦,醒时未若醉时真。盖棺本是寻常事,但愿生生作酒人。"

孙璘,字公执,号淡于,长洲人。少工制义,褚肇磻自比包尔庚,而淡于好徐思旷,已而弃去,专力为诗,从李耘圃前辈游。性高介,善奕棋,称第二手,时时与朋好觞咏为乐。酒酣,以往诙谐谩语,无不谈。尝游扬州,作《探梅诗》,有"一声瘦鹤月初上,十里蹇驴风正寒"之句,人称为"孙瘦鹤"。其所与游,若尤文叔、彭秋士辈,皆一时名宿。秋士尝序其诗。予《感旧》云:"孤怀落落有谁知,策杖寻山更赋诗。身世看来同敝蹻,年光都付一枰棋。"予之为诗,实淡于启其端也。

孙世楷,字维翰,湖州人也,生于苏州。父潮,生九子,皆早惠,以次死。维翰居长,独不死。憪隐家巷,泊如也。父以磨豆为业,而维翰好读书,喜吟咏,授徒里中以自给。乾隆四十四年春三月,喀血死,年二十有九。死月余,父亦死。其母载其丧归,葬于南浔之野。其家遂绝也。尝为《秋萤诗》,其词云:"临风怯上露台流,雨积苔垣焰未收。多半著人因不热,故教零落到清秋。"人谓是夭亡之兆云。维翰居荸溪之红板桥,颜其室曰"半巢"。尝有志于圣贤之学,事亲孝。与人交,油然可亲。平居焚香宴坐,小学一编,穆然雅对。予因孙淡于识之。《感旧诗》云:"扫地焚香挂一瓢,半生踪迹侣渔樵。而今好句无人识,肠断昔年红板桥。"惜其遗稿散佚不存矣。

彭绩,字其凝,更字秋士,长洲人。贻令先生之后也。性孤介寡谐,爱吟诗。妻死,不再娶。寄居文星书院,以书史自娱。其诗掐擢心肾,自为一家。族子允初志其墓云:"落其实,固季次、原宪之流;撷其英,亦元结、孟郊之匹。"盖实录也。允初名绍升,号二林,大司马芝庭先生之季子也。年十八,举乾隆丁丑科进士,益励于学,以古文名。已而好佛氏书，屏居文星阁，著《居士传》若干卷，长斋诵经，妻罕见其面。性好善，有经世志，然终已不出。年五十，卒于文星阁。予《感旧诗·秋士》云："萍浮数载漫咨嗟，坐拥群书伴岁华。留得好诗当儿子，孤山处士本无家。"《二林》云："闭门常似在家僧，白业精修了葛藤。一片热肠翻出世，天教居士续传灯。"《秋士诗》，二林刻之。《二林文集》及《观河测海》二集，皆二林所自定。

彭绍益，字葆元，号西村；彭绍复，字仲兴，号墨苔，兄弟行也，皆好为诗。而葆元尤喜画山水。仲兴无妻子，时寓居僧舍，习静为乐。葆元有子希瑀，字佩玉，亦能诗，先死。二人皆率性任真，与天为徒者也。未几，相继死。时有见葆元于杭州西湖者，问之其家，则死矣。于是人皆谓为仙去。予《感旧诗》云："一与孙郎访馆斋，十年交契淡高怀。平生爱写青山影，骨向青山何处埋。"盖予之识葆元，与维翰访之也。

汪缙，字大绅，号爱庐，又号家南，吴县岁贡生。治儒佛书，辩才无碍，与长洲薛家三、彭允初及瑞金罗台山相友善。遗书往复，谈道不倦。家三称为狂士，台山称为妙人。所著有《二录》《三录》及《诗文录》若干卷。允初刻其《三录》行于世。予《感旧》云："胸中渊妙断思维，吐气成云语自奇。《三录》孤行经世业，人间若个是真知。"

予《感旧》至程在仁而为之三叹焉，其诗云："才气堂堂迥出群，读书万卷志凌云。老天欲就龙川业，富贵功名定属君。"在仁名心质，常熟徐市人也。幼禀异资，好读先秦诸子及历代史书。初从长洲陆佩鸣先生读书智林书塾，陆先生引之入郡城，从汪大绅先生游。先生赏其志趣，时与论古人述作之旨，在仁辄领解。为文章磊落有奇气，尝著《学则》一篇，论为学之要，其辞曰："昔者圣王之立教也，明阴阳以著其本，明变化以著其用，明礼义以著其守，明五伦以著其极,定简策以著其则,皎然坦然,学者油然蒸然,后世教失其传,有志之士竞逞其才辩,执己见以相持,闻者震其名,汩其言,于是学者纷纷焉以争为事矣。呜呼!立教之旨果如是乎哉?信如是,糟粕之也固宜,毁弃之也固宜,而圣人顾如此其勤也,其资争端而然者欤?意者,其以诚身者之必由,于是乎无亦欲人之穷理尽奥以应无方也。盖尝论之,经传者,圣人之恻隐发于言者也;史策者,人世之明鉴也;诸子者,士之所窥微以益己者也。无经传则造化不能以成尊,百姓之情如河决堤溃,奔流而不可抵止;无史策则人世何以知劝勉,何以知戒惧;无诸子则不知圣教之何以得而尊经,切于事情而归诸根本。然则经史者,固并行而不悖者也。读之之道,贵达其本,贵识其旨。达其本,实效乃获;识其旨,是非乃别。无执己意,无溺成说,惟是书是旨,恍忽怳疑,若有真会。继之以不息,镇之以凝静。久而诚至,智慧日开。推此道也,亘古今、彻上下,顺逆之相生,祸福之相因,得失之间隙,善恶之源流,靡所不达矣。且时有古今,而人性无古今也;形迹有内外,而道则无内外也。是故,书策陈迹也,而非所以迹也。然非因其迹而迹其所以迹,则亦何自而迹其所以迹矣。经生往往为经所困,炫智矜术,为智所窒,此其罪不在所读之书,而在其所以读矣。何以辨之?间一说即溺之,往而不返者,虽圣人不能以启发;间一言即信之好之而善用之者,察者不劳而有功。故执者语敬畏则必至于束缚其身而灭其生机,语旷达则必至于卑圣侮贤,幻妄天地而无所忌惮;语仁恕则必至于上下无辨而极于侮慢;语术数则必至于残贼不仁,诡秘百出而终身自囚;语古则必诵古以绳今;语时则必沉俗而非古。甚者书帙未污,辨论已盈。矜其一勺,轻量四海,此之谓书策自网。故有志者如终身系累而不得自由,无志则戚焉而走矣。此无他,信古太淫,自用太专也。通达者不然,无所不入,无所不出,固守其门而志无二适。天下共尊之者,吾亦尊之而不敢缪附为同也;天下共非之者,吾不敢非而必窥其隐旨也。其钦信折服者,心实信之,而非缪为恭敬也;其脱略简忽者,性实阻之,而不敢轻议往哲也;其论正而道乖者,吾亦烛之,而不可以疑似惑也。其志真而言恣,或激于时、急于功,而限于才、习于问者,吾亦有以取其善、避其驳,而不以言摇也。古之所以胜今者,今之可以并古者,吾皆有以见其确,而不可以声泪也。用心不深,其间不入,所取不广,其知不固。是故彻上彻下,往古来今,举动自如,不可控遏,屈伸变化不一,其形而不可踪也。为学之则,则于此矣。不然,所谓是非得失,皆人也。诵其言,象其貌,岂不斐然可观。而至于契会之间,不其阔焉梗焉者乎?是犹截人之足以益己之足,不行也。"其言汪洋奇恣,独抒心得,类如此。常思握尺寸之柄,自奋于功名,故其学虽泛滥而要于实用。"家甚贫,耿介自守,年三十七,死于长洲吴赞皇氏。赞皇及故人醵财为治敛,且恤其家焉。在仁之从汪先生读书也,尝手钞《管子》书,先生不许,扑责之,泪涔涔下,钞不辍。今其书具存余家。

吴三锡,字师中,号秋村。少从郑迁谷廷旸学书,遂以书名。尤工小楷,购藏汉唐碑版及名人遗迹甚夥,予时至其家观览焉。师中既善书,求书者麕集。性好客,座上尝满。有前代钱叔宝、王伯谷之遗风。帅中没,而风流顿尽,所藏亦化为云烟矣。时又有吴锡畏者,字介祉,号荣香,亦能书,工篆刻。其所藏与师中埒。其死也,秋士为文以祭之。

毛怀,字士清,号意香。工书,善谈谑。彭秋士、吴师中辈皆善之。其书不下于师中,尤工题跋。其谈谑,往往使人解颐,盖妙于语言者也。

马大民,一名和,字少知。年少好学,嗜汉人碑刻。居承天寺旁曰甘节里,因自号甘节子。尝得汉镜一枚,手拓其文以贻予。铭凡二十一字,其文曰:"上方作竟真大好,上有仙人不知老,渴饮玉泉饥食枣。"予因作歌诗一篇与之。未几夭殁,遗文缺然无所表见。予以诗吊之曰:"马君年少最风流,汉碣秦碑尽意收。今日重过甘节里,夕阳无语向人愁。"

归鉴,字容照,一字知来,号涑园。其先昆山人,明嘉靖间,有名恬者迁郡城,遂为郡人焉。知来好读儒先书,求高子遗书弗得,径往梁溪访之。尝欲为其六世从祖震川先生立祠郡城,经营未就而死。又尝移居顾氏之息园。园有池,名之曰"迁溪"。今其园为钱氏所居,重加修治。春日,游人杂遝,遂为名园矣。予于是有感,为之诗曰:"茗碗清谈味最真,读书矩矱忆先民。而今园树依然在,谁识迁溪旧主人。"

何学韩,字其武,号哦松,元和诸生也。沉静善读书,尤好学《易》,精思《易》理,至得心疾。家人藏其书,不得见,乃少已。年三十九赴省试,卒于金陵。张屺,字承吉,号古香,吴县学生。为诗宗江西派,好苦吟。无何,卒于家。予《感旧诗·哦松》云:"韦编奥义费深思,想见庖牺画卦时。谁道白门秋色好,只今风月为君悲。"《古香》云:"骚人哀怨本无端,大雅应知欲继难。犹记昔年谈笑处,绿云满屋树团团。"

陈纯,字艺纯,号贞白,好古文,偶为诗辄工。嘉庆初,为山东滋阳令,有惠政。以亏帑被逮,士民酿金偿之,一日而集,得无事。后署惠民,补福山,以事罢官,未得归而卒,年七十余矣。

林衍潮,字孟韩,号太霞,长洲诸生也。嘉庆元年,予识其弟仲蹇,时孟韩病已剧。明年春,得其所为诗曰《碧海集》者,读而善之,造其庐而定交焉。孟韩为人敦品节,重伦理。文学唐人而尤并力为诗,兼工书法,病中以翰墨自娱。力疾校定其父煜奇先生遗集若干卷,藏于家,汲汲乎恐不克终其志也。将卒,自为联语云:"文字一十卷,春秋廿六年。"时其子奕构方三岁,仲骞教育之。越二十余年,奕构举道光辛巳乡试,以文行称,年三十有一而死。两世不寿若一辙,然其文皆足以寿世,惜无有人刻而行之者。予《感旧》云:"良药无缘暂驻颜,知君归去杂仙班。文章皎洁同秋月,留得清光照世间。"

徐华,字椅才,号雪亭,明工部侍郎念阳之六世孙也。工诗,好饮酒,背如橐驼,隆然伏行。为人落魄不羁,意气颇自壮。与邵贯之辈为忘形交,把酒论文无虚日。尝以诗受知于刘石庵学使,然终不得一遇以死。予《感旧》云:"纵酒狂歌老更穷,年年辽海哭秋风。飘零剩有诗千首,摘句犹堪付画工。"

吴天瑞,字士英。世居吴江之梅堰,祖翡瑞始居郡城,以医名于时。父聚章为贾,士英与其兄慧存皆为贾。士英善鉴别法书、名画及古器物,致累千金。然好读书,少时慕神仙术,妻亡,不再娶,时寄居僧舍,静坐养心,于平旦时若有所得焉。与其兄友爱无间,兄多家累,凡可以分兄忧者,毕力为之。后乃屏弃人事,居城东之善庆庵。每日早起诵金经及西方佛号,随僧众茹蔬食。又好读四子书,尝曰:"圣人之学,以正心诚意为先,入手工夫在乎致知,然为之苦无把握。诵佛号者,亦欲断除妄念,求此心之诚而已。盖天下有形之物必有尽,惟用功于无形者,为至大而不可穷。佛氏之所空者,妄念耳。妄念空而性真见,即人欲尽而天理纯也。"其所论说,类如此。士英性慈仁,见人急难若身受之。与人交,温温如也;燕居,钦钦如也;遇事剖析事理,言所当言,侃侃如也。常言事须恰好乃得,所谓恰好者,无过、不及之谓也。又言人无不可格者,顾吾自处何如耳。故虽狙侩小人,皆信之而不敢欺。年六十六,卒于善庆庵。

沈涵,本名春涵,字洽漾,号此山。居娄江之野,有竹数百竿,书数千卷,名其斋曰"竹让",日吟啸其间。性沉静,持高节,语言风厉,与朋友谈,终日忘倦。尝谓"人之初,念未有不善者,动乎天也。一转念而人欲参之,失其天矣。亦有始念不善,转念而善者,未尽汩其天者也。"晚学出世法,访名僧,寻古迹,萧然高寄,不可亲疏。卒年五十二,诗不多作,作辄工,亦能画。

　　陆墅,字奕山,号散夫,长洲人。性耿介有守,好读书,事亲以色养。家虽贫,甘旨之奉无少缺。尝一至京师,无所合,归而设肆售古物,且教授里中儿。好吟诗,不肯留其稿,以为未工也。僧杲堂者,有鉴裁,慎许可,独敬重散夫。散夫尝为《案头三咏》,其《盆竹》云:"儋石家可无,数竿居必要。移竹就盆盎,竹小尤娟妙。青葱具体微,已惬予心好。书几疏泠泠,风吹尘不到。"《枯黄杨》云:"一本枯黄杨,卓立不满尺。瘦蛟舞之而,拿空盘研席。坚贞岁月深,至死历几厄。遇我勤摩挲,时时发光泽。"《石蒲》云:"卷石具坑坎,蒲草根其中。一瓯水清浅,涵此青蒙茸。望之若蓬岛,我欲寻仙踪。服食以引年,消摇而御风。"杲堂和之云:"蕞尔盆中物,纤尘莫可干。萧疏饶有致,瘦弱不成竿。杞菊曾同圃,冰霜耐岁寒。主人尚风节,青眼日相看。"又云:"不复拟参天,何愁值闰年。耻为匠氏用,肯受俗人怜。臃肿形虽陋,支离德乃全。荣枯两无著,毕竟伴癯禅。"又云:"蒙茸青可爱,何日别溪山。虽在尘嚣里,仍依水石间。不为娱老眼,亦可返童颜。窃笑庐敖辈,迢迢觅大还。"又和云:"托根老瓦盆,幽趣在尘表。满室清风生,岂复有烦恼。春晖掩映时,风神愈觉好。朝夕勤滋培,应不畏枯槁。昔如读书客,三年一遭厄。今如学佛人,枯禅侣顽石。既免斧斤忧,岂畏沧桑易。卓然四无倚,萧闲度晨夕。五岳只一卷,四海只一掬。具在盆盎中,玩之豁心目。更有九节蒲,青青满岩谷。食久羽翼生,其功逾杞菊。"予与戴药坪,延年皆和之。散夫又用前韵赠予三人,杲堂云:"老禅解禅缚,樗散置元要。往往弄狡狯,幻出昙华妙。结习未全删,三咏敦凤好。秋深足佳句,每喜僧雏到。"赠予云:"腹能容五车,身不满七尺。文学世其家,风骚归此席。诗亨心太平,自然忘困厄。朅来莲社游,酷似陶彭泽。"药坪云:"清绝戴处士,宜置岩壑中。比年混尘市,两鬓霜蒙茸。所学无端倪,步趋安可踪。高馆隔一溪,我常坐春风。"散夫又作《盆山》三首,其一云:"萧然牖户何幽佳,窈窕数峰座右排。栖静未能入岩穴,为山聊复开胸怀。颠米见之必生妒,髯苏来此可与偕。安居胜览有如是,欲投竹杖抛芒鞋。"其二云:"险莫险乎夔峡间,乐莫乐兮三神山。吁嗟畏途讵可问,缥缈仙岛无缘攀。何如咫尺盆盎石,亦复瑰奇苍翠斑。造物小大其致一,试看几席浮烟鬟。"其三云:"天寒矮屋如古揪,潜身屋底常低头。赖此突兀王神气,直将磊砢为朋俦。宣州几卷秀且皦,郁林片甲廉而幽。鄙人硁硁守贞介,被褐读书何所求。"嘉庆丙寅,予将游新安,散夫送予云:"孤花馨草泽,幽禽啭林梢。诗人动天机,驾言游以遨。襆被将理楫,直渡钱唐潮。吾闻佳山水,恨不生羽毛。尻轮与神马,窃愿为前茅。耳目日日新,花柳村村娇。沿洄入富春,高歌狎渔樵。桐庐鉴须眉,云海吟松涛。子行我何堪,朵颐送兰桡。肯早寄新什,亦足快老饕。"戊辰,予在粤中,散夫寄予诗有"旧交禅老新凋丧,说与君知又涕涟"之句。是时,散夫居母丧,杲堂亦示寂,故云。是年秋,予从粤中归,越二年而散夫死。散夫鳏居无子,予《感旧》云:"板桥流水带柴荆,有母臧羊弟与兄。一自皋鱼身去后,南园风月为谁清。"盖散夫有兄,亦无妻,而散夫先卒也。

曹允泰,字履开,号研香,苏之葑门人也。家贫,以教授自给。持斋修净业,好吟诗。声光黯然,惟彭进士绍升颇知之。中岁,有故人为庐阳教官者,故尝游庐阳。晚年贫甚,依海会宗公,课小沙弥。年七十有九而卒。平生于宗教甚深,修净业甚笃。时于睡梦中持佛号,声琅然出户外。所为诗多迦陵音,故又号半禅子。尝著

《唯心》《灵云》二赋，言其自得之旨。予尝游海会，见之古殿旁，年七十有八矣，犹能书蝇头细字，目力炯然。及卒，宗公收其遗稿四百余篇以示贝君既勤，贝君录而藏之。今其稿在善庆庵。

陈鹤，字鹤龄，一字馥初，号稽亭，长洲人。嘉庆丙辰进士，官工部虞衡司。善经义，能古文，尝辑《明季资治通鉴》，未成而卒。予《感旧》云："归来寂寞子云居，怀抱温温自蔼如。枘凿宦途甘退屏，此心未了只残书。"

龚沦，字掌衡，号易檠，乾隆丙午举人。初名纶，报捷时误书沦，曰："吾其沉沦矣夫。"遂因而不改。其学无所不窥，尤明天官，嗜宗教。所著有《述古说》，阮芸台尚书刻入《畴人传》中。卒年六十一。予《感旧》云："瞥见昙华艳满空，多生慧业本圆通。年来悟彻无生旨，指点乾坤手掌中。"

吴翊凤，字伊仲，号枚庵，长洲诸生也。先世新安人，高祖卢迁于苏，遂著籍焉。曾祖应魁，祖昌德，父坤，皆有隐德。母沈氏，继母陶氏。伊仲性好书，手钞书积数千百卷，多藏书家所罕觏者。故善画，自写借书图以见意。中岁游两湖，历主湖抚姜公、督学吴公、方伯陈公所在长洲，尝主浏阳之南台书院，操行洁白，不可干以私。老而归里，橐中装惟书籍数千卷而已。伊仲为人外和内介，事亲孝，与人交有终始。友人林蕃钟为娄县教谕，病笃，以书招伊仲，伊仲疾驰三百里赴之。及卒，为经纪其丧。其笃于友谊如此。于学无所不窥，而尤长于诗，自汉魏唐宋金元人诗，皆手自选定。吴祭酒梅村诗集，向无笺注；黎城靳氏集览，详略失宜，伊仲考订五十余年，援据史传为之注，识者善之。伊仲既长于诗，凡生平所历匡庐、岳麓、洞庭、潇湘诸胜地，与夫交游离合之迹、登临凭吊之怀，悉于诗发之，故其游览诸作为尤工。归里后，乐与人谈诗，议论终日忘倦。四方人士归者，趾相错也。于时继母陶年且百岁，伊仲亦已及耄，白头侍奉，人咸异之。伊仲貌温粹，平生无疾言遽色，左目以哭父失明，卒年七十有八。吴中诗派自沈文悫后，习尚不一，伊仲力持雅正，风会为之一变。所著有《与稽斋丛稿》若干卷，杂著二十余种，凡若干卷，藏于家。

王玉桂，字子阳，号东桥，明刑部侍郎元珠公心一之六世孙也。元珠公子蕃有六子，其季名云，字又龙，号雅儒，子阳之高祖也。生有异禀，读书一过即成诵，手录《九经义疏》《性理通鉴》等书，靡不赅贯群经。纠结处人或不能举其辞，辄应口诵无讹。尤善诗、古文、词，旁及周髀、浑天、医理、书法、绘事，虽专家弗能过也。补吴县博士弟子员，家已中落，授田庐不及诸兄十二三，坦然以教授养其亲。貌白皙，鼻准隆然，衷怀坦白，接人以和，所与游，用文章节行相砥砺，有所疑，尺书往复，求其至当而止。康熙丁亥，河南副使毛公裕以宾师礼招先生，先生往不数月，病作，卒于邳州舟次，年四十。著有《兰雪诗稿》二卷。

子二，长稷，次愈。愈初名谷，字济民，后易名愈，子阳之曾祖也。生七岁而孤，越明年，母顾氏亦卒，家贫，习微业。一日，发祖父遗书，瞿然曰："奈何当吾世而堕其家声乎！"投业大恸，不复理，读书砥行，思自奋。姊婿顾公勖为黄梅县佐，多藏书，因游其署，览读不倦，于录忠孝节烈事以为帅法。性纯孝，举扬亲善如不及。自以幼，长兄嫂先人所遗，悉让不取。兄亡，为诸子量能授业，或有忿争，涕泣自责，闻者感愧而止。女兄二，先后鬻膳田嫁之，励清节，安贫苦。少工绘事，不肯游豪贵门。晚年困益甚，或以讽曰："穷通命也，岂有仰人鼻息而能为生活计者。"乾隆乙亥大饥，忍寒饿，终不闻于人。得升米，作粥以食家人，而己忍饿如故。会故人有以循例纳粟事属之者，清厘出纳，毫发不苟，人益重之。然虽处贫而好济人急。有何妪者，挈稚子依其婿以居，而长子盗质其家饰首金，

疑为妪使也,怒逐妪。妪窘,哭于途,给之钱,令赎金还婿,母子复
依婿如故。又有吴姓夫妇赁居邻右,困乏不能自存,舍之外舍而以
其屋食之,当为负贩资。寒夜五鼓起,就食厂麋,亲为启闭。已而
夫妇皆病疫,复为之调治汤药,卒全其生。卒年五十有五。

子二,长元吉,长洲增广生,次履祥,早卒。元吉初名履谦,
字启祥,号掬爽,子阳祖也。幼有成人度,晨兴赴塾,门未启,拱
立以俟,无怠容。年未冠,遭父丧,贫甚,学几废。有汪丽川者罢
官归,招之其家读书,因事其弟元忠,讲授经义,补长洲县学生。
为人乐易,无城府,接人和,无少长咸得其欢心。尤推服好古慕
道之士,人有一善,即仆御亦不轻视。独于贪冒无厌、放利而行
者,避之若浼。性狷介,虽故人显达,亦不乐见之。一室萧然,不
蔽风雨,晏如也。妻亡,不再娶。春秋佳日,好游林泉胜地以自畅。
适岁时,与族人卮酒为欢,酣嬉不厌。囊无一钱储,人不见其忧
愠色。卒年五十有一。

子一,即子阳之父也。名滋睕,字种之,长洲县学生。其世居
在陆墓镇之广慧桥,门外有古槐一株,盖枯而复生者。种之见树有
创,以土窒之,创合而槐益茂,因自号补槐。其为人古方有节概,善
称说前世事,故其学有祖父风。子阳承累世文学之传,颖敏嗜书,
弱冠,补博士弟子员,益读书治古文,骎骎日上矣。道光辛巳恩科,
赴省试,疾作,自金陵归,未至家百里,卒于毗陵舟次,年二十有七。
所著诗文稿若干卷,《述雅》若干卷,藏于家。子阳有弟熊鹏,携往
馆斋课之。熊鹏夭殁,子阳悼之以文,悱恻动人,可想见其友爱之
情也。与人交,和而挚。其学无所不窥,虽禄命、占筮之术,亦旁及
焉。种之命修族谱,未成。种之乃自为之,未几,种之亦卒。

蔡云,字立青,原名维靖,字安叔,号铁耕,元和县学生。负文
名四十余年,又工诗,汪家南先生亟称之。嘉庆二年冬,予与张云

迁及安叔游查山,同宿六浮阁。六浮阁者,明李长蘅所名,欲建未果,而张氏成之者也。明日读《檀园集》,望六浮,止得其五,云迁曰:"吾知之矣,其一浮者,殆檀园自谓,如欧阳六一之意乎?"安叔曰:"山以查名,盖取浮查之意,或即指此山,以为亦一浮耳。"越日,为长句以示予,其词曰:"查山之阳六浮阁,五松旧主创营作。命名实始李长蘅,传播词坛今胜昨。点点青螺浸具区,近多亏蔽远糊糢。七十二峰俱我有,取之不尽何其迁。当窗展读檀园稿,十千未办标题早。定然夜宿山人家,便缚茅亭亦草草。六浮不解意云何,五浮迭见于诗歌。岂其涉笔失检点,继此遂以讹成讹。主人大笑吾知矣,正同六一欧阳子。浪游踪迹等飘萍,一浮或即檀园是。予谓一主延五宾,意者指山不指人。查山得名良有据,如查浮在湖之滨。小长芦记绵津叙,遄喜释山尤觌缕。为长为白及为茅,如笠又如箭与苫。亟呼土人细问之,其右五浮若列眉。首锐末歧乃非两,箭苫合一毋庸疑。诗翁触境偶会意,旧额大书真好事。纷纷著屐有谁传,便是才人十无二。即今少长六人游,相看各叹浮生浮。安知阁名不为我辈设,但愿此诗此阁俱长留。"安叔晚年失子,遂托于酒,抑郁以终。

李福,字备之,号子仙,嘉庆癸酉举人,吴县人也。工书善诗,其书以韵胜,诗和平雅止,其《咏桂》有"未开先有信,已落尚闻香"之句,所著有《隆礼堂集》。

贝濙,字广安,号五泉,吴县人也。祖绍溥,字载南,号慕庭,以商旅起家。好读书,构别业于璜山之阳,名曰"澹园"。尝谓诸子:"凡人创建基业,岂特为子孙计耶?邻里乡党、朋友亲戚,皆不容歧视也。"岁暮怀金,独行委巷门,遇冻馁及无以卒岁者,周恤之。患伪药之害人也,赎而焚之,费不下万金。广安为人不慕荣利,好静而嗜书,奉母居于澹园,读书之暇,与山中人搜访奇胜,往往乘月而归。年未三十，卒于澹园。予尝至其处，竹树萧疏，亭台荒落，慨然有怀，而吊之以诗曰："竹树萧萧满一园，斜阳影里悄无言。故人当日读书处，开遍梅花只闭门。"时嘉庆丙子岁也。

杜厚，字载焉，号拙斋。为人沉静寡言笑，而深于情。平生不治他技，专攻汉隶书。汉氏诸碑，临写无虚日。所居小楼题曰"借月"，贮书籍书画于其中。性好客，嗜画。客至，则瀹茗清谈，终日忘倦。暇辄为人作隶。吴中好事者，往往家有其书，而善画者亦乐赠以画。尝乞诸画家画菊，人绘一帧，联为大卷，名曰"菊隐"，故又称菊隐先生。晚年遭骨肉之变，又得软脚病，年五十六遽卒。载焉卒，鲜有能继其风者矣。

顾崧，字岳生，号鬶庭。家贫，力学，通竺典，工画花鸟虫鱼，率意落笔，皆有生动趣。又善写真。祖母富氏以节孝著，岳生写其遗容，端严温厚，神致如生。尝欲为所善友人绘一真，名之曰"金兰"，谱而未就。为人孜孜好善，喜以良药施人。隐于市，人皆敬信之。嘉庆十八年，为其祖母请旌建坊，以成父志。道光元年七月卒，知交莫不痛悼，盖不独惜其艺，亦重其人也。时又有王有仁淇园、谈友仁闻补、朱康莼桥，皆善写真，与岳生善。

此册仅就所识者记之，罣漏之讥，寡闻之诮，俱不能免，后有作者推而广之，或可备志乘之择也。醉经居士自记。

长洲顾丈醉经，予二十年前识之亡友王子阳坐间，不数语别去。自后不相知闻。今蒋君霞竹传示此书，读之，淳朴古淡，如见其人。并子阳姓名亦在简中，怀旧之思，曷可已乎？

道光丁酉秋九月之朔，常熟赵允怀跋。

琴川志注草

◎〔清〕陈揆 撰

点校说明

《琴川志注草》十二卷,清陈揆撰。陈揆(1780—1825),字子准,常熟人,道光时诸生。家有稽瑞楼,藏书甚富,尤备于地志。编有《虞邑遗文录》。为人不工文辞,又无子嗣,乃毕平生精力而为此书。常熟志书以琴川命名者创始于南宋庆元间孙应时《琴川志》,增益于元至正间卢镇《重修琴川志》,加饰于明宣德间张洪《琴川新志》。此书专为孙应时志作注,体例一依孙《志》,凡 12 卷,分为 10 门:叙县、叙官、叙山、叙水、叙赋、叙兵、叙人、叙产、叙祠、叙文。目录之前有孙源湘撰《琴川志注续志序》文,卷一各门之前有"叙"4 则,分别是鲍廉、胡淳各一则,邱岳二则。注释博采诸史及地理、职官、政事及名人文集、说部、释道诸书乃至金石墓志,注释时间在道光中。注释方法是以句为纲,将有关资料一一条系于下。所引书名,均皆注出,凡编者自己意见,均加"按"字。注文或补原志所缺,或详原志所略,或正原文讹误。此书征引明确,资料丰富。常熟置县,旧以为始于隋,此书引《元和郡县志》定为南朝梁大同六年(540)。卷 8《叙人·人物·王万》条,凡注 8 则,引《宋史》《世本》《浦阳人物记》《江湖后集》等诸多典籍,共注 1800 余字。各门之中,以《叙赋》《叙祠》《叙人》《叙文》为详,尤以《人物》为最。不足之处,一是有时一一胪列异说,编者却不置可否,读之令人茫然不知所从;二是《叙产》过略,仅寥寥几则。

　　本次点校以常熟图书馆藏恬裕斋抄本为底本，参校 1983 年江苏苏州古旧书店抄本（简称国图本）、《江苏历代方志全书》本。底本上的眉批则作为页下注出现。

琴川志注续志序

同里　孙源湘　撰

　　吾邑《琴川志》创始于庆元，增益于嘉定，加饰于淳祐，逮元至正时，知州卢镇重修刻之。其续志则无传。明宣德时，张洪撰《新志》，但称重修宋志而不及续志，龚立本疑其笔削《卢志》并明兴次第增入。然《张志》，弘治、嘉靖间，桑瑜、邓钹纂修时，皆见之。今元代人材事实寥寥，岂亡诸与？抑续未竟与？

　　陈君揆博学嗜古，尤留心是书，博采诸史及地理、职官、政事之书，下逮名人文集、说部、艺录、释道诸家，凡关涉是书者，以每句为纲，一一条系于下，舛者正之，阙者补之，而宋志之眉目灿然无留匿矣。其元代事绩[1]，则采诸元史，泛及诸书，佐以金石，别为十卷。又补录一卷，附于宋志之后，仍曰《续志》，补逸也。君储蓄富、搜采勤，且专力于一书，故征引明确。如于常熟置县之始，引《元和郡县志》"梁大同六年置"。陆澄《吴地记》，诸史艺文志所无，以著始于齐之讹。常熟之名，虽《隋书》始见，然《隋志》本称《五代志》，且于前朝割置郡县俱略，可以释始于隋之疑。引《方舆纪要》宋时以梅里、白茆、崔浦、福山浦、黄泗浦为常熟五浦，以著五浦注江。若琴弦之说，引江阴宋志旧图，以著志载陶城、利城之误。于

1　国图本作"时续"，《江苏历代方志全书》本作"事迹"。

《叙水》，详载赵霖开三十六浦之说，及郏氏书以著水利。于《叙赋》，称汉置盐官自吴创屯田，有灌溉而盐潮渐减，以著地利之变。于《叙兵》，详注邑中兵事之见于诸史者，又备载冯湛请立许浦寨领军始末，以著海防之要，皆确有关系，非泛侈宏富者。至于《叙官》，赵善括下载其《应斋杂著》中上监司札子，得孝子三人，皆他书所未见者，则阐幽之功尤巨。续志人物虽半采桑、邓两志，而搜微剔隐，又得二十余人。君于此书用力可谓勤矣，用心可谓挚矣。善乎张洪之言曰：文章无损益于人者，不作可也；作而有益、不作为阙典者，则不可不作。生长琴川而琴川之所由以名，与夫县之沿革，前代经界、水利、兵赋、人物之旧，茫如云雾可乎哉！得君而四百四十年之书，淆者辨、晦者章、阙者备，所谓不可不作者，此也。

　　然予重有感焉，自雍正九年《昭文县志》作后，邑志之阙久矣。《常昭合志》虽作而书不行。陈君，吾邑之文献也，惜无贤有司能礼而聘之者，而今亡矣。然是书则犹邑乘之嚆矢也，予故亟为之序，以授其孤文耀，俾登诸梓，岂独为君之传后计哉。

琴川志注草目录

琴川志注草

里人　陈揆　编

叙

龙泉鲍君廉

《宋史》曰：德祐元年二月甲子，元兵至。临江军知军鲍廉死之。五月，诏赠直华文阁，官其一子。

胡君淳

卢熊《苏州府志》曰：顾斋，邑人胡淳所居，在胡埭，章康撰铭。又曰：章康，字季思，安贫乐道，隐居吴城西，尝问学于朱子。著有《雪崖集》。淳祐六年卒。郡人胡淳从康游，岁时致醴醪、薪米。及卒，又代其二子书世出内圹中。淳字以初。按：宝祐四年，郡守赵与筹举乡饮礼，以进士胡淳为宾，年八十九。

邱岳叙

此叙明初墨迹尚存。吴讷《思庵集》有跋云：岳中嘉定丁丑进士，历官沿江帅幕。端平乙未，差知真州，来访宗族，因寓吾邑。淳祐庚戌，任两淮制帅，召权工部尚书。时相郑清之忌之，因力请祠,得提举万寿宫。幅巾藜杖,徜徉于琴水虞山间。越五年,宝祐甲寅,县令鲍廉修邑志,请为之叙。是年,蒙古兵至庐和,起为沿江制使。明年乙卯六月,卒于建康治所,有遗文三十卷,佚不传。讷生也后,每欲求访乡里前言往行,致景仰之私。然文献散逸,无可征者。以东海文辞之富,而仅有片纸之存,安得不重慨耶!

续　志

按《续志》无传,今采诸书、石刻补缀元代事迹附此编,仍以《续志》题之。

叙　县

太康四年,始建为海虞县。

见《宋书·州郡志》。陆广微《吴地记》曰:汉建安二年置。

咸康七年,分海虞,置南沙县,属晋陵郡。

《宋书》曰:本吴郡司盐都尉署。吴时名沙中,吴平,立暨阳县割属之。咸康七年,罢盐署,立以为南沙县。《昭文志》曰:据此,则南沙为县,非自海虞分矣。《通典》曰:汉吴县司盐都尉署,晋立南沙县。

今昆山县一百三十里,常熟故城是也。

见《旧唐书》及《寰宇记》。按:二书并云昆山县东,《新府志》曰:"东"字误也。《玉峰志》曰:城高一丈,厚四尺,周回二百二十步。唐武德七年,移治海虞乡,城遂不存。

《记》乃齐永明间陆澄所作。

按:陆澄《吴地记》,诸史艺文志所无,恐前人引用之误。

梁因之。

《元和郡县志》曰：梁大同六年置常熟县。按《陈书》：梁太清中，岑之敬为南沙令。又袁宪选尚南沙公主，亦在大同后。盖常熟分置，南沙自存。

隋平陈，郡废，县属吴州，并所领海阳、前京、信义、海虞、兴国、南沙入焉。

按《隋志》，常熟旧曰南沙，平陈，废，并所领六县入焉。据此，则常熟之名，当起于隋。然梁、陈之间，此地更移至多。《陈书》：永定二年，割吴郡、前京等三县，置海宁郡。《隋志》俱阙。海虞县见《齐书》，属晋陵郡，旧址无考。《方舆纪要》云：在县北，即东海侨郡之地。盖意度之。《陈书》曰：蔡景历，仕梁为海阳令，政有能名。

按《梁书》：梁初，分娄县，置信义郡。大同初，复分信义，置昆山县。

愚按：《梁书》无此文。《寰宇记》曰：梁天监六年，分娄县，置信义县。大同初，又分置昆山县。《卢熊府志》云：信义郡，天监六年置。《玉峰志》又云：大同初，郡废。皆意度之。又按：信义郡，梁属南徐州。陈后主至德元年，立子祗为信义王。又到仲举子郁尚信义长公主。太建中，蔡凝选尚信义公主。并见《陈书》。

前志有信义坊，又旧琴川，桥亦名信义，必有其故。

按：古郡县同名者，其治所不必同。邑中桥坊之名，疑是信义郡治，故《隋志》以此郡废置，系之常熟也。

武德七年，移于海虞城。

见《元和郡县志》。《吴地记》云：贞观七年改常熟县。误。

若县所以名之义，则未有考。

《卢志》云：按李华《常州厅壁记》及《元和常熟塘碑》，皆以其地丰穰，故名。愚按：《李记》云隋置常熟县，创常州，理之无何。

常熟隶苏州,始为晋陵置常州。又云:居楚越之襟束、居三吴之高爽,其地恒穰,故有嘉称。《元和郡县志》曰:隋平陈,于常熟县置常州,因县为名。

或曰五浦注江,亦若琴弦。

按宋人诗所称五弦,当以此或谓琴川。初称前五弦,后人益以后二水为七弦者,未详何据。

或又云取言游琴歌[1]之意。

见《吴郡志》。任昉《述异记》曰:梧桐园,夫差旧园也。一名琴川。

县　境

县在郡东北百有五里。

《吴地记》曰:在郡北一百里。

县　城

今县东三十里有陶城、间城、郭城、利城,皆有遗址。而陶城尤大,与莫城等。

按黄傅《江阴志》引宋《江阴志》与此悉同。又载江阴旧图,其东有陶城,而利城亦在江阴。此志误也。

前志云:县城周回二百四十步,高一丈,厚四尺。

《卢志》曰:出《祥符图经》。按:此即《玉峰志》所载常熟故城也。"四十",《卢志》作"二十",与《玉峰志》同。

金凤城　在县西北四十里。

《方舆纪要》曰:福山,唐天宝中改名金凤。天祐初,吴越于此

---

1 《琴川志》作"弦歌"。

筑城戍守,控扼江道,亦谓之金凤城。按:顾氏所纪,据金凤之名道里形势,无弗合者,但系之天祐,仍属无征耳!

鹕城[1]　在县东南。

《桑瑜县志》曰:在县东北,有鹕城港。《虞乡杂记》曰:当作"鴞",音额,鸡鹕也。

扈城

有扈城里,见乡都。

朗城

有朗城村。

县东四十里又有莫城。按《寰宇记》:汉莫宠所筑。

愚按:《寰宇记》所云在江阴县,即古既阳[2]城也。据江阴言故为县东。

《舆地志》云:晋元帝以海虞县北境之土山立利城,以处流民。

《舆地纪胜》引此文,又云:宋元嘉八年,迁利城于武进之利浦。《宋书·州郡志》曰:晋元帝初,割吴郡海虞县之北境为东海郡,立郯、朐、利城三县。永和中,郡移出京口、郯等三县,亦寄治于京。

按:东晋时,东海为国,元帝以子冲奉东海王越,后报裴妃之德。事见《晋书》。《晋书·地理志》所叙东海侨置郡县,多舛误,今不具列。

又按:利城故址在江阴。《邓韨县志》载支遁《利城山居诗》,未详所在。今亦略之。

门

西曰秋报　由岳庙、虞山、小山、葛墅。

1　《琴川志》作"鴞城"。
2　《江苏历代方志全书》本作"暨阳"。

《暌车志》曰：淳熙庚子辛丑岁，平江比年大旱，常熟县虞山北葛[1]市村有农夫姓过，种田六十亩，岁常丰熟，过觊例免秋赋，亦伪以旱伤闻官，果得免输，自以得计。明年壬寅夏，飞蝗骤至，首集过田，禾稼皆尽，而邻比接壤之田，蝗过不食。又有二农家，不得其姓，畎亩东西相接，东家淳朴守分，西则狡猾暴狠。淳朴之家常苦之。是年蝗至，尽集西家之田，而不入东家[2]。西农怪之，夜以布囊贮蝗移置东田。有报，东家农弗之较，但祝曰："果有神明，蝗当自去。"明日，蝗复飞集西家，东家无伤[3]焉。

东北曰介福

周虎二郎庙记[4]作拱辰。

坊

聚星坊　以钱邱富诸寓公皆居此，故名。

按：邑中土著登科自钱氏始，则非寓公矣。钱观复墓志云：于吴越钱氏为疏属，赐田在常熟之李墓，因家焉，后徙居邑中。

紫微坊　以崔紫微居此，故名。

林大同《咏紫微坊》诗云"御题二字旌门间"，盖传闻之词。

庙　学

县学，在县东南二百步。

《卢志》曰：前临运河。《姑苏志》曰：河东西俱通潮，朝夕会于学门。

1　国图本此处有"之"字。

2　国图本作"不入东界"，《江苏历代方志全书》本作"不食东界"。

3　国图本作"无复"。

4　眉批：二郎庙记改清源庙碑。

后所存四斋,曰尚志、尚德、尚贤、尚友[1]。

《卢志》曰:后存崇德、时习、尚志、正己、朋来、育英六斋,又改四斋曰尚志、尚德、尚贤、尚友。

两庑绘从祀

《邓志》曰:旧有宣圣十哲像,淳古渊厚,备肖德容。盖宋名工所为。

仍曰明伦

吴讷《尊经阁记》曰:讷蚤游邑庠,睹明伦堂扁,左刻新安朱熹书,右刻稽阴王爚立。

曰象贤　即小学也,专以教育言氏子孙。

今邑人称言子祠为小学,盖因此。

增益[2]学粮至千斛

《吴郡金石志》曰:《平江府增置常熟县学新田记》,孙沂撰,章巽亨正书并记,额上刻军府使帖。绍定六年七月。此碑在明伦堂壁间,俟拓本补入。

训导课程,秩然有序。

《桑志》曰:林松洲福之,长乐人,宋时混补省魁,任常熟儒学教官,遂占籍焉。按:县设主学,创于宋末,见《玉峰续志》。万俟绍之寓邑中,有《呈印主学》诗。

学之庶事,于是毕举。

《桑志》曰:射圃在县治西。正统中,赵永言记云:自宋有之。《卢志》曰:知常熟县王公爚生祠存县学。淳祐三年,赵师简记。

1　《琴川志》作"尚文"。

2　《琴川志》作"增置"。

社　坛

《钱陆灿县志》引此条,误作范成大《琴川志》,新府志因以《范志》列《艺文》,又载潜说友《琴川志》,俱所未闻。

公　廨

按县治图,县厅后有平易堂、夷白堂,又西北有俱欢堂。此志俱不载。

亭　楼

孙应时《烛湖集》有《誓清亭》诗,未详所在。

极目亭

按《桑志》云:米芾书扁。以年代计之,盖摹刻耳。

桥　梁

琴川桥　旧名信义。淳熙十年冬[1],曾棠重建,改今名。有曹纬记,俗呼跨塘桥。

《卢志》曰:《祥符图经》常熟有信义坊、信义桥。《桑志》:宋吉州左司理参军曹纬记曰:琴川去京畿八驿而近,境大壤平,舟车走集,东吴之望邑也。东吴泽国,千泾万渎,悠然逝,隤然止,而皆潴于三江、浮于震泽,萦带而下,至琴川,分为五浦,而后入于海。其经络于阛阓之间,旁注而侧出者,乃其一也。旧有桥曰跨塘,凡迎肃朝廷之命令,接劳四方之宾客,摩肩总辔,憧憧于逵路者,莫不由斯。岁篝绵稔,雨隳潦毁,来往患之。邑人欲更为石梁久矣。上之人狱讼是务,踖武悕视,莫肯一屑意。淳熙癸卯,

---

1 《琴川志》作"令"。

邑大夫曾公为政之明年也，岁物丰成，闾里康阜，缙绅父老，合词以请，公曰："众之所欲，苟惮勤劳，是委民寄于草莽也。其可乎？然役巨费夥，非号召能集，要当以身先。"乃出公帑之余为之倡。于是，远近士民靡不咸劝，协议毕力，克伸傫工。故材不赋而羡，工不发而多，曾不逾时，讫凑成绩。公谓是桥之新也，玉虹蜿蜒，直县数百步，实西南取道之首，一境阡陌之会，名其可以不称？乃以邑之地名之曰琴川。自公改斸，苍珉结址，盘固¹而高广有加也。登焉引览，则千里在睫。晨霏夕霭，春秾秋瘠，征帆歘见，飞鸟明灭，瑰奇万态，间见层出，骚人高士，过之心景，宜会则停骖啸傲，躩步微吟，江山之乐，自适于意之表，虽簪缨之风台月榭、释仙之纡岩缭壑，兼得之也。真所谓处喧嚣而接遐旷者欤！何向晦而今显，自非公之精识逸韵，其能经营裁画之如是耶！且桥梁兴废，先贤以是观人之政，岂细事哉！子产以乘舆济人于溱洧，而孟子讥其惠而不知为政。公成梁于暇日，民无褰裳濡轨之患，过子产远甚。济川之功，兆于此矣。公天资纯粹，以文学世其家，于书无所不窥，施于有政，则应机立断，钩隐察伏，洞见精密，而归于忠厚。凡民五过丽刑缿筒²投词有至于庭者，涉笔批解而人无不得其情。不以吏追民，不以政为吏，施设见于日用者，先定其规模而后从事，庭庑肃如也。至若通漕渠而贾舰得以贸迁，浚福山、白茆二浦，溉荒芜为膏腴，兴学校而子弟知为善之可乐，若是³者，未易一二而详。大凡天下胜处，非人莫传。滁山之林泉，以醉翁亭而传；西湖之景物，以苏公堤而传。此桥以公之善政，遂为一方之超观，将振耀而传无穷也。邑人求文以识其事。

---

1 国图本作"盘古"。

2 缿筒，古代官府接受告密文书的器具。

3 国图本作"若事"。

公之治绩,赫赫不可掩,何待骫骳之词? 盖人之向慕倾戴而不足者,非刻之金石,无以垂不泯而慰邑人之拳拳也。故为之书。

迎恩桥

《桑志》曰:宋建中靖国元年建。按:杨仪《重建桥铭》云:乾元宫道士李则正以木石杂为之。

文学桥

《桑志》曰:宋庆历五年,录事夏秀建。

通济桥

《常昭志稿》:宋吴润《新修通济桥记》曰:《春秋左氏传》曰:凡启塞以时。启谓门户桥道,塞谓城郭墙堑。言不可一日向阙,随坏时修之耳。文十有二日,作新桥书时也。国博马公宰是邑更二岁,政既成矣,凡公宇亭榭悉已完缉,惟□务之北有桥在焉,以其小而坏□□□坏瓮舟楫击互□□则必有葺□□一日邑之大姓陆文盛□于□□□庭下,曰欲捐缗以新之,请其可。公欣然为谓曰:顾兹桥行往且隘,雨水降则水决而不达,此耕者之□也。日则轴轳相亚,此涉者之病也。□南高广厥制,便具二者,利之博也。□□□退费缗五千万□工耳。为□其工,不日而就。桥□下汤汤□□流,则令耕者获灌溉之利,涉者□滞之□名曰通济,不亦宜乎! 斯之搏由公化之也。今年仲夏,公任满去,□□□期斯邑人民登,则□□公之为政,因书片石以纪之。犹□有甘棠之兆。时皇祐三年三月望日记。

显星桥

《桑志》曰:庆元三年,令孙应时建。

镇桥

《桑志》曰:庆元二年,令孙应时建。

焦家桥

《桑志》曰：宋马万一秀，扶风人，为韩世忠参谋，徙居县之焦家桥，卒葬石墩，在县东九里。

鱼行桥

《桑志》曰：在县西南，宋宝庆四年，令王文雍建。

营　寨

开江营　钱氏置都水营田使以主水事，募卒为都，号曰撩浅。

范仲淹《奏议》曰：询访高年，曩时两浙未归朝廷，苏州有营田军四都，共七八千人，专为田事，导河筑堤以减水患。自皇朝一统，不复修举，江南圩田、浙西河塘，大半隳废。撩浅，郏氏《水利书》作撩清。其注曰：开河之卒而名之曰撩清者，堤防常存而逐年撩治之谓，若今之河清然。

疏瀹积潦[1]，民受其赐云。

详水利注。《卢志》曰：嘉祐四年，招置苏州开江兵士，立吴江、常熟、昆山城下四指挥，每指挥二百人。宣和二年，赵霖兴修水利，而指挥添置共二千人，每指挥五百人。

绍兴初，犹有老弱居之。后徙入州。

《宋史》曰：乾道初，平江守臣[2]沈度、两浙漕臣陈弥作言：疏浚白茆等十浦，约用二百万余工，所开港浦并通彻大海，遇潮则海内细沙随泛以入，潮退则泥沙仍坠，渐致淤塞。今依旧招致开江兵卒，次第开浚，诸浦可以渐通彻。又用兵卒驾船，遇潮退落，摇荡随之，使泥沙不致停积，为久利。从之。

自丁卯至今五十年。

仍《庆元志》文。

1　国图本作"积淹"。

2　国图本作"守城"。

许浦水军寨

祝穆《方舆胜览》曰：许浦乃海道，风寒之冲，大军屯于此。详见《叙兵》及《海道》。

议臣或请稍分屯顾泾。

亦仍旧志文。

未如定海依山立寨，正瞰深海，为天设之要地也。

《宋史全文》曰：淳熙十九年九月，黄洽等奏许浦水军统制胡世安近到都下，备言许浦一军本在明州定海，后因移驻许浦。是时港道水深，可以泊船，后来潮沙淤塞，遂移战船泊在顾泾，人船相去近二百里，偶有缓急，如何相就？合依旧移归定海。上曰：当时自是不合移，屯乡等且熟议？

镇

庆安镇　本石闼市，旧有石门。

赵霖《水利策》曰：今于三十六浦中寻究得古曾置闸者，惟庆安、福山两闸尚存，余皆废弃[1]。《桑志》曰：元丰间改为镇。

常熟镇　在县东

当作南。唐末，钱氏据吴越，有常熟镇使。

市

甘草市　旧志云甘树市。

张寅《太仓志》曰：又名甘林。按：树字宋讳。

1　国图本作"废去"。

冈

按,《吴郡志》：常熟有三冈。

《中吴纪闻》曰:《旧图经》在吴县界,今次第数之,三冈属常熟。元《水利集》,潘应武言：自圌山、福山而下,有二百八十余里沙冈身。朱长文《续图经》曰：沿海之地,冈阜相属,天所以限苍溟而全吴人也 [1]。俗谓之冈身。

酒坊

原塾

未详。

梅里

《宋史全文》曰：淳祐十二年二月,废江湾梅里等五酒库。以都司言帅 [2] 司为饷军创五库,官吏并缘渔猎故也。

尚墅

耿氏《水利书》有坊浜。

1　国图本"也"作"亦"字,属下。
2　原作"师",据《宋史》改。

琴川志注草

里人　陈揆 编

叙　县

县　界

塔后西起坊前。

即酒税务,在坊桥。

邱监丞宅

《北硐集》有《邱监丞入新宅》诗,注云"慧日东住"。

乡　都

旧十二乡。

《吴地记》曰:唐常熟县管乡二十四。

并为九乡。

明万历中,耿令橘《水利全书》曰:旧五十都,今割隶太仓五都,为四十五都。第考之县册,或一都分至八区,或数都俱无,计都之存者三十四,为八十五区。按:耿氏书,在城二区,在乡八十三区,每区有图,其方隅次第,与此略同。而村落之名,并省离合,无可考矣。今据耿氏图,参之近志,询访土人,用相征验,而宋以前庵院、古迹,志所未载者,并附著之。

第一都　小山

《吴郡志》有小山浦。

第二都　塘头

有户部酒坊。《姑苏志》曰:四道明王庵,在塘头市。乾道二年,僧中玉林建。

第三都　道林

耿图有道林河。

沙堰

耿图有沙堰河,有闸。

五林

有马军司酒坊。

第四都　黄屯

耿图有黄屯河。

马市

耿图有马市河。姚宗仪《县志》云:有宋相马亮墓[1]。

石塘

耿图有石塘,通陈塘。

宗母宅

《姚志》曰:有宗丞相墓。

西石靖

耿图有石靖河。

第五都　支市

《姚志》曰:有支市河。

1　眉批云:钱达道《鹿苑闲谈》云"为宋丞相司马公亮故居"。

晏村

《姚志》曰：有晏林庵。《姑苏志》曰：晏林庵，绍兴六年，僧杰文翁建。

第六都　童庄

耿图有童庄浜。

第七都　蒋祁

《林大同集》：蒋祁里通河阳大塘，白龙母居处之地。

塘宅

今有塘宅桥。

林庄

今有林庄桥。

第八都　河阳坊前

户部酒坊。《叙赋》有河阳坊酒库田。

至塘

耿图有至塘。

水北

耿图有水北塘，通至塘。

第十二都　沙港

耿图有乌沙港。

涸江

按：此志乡村图有涸渎港，注大江。庆历中，令范琪浚金泾、鹤渎二浦。

界泾

乡村图有界泾，与江阴界通[1]。

1　据《江苏历代方志全书》补。

第十三都　新庄

《卢志》有新庄墩。

陈陆园

《桑志》曰：鹿园，相传吴王豢鹿之所。后陈起宗筑读书台，陆绾作待潮馆于此，又名陈陆园。

杨澳村

《卢志》有洋坳墩。

第十四都　奚浦桥

《姑苏志》曰：奚浦庵，绍定二年，僧名坚建。

第十五都　李埭

耿图有李埭塘，通奚浦。

第十六都　景市

耿图有景墅塘。

潘祁

耿图有潘祁庙。

第十七都　西杨桥

郏氏书有西杨浦。

芦浦

《桑志》有芦浦，北通大江。

陶山

《姚志》曰：寿山与福山相连，又名陶山。

西山

按：乡村图，常熟山之西有塔山、西山，《叙山》俱未载。

第十九都　黄莺村

赵霖书有黄莺漕。

中沙

耿图有中沙塘。有法解废寺,见《叙祠》。

第二十都　马畅

《桑志》有马畅塘。

坞沟 [1]

郏氏书有坞沟浦。

第二十一都　陶舍

耿图有陶沙泾。

第二十二都　花社

耿图有花艳泾。

陆庄

《姑苏志》曰:慈义庵在陆庄,政和二年,僧澄渊建。

第二十五都　黄庄

《桑志》有黄庄浜。

宫琏

《桑志》有弓连泾。

瞿舍

《桑志》有瞿舍泾。

第二十六都　笋村

耿图有笋村塘。

第二十七都　杨塘

《桑志》曰:杨塘桥,端平间建。

真门

《桑志》有珍门泾。叶万《金石录》有《季氏都夫人墓志》云:长庆元年,葬于常熟东州五里,村曰珍门。详见遗集。

1　《琴川志》作“邬沟”。

长亳

陆友《研北杂志》曰：常熟梅里之南长箔村有陈氏子，于田中得墓砖，称"唐贞元十四年葬季象先妻姚氏，名丽华，字碧玉。"而志字从金从志。

沈塔

《桑志》有沈塔泾。

均村

《姚志》：均墩村真武庙，乾道间建。案：宋人讳墩字。

徐凤坊前

本府酒坊。《支溪小志》曰：今李墓塘口东岳庙，旧额为徐凤岳祠。

寺泾

智林寺旧址。见《叙祠》。

第二十八都　东西李墓

祝允明《前闻记》曰，成化中，李墓人治地得唐顾府君墓砖云：太和三年，葬于黄茅旧茔。详遗集中。《桑志》曰，宋免解进士钱言忠墓碑云：于吴越王为疏属，先世有赐田常熟之李墓者，因家焉。按：言忠观复之孙，侯之子也。又按，庆元中，孙令求子游祠，记于《朱子书》云：福州新节推钱君居此邑村落间。今之官观其人，颇有识趣，且良吏也。此钱氏，未详其人。

第二十九都　罗浊

《姚志》云：俗呼罗池湾。

逆上

耿图有溢上塘。

白荡桥

绍兴中，相度开决梅李塘，至白荡桥。

贺衫桥

姚氏云：当作贺胜。《桑志》曰：贺胜桥在第二十九都，东接许浦。绍兴间，金人入寇，李宝战胜，献捷于此，因建桥以纪功。

第三十都　朱堰

《桑志》有朱堰塘。

第三十一都　金泾

庆历中，令范琪浚金泾浦。

白艾

耿图有白艾塘。

第三十二都　沙营

郏氏书有沙营浦。《桑志》曰：沙营庵，端平间建。

西桑林

《桑志》曰：西桑林报亲庵，雍熙二年，僧本宗建。《龚志》曰：有东西二庵，一名桑伦。

第三十三都　六河

有本府酒坊。

下六河

郏氏书有下六河浦。

第三十四都　黄泾

《叙祠》作横泾。

撑脚浦

郏氏书作铛脚浦。

下钱泾

《桑志》有大钱泾、小钱泾。

第三十五都　澹湖

郏氏书有澹湖浦，当作涩。《姑苏志》曰：涩湖庵，端平二年，僧德诠建。

第三十六都　东严舍

《太仓志》有严舍浜。《桑志》曰：严舍桥，端平间建。此严舍在西近支塘。

泊庄

《太仓志》有薄庄泾。

第三十七都　涂菘

有本府酒坊。《睽车志》曰：常熟县东百余里，地名涂菘。有姓陆人业屠，隆兴初，縶一牛，始下刃，牛极力索绝，负刃而逃，陆追之数里，相及，牛反顾，以角触陆，腹穿肠溃，立死。

第三十八都　漕湖

耿图有漕湖。

芦荻

耿图有芦苈塘。

八赤

耿图有八尺浜。

第三十九都　眉泾桥

《桑志》有眉泾，西通横沥塘。

第四十都　直塘

《太仓志》曰：有香花桥在广安寺前。绍兴中，僧了悟建。《夷坚志》曰：平江常熟县之东南，地名直塘，去城百里余，富民张三八翁用机械起家，其长子以乾道元年先亡，有盐商从鄂州来，见村人家牛生白犊，胁间隐起十四字曰"苏州直塘广安寺前张三八郎之子"，以告翁，翁悲怆不释，因商复西，托持钱三千万，并买犊母归，善饲之。后八年，翁死，次子曰五三，将仕，不以父兄为戒，尤稔恶黩货，见利辄取。淳熙元年，一客立约籴米五百斛，价已定，又欲斗增二十钱,客不可,遂没其定议之值。客抑郁不得伸,但举手加额告天而已。时五月十三日,天清无云,午后大风忽从西北起,阴霾蔽空,雨雹倾注,风声吼怒,甚于雷霆。张氏仓廪帑库所贮钱米万计,扫荡无一存,所居大屋揭去数里外,合抱之木尽拔,典质金帛在柜,随风宛转于半空,不知所届。常所用斗大小各不同,凡十有三等,悉列门外,若明以告人者。将仕,惊怖之际,一木堕于旁,折其臂。相近项氏亦失台衣千缗。是日黄昏,县中风雷继作,王氏失钱八千缗,杜氏失千缗。人闻钱飞空有声,已而散落于地上及军营者甚多。

瞿泾

《桑志》有瞿泾塘。

斗门

郏亶《水利书》曰:贯横沥而东西流者,多谓之门,若坝门、堰门、斗门之类。按:郏氏所条坝身以东,东西之塘有斗门及双凤塘、直塘、支塘、李墓塘,皆在县界。《支溪小志》曰:盐铁塘西岸有坝门泾,古之遗迹也。《桑志》云:江门桥,淳祐间建。

支塘

隆兴中,相度开决白茆浦,自黄沙港至支塘桥。

坊前

户部酒坊。

河舍

今贺舍。

赤沙 [1]

《桑志》有赤沙塘。

---

1 《琴川志》"赤沙"条列"河舍"条之前。

第四十二都　马庄

耿图有马庄浜。

罗磨

龚立本《县志》曰：有茅丞相墓。

市宅

郏氏《水利书》曰：常熟之市宅、碧宅、五衢、练塘，皆积水不耕之区也。耿图有市泽潭。

马泾

有马泾湖。《姑苏志》曰：报慈院[1]在马泾。嘉泰二年，僧思恩建。

第四十三都　莫城

有马军司酒坊。

洋澳

《姑苏志》曰：忠义庵在洋澳。嘉熙间，僧象祖建。耿图有洋浩泾。

舍泽

《姑苏志》曰：崇福庵在舍泽。嘉熙二年，僧守义建。

黄泾

今有八字桥。案：《桑志》为释子石桥、兴信桥，又相近有赍宝桥，俱淳熙间建。

朗城

《姑苏志》曰：法华庵在朗城，咸淳元年，僧海宁建。

毕宅[2]

郏氏书作碧宅。

1　眉批：报慈改广福。嘉泰间，僧守信改。

2　《琴川志》作"毕泽"。

第四十四都　五衢[1]

《桑志》曰：普门院在五衢村，咸淳二年，僧真辨建。

吕舍

《姑苏志》曰：广福庵在吕舍，开庆元年，僧智皎建。

第四十五都　大步

耿图有大步浜。

第四十六都　藕荡

有大岸，宣和中，赵霖所筑。

柴泾

《龚志》有柴丞相墓。

戈市

《姑苏志》曰：戈墅庵，咸淳二年，僧文表建。

第四十七都　练塘市

《桑志》曰：张公桥，宝庆间建，今在练塘。

第四十八都　陈埭

今有陈埭桥。按：乡村每以埭名，亦古者堰水之迹。

东顾庄

《姑苏志》曰：善济庵在东顾庄，淳熙间，僧泰嵩建。

蔡姑

耿图有蔡姑浜。

钱舍

耿图有钱舍泾。

陶舍

耿图有陶舍浜。

---

1 《琴川志》作“五瞿”。

吴塔

郏氏书有吴塔泾。

界程

郏氏书有界泾。

第四十九都　前周

今有前周庵。

东祈[1]

土人云:有东祈村地名。按:邑中村落多以祁[2]名者,今所未晓。

宛山

《咸淳毗陵志》曰:无锡县境,东至常熟县宛山。又曰:濠湖在无锡县东南,中与常熟分派。

---

1 《琴川志》作"东祁"。

2 国图本作"祈",《江苏历代方志全书》本作"祁"。

琴川志注草

里人　陈揆 编

叙　官

太康为县置宰以来

《唐书·宰相世系表》：陆瑁之孙濯为海虞县令，当在晋阳。

戴仲若[1]

按，《宋书》：戴公以兄疾，医药不给，告时求为海虞令。事垂行而兄卒，乃止。是未之官也。毛晋云：戴前有江康之。按：康之，江淹之父，为南沙令。见《南史》。计其时，当仕于宋，在戴氏后。

何子平

《宋书》曰：孝武平乱，除奉朝请，不就。末除吴郡海虞令。县禄唯以养母一身，而妻子不犯一毫。人或疑其俭薄。子平曰：希禄本在养亲，不在为己。问者惭而退。母丧去官，哀毁逾礼[2]。毛氏曰：何后有鲍照。按：虞炎《鲍照集序》云：孝武初除海虞令，则非何后也。又按：此后县令，齐有公上延孙，梁有荀仲举、岑之敬。延孙事别见。《北齐书》曰：荀仲举，字士高，工于诗咏，仕梁为南沙令。《陈书》曰：岑之敬，字思礼，太清元年，表请试吏，除南沙令。

1　《琴川志》作"戴颙"。

2　眉批：《艺文类聚》引宗躬《孝子传》云："何子平母丧，年将六十，有孺子之慕。"

侯景之乱,之敬率所部赴援京师,至郡境,闻台城陷,乃与众辞决,归乡里。

李暎、周思辑之外无闻焉。

按:唐代县令尚有郭思谟、张承休、梁幼睦、刘太真、颜颛、袁中孚、高元度、郭仁寓。孙翌郭思谟墓志[1]曰:思谟,太原平阳人,以孝子征,历佐三邑,迁常熟令,所居必化,所在见思。开元九年正月,终于官舍。《张说集》曰:张承休,吴郡人,由扬州司录参军移苏州常熟令,历政有能名。《权德舆集》曰:梁幼睦,常熟县令。裴度《刘太真碑》曰:太真,字仲适,金陵人,浙西观察使李栖筠闻其名,表为常熟令。到官不逾岁,一邑自化。未几,以艰归。颜真卿《家庙碑》曰:颛仁友清白,常熟令,封金乡男。《卢志》曰:颜颛,鲁公兄子,其后遂为吴人。《宝刻类编》曰:京兆咸宜公主碑,兴元元年立,苏州常熟县令袁中孚书。《山左金石志》曰:汉孔庙碑有大中元年,前行苏州常熟令、上柱国、蒋县男、食邑三百户、赐绯鱼袋高元度题名。郭仁寓,子仪之孙。见《宰相世系表》。

县　令

李暎　见《新开常熟塘碑》。

按:《卢志》以暎为长洲令。据碑文,卢氏是也。所称摄令吴县主簿李仲芳为常熟令。

周思辑　见《破山龙堂记》。

又咸通十五年。见《高僧传》。

太平兴国三年,钱氏纳土。

沈括《长兴集》曰:许氏其先仕为常熟令,家于吴曰延祚,其

1　据《琴川三志补记》,该墓志铭的全称是《唐故苏州常熟县令孝子太原郭府君墓志铭》。

孙曰式。按《桑志》：以延祚为朱梁时令。又以式为县人。俱无所据。

李璨

《宋史·李昉传》曰：晋侍中李崧者[1]，与昉同宗。汉末被诛。淳化中，崧子璨自常熟县令赴调，昉为讼其父冤，诏授璨著作佐郎。

王世昌

《卢志》曰：字次仲，许州人。端拱初进士，知盐官县，改常熟转运使。张式以治状奏，充秀州判官。

胡顺之

《宋史》曰：字孝先，原州临泾人，由青州从事改著作佐郎，知常熟县，迁秘书丞，分司南京。

杨文敏　胡霜[2] 有《送行诗》。

按：《胡宿集》有《送杨中允宰常熟》诗，《吴郡志》亦同。霜字偶误。《吴郡志》又载《黄鉴送李殿省赴任常熟》诗云："吴山紫翠倚晴空，潘令风流向此中。雨饱公田方稼穑，春生香径杂葩红。彩舻衔尾凌波驶，赪鲤骈头荐俎丰。玉季情深重暌索，南云延脰极飞鸿。注云：即都尉元昆。此诗余书未见，不审李之名也。

晁宗恪

《卢志》曰：字世恭，以世父迥恩补将作监簿，知常熟县，修学校，理沟防，人赖其利。按《卢志》又载：晁宗恪，字孝先，其籍贯、历职与《宋史·胡顺之传》悉同。当属误记。

范琪

《吴郡志》曰：字世希，文正公之从兄，知常熟县，浚金泾、鹤渎二浦，溉田千顷，为公家利。

1　眉批：按《张方平集》：李氏自崧之后为陈留著姓，璨有节行，不趋荣利，故仕不及显。

2　陈揆所见《琴川志》版本或误"宿"为"霜"。

刘拯

《宋史》曰：字彦修，宣州南陵人。知常熟县，有善政，县人称之。按：拯以著作佐郎到任。见《长编》，元丰二年。

林会

王恽《秋涧集·林氏家传》曰：会字贯通，以通直郎知常熟县。两浙频年大水，引溉浦口湮阏无虑三十余所，累政漫不加省。会按行故渎，率疏瀹之。民受赐不赀。元祐庚辰，疾终苏州公馆。按：元祐无庚辰，当为庚午。

李光

《中兴两朝纲目》曰：政和间知常熟县时，朱勔势焰薰灼，光绝其请托，械治其使臣之为奸利者。钦宗即位，擢为右司谏。《宋史》曰：朱勔父冲，倚势暴横，光械治其家僮。冲怒，风部使者移令吴江。光不为屈。

宋晦

《名臣奏议》载：李光论朱勔等札子曰：自来专一应副，尝为监司守令，刻剥生民，助其凶焰。前知常熟县宋晦、前浙西提举赵霖等，并乞勾赴所司，一就根勘驱磨。

建炎三年　韩世忠自海道领兵从县赴郡，会张浚勤王之师。

《宋史》曰：苗刘之乱，张浚在平江将起兵，会韩世忠舟帅抵常熟，浚以书招之。《宋史全文》曰：三月癸巳，世忠次常熟，浚闻之喜跃不自持曰："世忠此来，事必办。"即遣使召之。《建炎以来系年要录》曰：世忠在常熟舟中，闻张浚遣人来，被甲持刃，不肯就岸，取浚及统制官张俊[1]所遗书读之，大哭。乃举酒酹地[2]曰："誓不

1　原作"浚"，据《宋史全文》卷十七上改。
2　眉批：《名臣言行别录》作"举酒酹神"。

与此贼俱生。"舟中士卒皆奋。三月丙申,世忠以所部至平江。

四年　兀术犯吴,李阎罗屯兵于县。

《挥麈录》[1]曰:时河内降贼郭仲威领万众自通州至,屯虎丘。宣抚使周望倚为心腹。诸将鲁珏等居城中,李阎罗屯常熟。二月,金兵至平江,仲威宵遁,北出齐门。及金人去,李阎罗、鲁珏、郭仲威等至常熟。

绍兴六年

《系年要录》曰,十二月辛酉诏:以常熟、山阴等为四十大邑,并作堂除。七年八月诏:四十大邑许通除选人,供给依职官例,代还,甄擢如先诏。

三十年

《中兴小纪》曰:给事中王晞亮请将四十大县待选举之士,悉由堂差,吏部更不许注。五月癸未,诏从之。

赵善括

按赵善括有《应斋杂著》,今存。上监司札子曰:某辄有己见上渎台严某,尝闻亲民之官莫如守令,而县令于民尤为最亲。一县之政,如财赋则有才者可以斡旋,如讼狱则仁而明者可以裁决,至驭吏催科则自有条理,戢奸禁暴则自有刑法,皆可以用力于其间,惟是厚风俗一事则难其术。某叨令常熟殆及一考。到官以来,勤劳自效。惟是前数者尽心而已,止以风俗浇漓,未能顿革,日思所以变其故习,使之归厚,则未有以处之,故尝博访邑境,求一为善者,特为之旌赏,以激励风俗,恨未之有比者。境内有李十二者,因父病膈气濒死,李十二遂刲腹取肝,和药饵以进之,其病即愈。又有朱九七、朱四三,皆以母病革,刲股取肉与之服食,而皆获痊安。

1　眉批:按《挥麈录》引钱穆《收复平江记》云云。又曰:李贵俗号李阎罗。

若此三人者,其在是邑前此未闻。某得是事,私自慰喜,以风俗之厚,当自此始。于是即牒县尉,亲往问劳审验之,具得其实,遂照应条格给付钱帛以赏之。阖邑之民耳闻目见者,莫不为感激。然某私意则谓钱帛小惠也,非述其事以闻之于上,则未足以尽激劝之道,辄敢具情节以闻。伏乞台慈特赐详酌敷奏朝廷,略加旌表,以彰其善,上足以副圣天子孝治之效,下足以革四方浇浮之弊,教化行,习俗美,使今日之治,骎骎乎唐虞之治,抑何幸耶!干冒威德,不胜战慄之至。

刘颖

《宋史》曰:字公实,衢州西安人。又曰:淳熙二年,两浙转运判官陈岘言:"昨奉诏遍走平江府、常州、江阴军,谕民并力开浚诸处,并已毕功。始欲官给钱米,岁不下数万。今皆百姓相率效力而成。"诏常熟知县刘颖增一秩,余论赏有差。《卢志》曰:常熟素繁剧,颖降心调理[1],更以治称。王佐荐颖在选人曰,已为刘珙器重。改任常熟,上应公家之求,下抚百姓之隐,政声籍甚。召监进奏院。《孙应时集·上平江郑守简》曰:此邑自今户部侍郎刘公著绩之后,无一令善去者。

陈映

《邓志》曰:常熟令陈公墓在石梅崖下。公,长乐人,有全德于人,卒葬于此。按:邓氏不言时代。《钱志》以下并云映之墓,实无据也。

曾棨

《宋史全文》曰:淳熙十二年正月癸卯,进呈知平江府常熟县曾棨,将版帐赃赏等钱支用及违法科取钱物等事,刑寺看详曾棨所

---

1 《〔洪武〕苏州府志》作"条理"。

犯公罪徒,赃罪流,私罪绞。上曰:"曾棨具状抵罪,可除名勒停。"

孙应时

《会稽续志》曰,应时有诗《谢邑人》云:牛车担负愧高义,岂知薄命非儿宽。《楼钥集》曰:应时宰常熟,吏民欢服,既满,横为郡将所捃摭困厄,两期至,开人使诉,卒无一词。犹被镌降,其母张曰:"但不得罪于公论足矣,穷达非所计也。"《应时集·与王秘监书》曰:受县最剧,随力支,吾幸不得罪于民,而为代者所捃,孤特无与,事或未可知。所恃者,民言众论之无他耳!

钱厚

《北磵集》有《送钱竹岩宰常熟诗》。厚字德载,竹岩其别号也。

惠畴

《卢志》[1]曰:字叔之,江阴人,举进士,知常熟县,劝农以时,美士以学。擢良摘奸,遂以政成。丞相曾鲁公即其所居之阁,榜曰景言,以旌其美。按《宋史》:时史弥远为相,封鲁公,"曾"字误也。《桑志》曰:移县楼建景言阁,砌府塘路。

戴衍

《曾倬县志》有衍祠碑,后人依记。

程在孙

庆元府鄞人,见《黄溍集》。

丞

政和二年复置。

《吴郡志》曰:政和六年,诏赵霖兴修水利,昆山、常熟两县各权暂添差县丞一员。

1　眉批:按《卢志》语本吴泳所撰墓志,志所称鲁公为史弥远,畴即史氏之婿也。志又称:畴淡然无营,历十二官,而仅书常熟令三考。

陆韶

当作陆韶之,见《叙文》。毛本首行补入郭三益。《卢志》[1]曰:三益字慎求,海盐人。元祐三年进士,为常熟县丞、常平使者,调苏、湖、常、秀四州之人浚青龙江,分地程役,而三益所部前期,告办使者留之,俾常熟人僇役以助他邑之不如期者。三益即引所部归[2],使者怒,檄追甚急。三益以为慼[3],其母周曰:"青龙之役连数郡,其分地程役,赋禀食宜,皆以[4]上闻。今吾[5]先毕,何名复役之? 使者傥再思行,悔矣! 虽然汝不可无会,第无以所部往[6]也。"已而使者果檄止之[7],事遂已。

鲁詹

张守《毗陵集》曰:詹字巨山,海盐人,中崇宁五年进士,授天长尉,以劳迁文林郎,移苏州常熟丞。邑事剧,詹摄令谈笑而办,民爱吏戢,豪右慴服。郡人朱勔父子怙宠陵暴,州县吏皆媚承,詹不为屈。

周冲

汪藻《浮溪集》曰:吴兴长城人,承议郎。又孙觌《鸿庆集》曰:赵不同以左奉议郎知常熟县丞,在绍兴初。

胡履泰

慧日寺钟铭列衔右宣议郎。

江绩之

---

1 眉批:《卢志》本程俱《北山小集》。
2 眉批:程集云:三益重留吾人,即引所部归。
3 《〔洪武〕苏州府志》作"戚"。
4 《〔洪武〕苏州府志》作"已"。
5 《〔洪武〕苏州府志》作"我"。
6 《〔洪武〕苏州府志》作"从"。
7 《〔洪武〕苏州府志》作"三益如教,已而使檄上,丞勿来"。

《系年要录》曰：绍兴二十九年六月，右奉议郎知常熟县丞江绩之，监登闻鼓院张孝祥荐之也。

郑穆

《卢志》曰：字应和，汀州长汀人。由濠州定远令改常熟丞，摄县事。有溃兵绝江，由福山闯关，邑人大恐。穆单车抚谕，遂皆革心。或久讼得直，袖白金为谢。穆正色却之。

宗嗣尹

《钱志》曰：忠简公之孙，为常熟丞，遂占籍焉。

蔡兴文

《姚志》曰：蔡氏其先蔡兴文仕宋为司谏，忤时宰，斥常熟丞，遂家焉。按：《姚志·叙氏族》摭拾诸家谱系，未尽可据。

赵公傅

《黄潜集》曰：宋宗室，家于衢州。

赵端

《楼钥集》曰：庆元府勤人，承事郎。

赵必愿

《宋史》曰：字立夫，汝愚之孙。

孙沂

《刘宰集》曰：字彦舆，镇江丹徒人。擢进士第，由仙居尉再转为常熟丞。时长官有狭不恤民事，凡所以下息田里之争，上应台府之令，惟沂是赖。有岁久不决之讼，皆直请于台府，愿以属沂。部使者再委摄邑，皆谢不就。以病丐归。

主　簿

萧存

《文苑英华》载，存墓志云：字成性，大历初，李栖筠领浙西，掇华刈楚,奏授常熟主簿。按:唐时主簿尚有张文禧、贺拀、颜顿。文禧,河清张氏,唐初人。见《宰相世系表》。拀,会稽人。见《杜甫集》。颜真卿《家庙碑》曰:顿,仁纯,常熟主簿,任城男。诸志曰:顿,字仁纯,以碑文考之,盖称其性行耳!

陈廙

按:北宋主簿又有陈宗闵、张牧、陈珏、范扩。宗闵由史官楷书授主簿。见《宋庠集》。张牧,字养正,澶州人,以父勋为三班奉职,不乐武用,自谒为苏州常熟主簿。见《沈括集》。陈珏,偁之子,由常熟簿举熙宁六年进士。见《沙县志》。《卢志》曰:范扩为常熟簿,曾巩举其博学能文,尤通经术,敦重恬静,见于人为,以母老家贫乐仕乡土,堪充馆阁及国子监直讲任使。

赵彦清

按:南宋初,主簿又有王文靖、李拱。文靖,从政郎,绍兴十七年。见慧日寺钟铭。拱,乾道五年进士。见《金坛志》。《龚志》又载,詹仪之荐其弟儆之札子称[1]:儆之尝为常熟簿,在淳熙以前,而其辞不类,似出依托。

赵彦侯

《刘克庄集》曰:字简叔,宗室,居于闽,有《东岩诗集》。

尉

张旭

见《唐史·李白传》。

《幽间鼓吹》曰:旭释褐为常熟尉,上后旬日[2],有老父过状判

---

1 眉批:札子称儆之初任常熟簿,诸司交荐,授吉之永丰令,当在淳熙以前。下二句删。

2 国图本作"上有旬日"。

去,不数日复至,乃怒而责曰:"敢以闲事屡扰公门?"老父曰:"某实非论事,但睹少公笔迹奇妙,贵为箧笥之珍耳!"旭异之,因诘其何得爱书,答曰:"先父爱书,兼有著述。"旭取视之曰:"信天下工书者也。"自是,备得笔法之妙,冠于一时。按:此即《新唐史》所本,其语较详,故具载之。又按:唐县尉有李大雅,见《宗室世系表》。李松年,见《宰相世系表》。赵郡,李氏也。

许□□　见欧阳詹送之任序

《詹集·送常熟许少府之任序》曰:始入仕,一有县尉,或中或上或紧,铨衡评才,若地称而命之。至于紧无得幸而处,而紧中之美者,尤难其人。今年孝廉即高阳许君,授常熟尉者,实紧中之美。君十三举明经,十六登第后,三举进士,皆屈于命。去冬,以前明经从常调,荫资贵中之乙,判居等外之甲。既才且地,擢以是官。夏四月,随之官之牒。玉貌青春,芬芳有蓨[1]。望棠阴而秀质,郁兰陔以辞亲。征车辚辚,所往在日。异时九仞,由兹一篑。在邦由家也,不出于忠信。许君常以为己任,夫何恤哉。士之生怀四方之志,轸念于离别,非所以为士也,行乎!

洪彦昇

《宋史》曰:字仲达,饶州乐平人。登第,调常熟尉。奉母之官,既至,前尉欲申期三月以规荐,而中分奉入。彦昇处僧舍,却奉不纳,如约,始交印。按:北宋县尉又有钱访。见《宋祁集》。

赵子溥

此后县尉又有赵师严,右迪功郎,绍兴十七年。见慧日寺钟铭。《卢志》曰:赵善耆,字从之。家于江阴。初调常熟尉,侍郎刘颖、参政张孝伯俱见器重。按:刘、张二公俱以淳熙初莅县,赵尉题名

---

[1] 国图本作"有菁",《江苏历代方志全书》本作"有蓨"。

不应独遗言氏。《新志》引《江阴志》为常熟主簿，当从之。

曾逮

《烛湖集》作"曾揆字舜卿"。

黄应酉

邹孟

赵希燨

元本此下缺。毛刻于黄应酉下补施居仁、赵崇欢二人。邹孟下补赵希燨一人，赵希燨下补陈照、侯璘、余绍祖、赵崇璋、顾显道、俞梦得六人，并据《桑志》添入两赵尉，姓名、年月不甚分别，当有一误。今按，《桑志》尚有六人：邵泰，从事郎，宝庆三年三月；陆铨，承直郎，淳祐五年十一月；周介夫、奚焕、常懋、霍超龙，俱无年月。盖并据《琴川志》原文。《宋史》曰：常懋，字长孺，淳祐七年举进士。调常熟尉，公廉自持，不畏强御，部使者交荐之。调婺州推官。朱珪《名迹录》曰：易斗元，庐陵人，咸淳进士，迪功郎，常熟县尉。宋亡，家于昆山。《卢志》曰：周昺为常熟尉，遂家县之吴塘里。

琴川志注草

里人　陈揆 编

叙　山

虞山　在县西北一里，一名海隅山。

《吴地记》曰：县北二里有海隅山。陆道瞻《吴郡记》曰：海虞县西六里有虞山，有仲雍冢。见《太平御览》。

周回四十六里六十步。

《寰宇记》曰东西十八里。

《越绝书》曰：虞山，巫咸所居。

按，《越绝书》云：巫咸所出。又云：虞故神出奇怪。《史记正义》曰：巫咸及子贤冢皆在苏州常熟县西海虞山上，盖二子本吴人也。

杨谌《昆山郡志》曰：《郡国志》娄县山下有巫咸故宅。按，《越绝书》云：虞山，巫咸所居，常熟非娄县所分，疑《郡国志》误。

蹑山脊而上，至乾元宫。

《桑志》曰：仙人洞在乾元宫后，累石为之，洞口尝圮，出小碑，有"昭明洞天"四篆字。

有拂水岩。

《邓志》曰：三休庵在拂水岩，建自宋时。

有亭临流，曰剑溪。

《林大同集》曰：露台在县西山湾中，志云周虎太尉建台于此。

《邓志》曰：宋高道人居之，又名高道山居。

《括地志》则曰海禺。

见《吴郡志》。

《续志》则曰海巫。

《吴郡志》曰：虞山今为海巫山，即巫咸所出。

《祥符图经》则曰海禺。

《卢志》引作海隅。

有二洞穴。

《舆地纪胜》曰：白龙山在江阴县南，上有白龙洞，相传云旧有一童，行尝入此洞，秉烛三条，并燃三指，因通常熟界。后因一丐者寝卧，遂生一石闸断。今可入丈余耳。《晬车志》曰：昆山慧聚寺山岩中有开山响大师石像，前有二石虎，一夕忽失其一。他日有人见于常熟虞山中。石重，非可仓卒徙置，盖岁久能为怪耳。

有越王勾践庙。

并见《吴地记》。

有石城石门

《桑志》云：并在顶山。

顶山　有齐女峰

《姑苏志》作高女峰。按《袁燮集》，赵伸夫前妻初葬于虞山顶阜，疑即顶山也。

乌目山　《山海经》曰：虞山即乌目山。

今《山海经》无此文。《真诰》曰：淳于斟，字叔显，会稽上虞人，汉桓帝时作徐州县令，灵帝时大将军，辟掾，少好道，明术数，服食胡麻黄精饵后，入吴乌目山中隐居，遇仙人慧车子，授以虹景丹经。陶弘景曰：吴无乌目山，娄及吴兴并有天目山，或即是也。

《卢志》曰，《道经》：陶隐居立功远罪，诀天目山，一名乌目山，在娄县。别有小天目山。按：常熟虞山名乌目峰。

福山　本名覆釜山。

《舆地纪胜》曰：宋齐丘撰《徐温祠堂碑》云：江阴之征，遇越兵于覆釜之丘。或云即江阴青山。

常熟山　在县北三十七里。按：《九域志》《舆地广记》所载常熟山仍谓虞山。

河阳山

《桑志》曰：山有秀峰，下有读书台，唐状元陆器旧址。按：昔人登高第者并称状元。林大同《丛桂坊诗》亦有冷状元之称，此疑即陆绾旧迹而误。《桑志》又曰：宋朝奉郎马恭夫墓在秀峰下，恭夫为太史，避地来，卒葬于此。《桑志》又载：姚嘉言墓，绍兴十九年赵鼎为志，考之史传，时鼎已没矣。其余事迹又无足辨也。

穿山

《吴郡临海记》曰：海虞县穿山下有洞穴，昔有在海中行者，举帆从穴中过。见《御览》。桑悦《太仓志》曰：常疑过帆之事为妄。正统间，近山居民凿池得桅，其稍径尺有二寸，始知为海中山岛无疑，盖沧桑变更，理或有之也。《御览》又载山谦之《南徐州记》曰：南沙县北百里有中州山，昔在海中，去岸七十里。义熙以来，沙涨，遂与岸连。此山今无考。

苑山

《叙县·乡村》作宛山。

灵龟山　亦曰顾山，又曰香山。

《咸淳毗陵志》曰：东顾山一名香山，有寺及子胥庙，又有龙潭。

按：寺居山之北麓，属江阴。《江阴志》曰：旧名顾山庵，宋建炎初建。

乌丘山

《姑苏志》曰：乌邱增福院在乌丘山下，端平三年僧无瑕建。

叙　水

江　防

吴孙权时，西陵举火，达吴郡南沙。

见《吴志》赤乌十二年。

《晋书·载记》石勒传：晋将军遂寇南沙海虞。

按《石勒载记》云：晋将军赵允攻克马头，石堪遣将韩雄救之，至则无及，遂寇南沙海虞。此有脱误。

《晋书·本纪》曰：咸和七年三月，石勒将韩雍寇南沙及海虞。

建炎初，尝分江阴水军戌福山。

《系年要录》曰：建炎三年闰八月，命御营后军统制陈思恭守福山口。《宋史》曰：建炎三年九月，遣韩世忠守圌山、福山。《系年要录》曰：时辅臣请以世忠充两浙、江、淮守御使，自镇江至苏、常界，圌山、福山诸要路悉以隶之。上曰未叵。止令兼圌山足矣。

汪藻集曰：陈兖知通州，宣抚使[1]周望屯姑苏，夹江而军。江北人岁以薪贸江南米，至是宣抚使遮之不得渡，淮人大饥。兖请会籴于福山，通人德之。

绍兴中，吕祉乃请于福山置战舰。

《宋史》曰：绍兴元年六月，邵青犯江阴军之福山，命李进彦

1　原作"宣抚司"，据国图本、《江苏历代方志全书》本改。

等率舟师会刘光世讨之。七月丙午，光世遣将乔仲福击邵青于常熟，为所败。四年十二月，遣胡松平往常熟县、江阴军沿江计议军事。

《系年要录》曰：绍兴四年十二月己丑，命都督府右军统制李贵以所部屯福山镇。五年五月，新知镇江府兼沿江安抚司事刘宁止言：本府控扼大江，为浙西门户，乞拨常州、江阴军及平江之昆山、常熟二县隶属本司，庶防秋之际，长江一带号令归一，可以固守。从之。

未几，敌兵退，竟不施行。

《系年要录》曰：绍兴三十一年十月，金人入寇，时李棒请断吴江桥以拒金。或又欲堑常熟之福山以断其骑军，知平江府洪遵曰："审尔，是弃吴以西耶？"凡堂帖、监司符移[1]，皆收不行。十一月戊寅，诏殿前司差官兵千人往江阴军，马步军司各差五百人往福山，并同民兵防拓江面。十二月己亥朔，知通州崔邦弼闻泰州陷，弃城走，渡江之福山。

淳祐壬寅，敌犯通州，议臣复有福山把隘之请。

《梅磵诗话》曰：淳祐壬寅，通州受围急，守将杜霆弃城遁，火三日不绝。时淮安肇老住常熟县福山一刹，与通州对岸，目击此变，作诗曰：见说通州破，伤心不忍言。隔江三日火，故里几人存。哭透青霄裂，冤吞白昼昏。时逢过来者，愁是梦中魂。肇老，通州人也。《瀛奎律髓》曰：元肇，近世诗僧，印应雷为淮阃，以同里尝招致之。《周神庙牒》曰：淳祐三年，敌犯通州。本县福山正与对境，民情惶惶，官吏祷于神，夜半现形空中，旗帜晃耀。次日，敌寇退走。

1　国图本作"移符"。

海　道

晋刘澄浮海入寇，害南沙尉。

《晋书》曰："咸和五年五月，石勒将刘征寇南沙，都尉许儒遇害，进入海虞。"此作"刘澄"，避宋讳。《晋书》又曰："贼帅刘征浮海抄东南诸县。郗鉴加都督扬州之晋陵吴郡诸军事，率众讨平之。"《建康实录》曰："许儒，字思行，高阳人，幼而立行清素忠烈，有曾闵之性。元帝宅江左，澄洗九流，妙于选举，为司徒参军，出为南沙都尉。县为石勒所寇，遇害。咸和六年二月丙子，追赠高凉太守，谥曰贞侯。"按：南沙尉之见史者，又有戴亮。《晋书》："太康七年十二月己亥，毗陵雷电，南沙司盐都尉戴亮以闻。"郭璞《山海经注》曰："今去临海郡东南二千里，有毛人在大海洲岛上，为人短小，面体尽有毛，如猪，能穴居，无衣服。晋永嘉四年，吴郡司盐都尉戴逢在海边得一船，上有男女四人，状皆如此，言语不通。送诣丞相府，未至，道死，惟有一人在，上赐之妇，生子，出入市井，渐晓人语。自说其所在是毛民也。《大荒经》云'毛民食黍'者是矣。"

李宝尝任招讨之责，领军驻许浦。

《宋史》曰："绍兴三十年九月，以李宝为浙西副总管，提督海船，驻平江。"

从大洋进山东，遂奏胶西之捷。

《宋史》曰："宝将启行，军士争言西北风尚劲，迎之非利。宝下令：'敢有阻大计者斩。'遂发苏州，大洋行三日，风甚恶。宝慷慨顾左右曰：'天以是试李宝耶？宝心如铁石不变矣！'酹酒自誓，风即止。宝至胶西，大破北军。"

时许浦深阔，可藏战舰，比年以来，颇觉淤塞。

周必大《平园续稿》曰："淳熙中,议分屯四明水军于平江之许浦,委赵伯骕相视。伯骕言:'沿浦泥沙胶舟,利屯轻舠,其战舰当泊青龙镇。'诏可。"《袁燮集》曰:"淳熙二年,冯湛除御前副都统制,复领许浦,大修战舰。许浦民俗规利,战舰之旁积芦如山,湛以火患为虞,辟地为场,以时直买芦,减价以鬻之,其入稍厚,而规利者皆怨。又筑场之处,张氏居焉。虽以公田[1]易之,不免他徙,而张氏亦怨。于是谤讟喧然,飞语上闻。湛坐谪居潭州。"

水　利

《南史》曰:梁昭明太子常以户口未实,重于劳扰。吴郡屡以水灾不熟,有上言当漕大渎以泻浙江。中大通二年春,诏遣前交州刺史王奕假节发吴、吴兴、信义三郡人丁就役。太子上疏曰:"伏闻当遣王弈等上东三郡人丁开漕沟渠,导泄震泽,使吴兴一境无复水灾,暂劳永逸,必获后利。未萌难睹,窃有愚怀。所闻吴兴累年失收,人颇流移。吴郡十城,亦不全熟。唯信义去秋有稔,复非恒役之民。即日东境谷稼犹贵,劫盗屡起,在所有司皆不闻奏。今征戍未归,强丁疏少,此虽小举,窃恐难合。吏一呼门,动为人蠹。又出丁之处,远近不一,比得齐集,已妨蚕农。去年称为丰岁,公私未能足食,如复今兹失业,虑恐为弊更深。且草窃多伺候人间虚实,若善人从役,则抄盗弥增。吴兴未受其益,内地已罹其弊,不审可得权停此功,待优实以不?"武帝优诏以喻焉。

钱氏有国时,创开江营,置都水使者以主水事。

郏乔《水利书》曰:闻钱氏循汉唐法,自松江东至于海,又沿海而北至于杨子江,又沿江而西至于江阴界,一河一浦皆有堰闸,

---

[1]　国图本作"公地"。

所以贼水不入，久无患害。余见《营寨》注。

天圣间，漕臣张纶尝至常熟、昆山，各开众浦。

《范文正集》曰：纶请治五渠以泄于海，苏、秀蒙其利。《卢志》曰：天禧间。

景祐间，范文正公亦开浚五河，亲至海浦。

《吴郡图经续记》曰：是时，论者沮之。或曰江水已高，不纳此流；或曰日有潮至，水安得下？或曰沙因潮至，数年复塞；或曰开浚之役，重劳民力。公以为江海善下，故得为百谷王，岂能不下于此？谓"江水已高，不纳此流"者，非也。彼日之潮，有损与盈[1]，三分其利，损居二焉。乘其损而趋之势，孰可御？谓"日有潮至，水安得下"者，非也。新导之河，必设之闸，常时扃[2]之，沙不能塞。每春理其闸外，工减数倍，亦复何患？谓"沙因潮至，数年复塞"者，非也。东南所殖唯稻，大水一至，秋无他望，俾之遵达沟渎，脱百姓于饥殍，佚道使之，虽劳不怨。谓"开浚之役，重劳民力"者，非也。《文正年谱》曰：是岁景祐元年，公与孙明复书云：今在海上部役开决积水，俟寒而罢之。有《题常熟顶山上方院僧居诗》。《桑志》曰：石闸在福山港口，范文正公所置，以防江潮。《新志》曰：今名范公闸，尚存。

政和间，提举官赵霖又开二十余浦。

《吴郡志》曰：政和六年四月，御笔：访闻平江府三十六浦，自古置闸，随潮启闭。岁久埋塞，遂致积年为患。仰庄徽差户曹赵霖具逐浦经久利害，破驿券递马，赴尚书省指说。徽，郡守也。霖相度之说曰：平江逐县地形水势利害，各不相侔，盖浙西六州

1　国图本、《江苏历代方志全书》本作"损与益"。

2　原作"扁"，据《江苏历代方志全书》本改。

之地，平江最为低下，六州之水注入太湖，太湖之水流入松江，接青龙江，东入于海。而平江地势，自南直北，至常熟县之半。自东至昆山县地西南之半，水与太湖、松江水面相平，皆是诸州所聚之水泛滥其中，平江之地虽下于诸州，而濒海之地特高于他处，谓之冈身，冈身之西又与常州地形相等，东西与北三面势若盘盂，积水南入，注乎其中，所以自古沿海环江开凿港浦者，藉此疏导积中之水，由是以观，则开治港浦不可不先也。港浦既已浚，则必讲经久不堙塞之法，今濒海之田，惧咸潮之害，皆作堰坝以隔海潮，里水不得流，外沙日以积，此昆山诸浦堙塞之由也。冈身之民每阙雨则恐里水之减，不给灌溉，悉为堰坝以止流水。临江之民每遇潮至则于浦身开凿小沟，以供己用，亦为堰断以留余潮。此常熟诸浦堙塞之由也。法当置闸，然后可以限水之内外，可以随潮而启闭。浦既已开，闸既已置，而太湖、松江之水与积水为一派，沉没民田者，一遇风作则高浪万顷，愈泄愈来，纵使诸浦泻之，泄之涓涓，来之浩浩，当斯之时，障之不可，疏之不可，为之计者，莫若顺其性而狭其流，乃为上策。所谓上策者，大筑圩岸，高围民田而已。如此则积水日削，众浦日耗矣。大抵三说：一曰开治港浦，二曰置闸启闭，三曰筑圩裹田。三者阙一不可，又各有先后缓急之序。其《开浦篇》曰：高田引以灌溉，低田导以决泄者，浦也。古人大小纵横设为港浦，若经纬然。按图于旧得九十处，或名港浦，或名泾浜，或谓之塘，或谓之漕。以询究古迹，得其为利之大者三十六浦，区为三等：上等工大而利博，在前，所先也；中等工费可减上等三之二；下等间于上、中之间，或自大浦而分枝别派，工料之数又少损焉。其《置闸篇》曰：濒海临江之地，形势高仰，古来港浦尽于地势高处淤淀，若一旦顿议开通，地理遥远，未易施力以拒咸潮。今于三十六浦中寻究，得古曾置闸者才四浦,惟庆安、福山两闸尚存。古人置闸,本图经久,但以失之近里,未免易埋。治水莫急于开浦,开浦莫急于置闸,置闸莫利于近外。若置闸而又近外,则有五利焉:江海之潮日两涨落,潮上灌浦则浦水倒流,潮落浦深则浦水湍泻,远地积水,早潮退定,方得徐流,几至浦口,则晚潮复上,元未流入江海,又与潮俱还,积水与潮相为往来,何缘减退?今开浦置闸,潮上则闭,潮退即启,外水无自以入,里水日得以出,一利也。外水不入,则泥沙不淤于闸内,使港浦常得通利,免于埋塞,二利也。濒海之地,仰浦水以溉高田,每苦咸潮,多作堰断。若决之使通,则害苗稼,若筑之使塞,则障积水。今置闸启闭,水有泄而无入,闸内之地尽获稼穑之利,三利也。置闸必近外,去江海止可三五里,使闸外之浦日有澄沙淤积,假令岁事[1]浚治,地里不远,易为工力,四利也。港浦既已深阔,积水既已通流,则泛海浮江,货船木筏或遇风作,得以入口住泊,或欲住卖,得以归市出卸,官司遂可以闸为限,拘收税课,以助岁计,五利也。复有二说:昆山诸浦,通彻东海,沙浓而潮咸,当先置闸而后开浦,一也;闸之侧各开月河,以堰为限,遇闸闭,小舟不阻往来,二也。《筑圩篇》曰:天下之地,膏腴莫美于水田,水田利倍,莫盛于平江。缘平江水田以低为胜,昔之赋入,多出于低乡。今低乡之田为积水漫没,十已八九,当时田圩未坏,水有限隔,风不成浪。今田圩殆尽,水通为一,遇东南风则太湖、松江与昆山积水尽奔常熟;遇西北风则常熟之水东赴者亦然。正如盛盂中水,随风往来,未尝停息。尝陟昆山与常熟山之巅四顾,水与天接,父老皆曰水底。十五年前,皆良田也。今若不筑圩岸,围裹民田,车畎以取水底之地,是弃良田以与水

1　国图本作"岁时"。

也。况平江之地，低于诸州，唯高大圩岸，方能与诸州地形相应。昔人筑圩裹田，非谓得以播殖也，将恃此以狭水之所居耳。昆山去城七十里，通往来者至和塘也。常熟去城一百五里，通往来者常熟塘也。二塘为风浪冲击，塘岸漫灭，往来者动辄守风，往往有覆舟之虞。是皆积水之害。今若开浦置闸之后，先自南乡大筑圩岸，围裹低田，使位位相接，以御风涛，以狭水源，治之上也。修作至和、常熟二塘之岸，以限绝东西往来之水，治之次也。凡治积水之田，尽令修筑圩岸，使水无所容，治之终也。昨闻熙宁四年大水，众田皆没，独长洲尤甚。昆山陈新、顾晏、陶湛数家之圩高大，了无水患，稻麦两熟，此亦筑岸之验。目今积水之中，有力人户间能作小塍岸，围裹己田，禾稼无虞，盖积水本不深，而圩岸皆可筑。但民频年重困，无力为之，必官司借贷钱谷，集植利之众，并工戮力，督以必成。或十亩、或二十亩地之中弃一亩，取土为岸，所取之田，令众户均价偿之，其贷借钱谷，官为置籍，责[1]以三年六限，随税输还，此治积水成始成终之策。

金泾浦

《吴郡志》：金泾重出，非也，数之，正多一"浦"。

千步泾浦、司马泾浦、钱泾浦

《吴郡志》无三"浦"字，是也。按：霖叙诸浦，自西及东，以次数之，此三泾及黄莺漕不当在后，而最后数之者，因其文之便也。下"漕"字，毛刻作"浦"，尤误。

修筑常熟塘岸。

《吴郡志》曰：长六十二里有奇。常熟县界岸长四千七百三十一丈，已筑三千五百七十二丈，通役三万二百余工，未了一千一百

1　原作"贵"，据国图本、《江苏历代方志全书》本改。

五十九丈。长洲县界岸长六千八百三丈,并已筑了。

随岸开塘。

《吴郡志》曰:开淘府塘一条,长九千一百五十丈,纽五十里有奇,面阔八丈,底阔五丈,深八尺,通役六十四万一千二百余工。

开修崔浦,自陈家庄至雉浦塘口,出梅里,塘长二十三里有奇。

《吴郡志》曰:面阔八丈,底阔四丈八尺,深七尺,通役二十一万四千七百余工。

黄泗浦连小山浦,至湖口,长七十里有奇。

《吴郡志》曰:面阔八丈,底阔四丈八尺,深七尺,通役十二万六千九百余工。

又筑常熟塘岸。

此条重出,具见前注。

十月,复应诏措置可为田处。

《吴郡志》曰:宣和元年十月四日,御笔:访闻平江府常熟县常湖[1]、秀州华亭泖并可为田,仰赵霖相度措置,召租限一年,了当具便民利害图籍,岁入以闻。霖又应诏为之修围常湖,通役二十四万七千九百余工。

修筑钱泾口至藕荡村大岸。

《吴郡志》曰:长五百八十二丈,脚阔一丈五尺,面阔一丈二尺,高六尺。

张墓塘北至小山浦。

《吴郡志》曰:长五百四十二丈,面阔六丈,底阔四丈,深六尺。

山塘泾自小山浦口至本县市河。

《吴郡志》曰:长二千八十一丈,面阔六丈,底阔四丈,深六尺。

1　据后文知"常湖"即"尚湖"。

颜家泾彻入小山浦。

《吴郡志》曰：长一千二百七丈，面阔三丈，底阔一丈五尺，深七尺。

又创造小山浦口启闭泄放水势斗门二所。

至是年八月内毕工。

当作"二年"。《宋史》曰：朱勔主霖议，建三十六浦闸，兴必不可成之功。天方大寒，役死者相枕藉。霖志在媚勔，益加苛虐，吴越不胜其苦。

今诸浦堙塞又非前比。

《水利集》载：赵子潚等奏曰：所有相视合行开掘分导紧切去处。常熟县开浦五处：梅里塘，泄昆湖并常熟塘一带积水，自本县东栅，由梅里镇至白荡桥。又白茆浦，元系泄放昆、承湖二水，自周泾至浦口。又崔浦，泄放昆、承湖之水，由梅里塘积水，自浦口至雉浦一带。又福山浦，系泄放昆湖、承湖之水及府塘一带积水，自尚墅桥及九折塘至显星桥。又黄泗浦，系泄尚湖及昆湖水，自三里汀直至十字港。

总计用工三百三十余万，钱三十三万余贯，米一十万余石。

《水利集》，子潚等奏曰：契勘昆山县四浦，工力不多，乞止用本县食利人户支给钱米，委本县监督开浚。常熟县五浦，工力浩瀚，系与吴、长等县利害相及，欲除昆山县外，有本县食利人户，以五千人为率，人夫数少，即于三县见赈济人内募强壮人充应，月余可毕。

《吴中水利通志》载任古奏状，略曰：赵子潚昨计料开浚崔浦，系决泄昆、承湖及民田内水，南自梅里塘，距浦口，迤逦北入大江。今已干涸，缘浦身迂曲，泄水不快，是致积沙高厚，开浚工倍。欲于雉浦口别开一泾，径入福山大浦，通于大江，名曰丁泾。比之崔浦，并无回曲。不惟开浚省费，实以泄水为便。又言臣同徐康与常熟县官详究,得东栅至雉浦入丁泾,通彻福山塘,下注大江,委是快便。若依赵子潚申请五千人为率,于来岁正月入役,约计一月余日可毕。此浦使湖塘一带,并被伤民田内水通注于江,然后浚治黄泗浦、三里江至十里港,工力亦不甚多,并趁农隙先毕二浦,其余合开港、浦再候将来次第兴工。《卢志》曰:古等奏上,比子潚所议十减八九。

于是即日兴工焉。

《吴中水利通志》曰:绍兴二十九年,赵子潚言被旨开浚平江府常熟县东栅至雉浦入丁泾,彻福山塘,已于正月五日兴工。据常熟县父老称,福山塘与丁泾地势相等,今开丁泾,更深三尺,若不浚福山塘,则水必致倒注于泾。今与平江府县官同往相视,宜依父老陈乞开浚。又见开东栅至雉浦口,河面并合阔八丈,并雉浦港底四丈二尺,皆得泄水通快。诏令疾速兴工。《卢志》曰:绍兴二十九年正月庚申兴工,从常熟东栅至雉浦入丁泾,开福山塘自丁泾口至尚墅桥,北注大江,分杀水势。二月癸卯奏毕工。

琴川志注草

里人　陈揆 编

叙　水

水　利

盖此邑有五浦，皆注于江。

《方舆纪要》曰：宋时以茜泾、下张、七鸦、白茆、许浦为五大浦，又以梅里、白茆、崔浦、福山浦、黄泗浦为常熟五浦。

既无复开导，而陂湖又多，包围成田。

《卢志》曰：绍兴二十九年，知平江府陈正同言相视到常熟县浚诸浦。旧来浦口虽有潮沙之患，每得上流浚湍可以推涤，不致淤塞。后来节次被人户围裹湖漾为田，认为永业，乞加禁止。户部奏：在法潴水之地，谓众共溉田者，辄许人请佃承买，并请佃承买人各以违制论，乞下平江府，明立界至，约束人户，毋得占射围里。有旨从之。隆兴二年八月，臣僚奏请疏浚三十六浦，开掘围田。诏两浙运判陈弥作相度措置，议开常熟许浦、白茆、崔浦、黄泗浦及昆山茜泾、七鸦浦等凡十浦，又合开掘长洲、昆山、常熟围田一十三所,诏令知平江府沈度依状开决。[1]许浦由梅里塘雉浦口东开至白荡,白茆浦自黄沙港开至支塘,崔浦自丁泾塘开至浦口,黄泗浦自十字港开至奚浦口。卢熊曰:十浦计度如此,当时未能悉皆疏浚,参之范至能《新开塘浦记》可见。按:此即绍兴中赵子潚所计度者,故沈度等又言疏浚十浦约用三百万余工,请依旧招致开江兵卒,次第开浚。是并未大举也。语在《营寨注》。《吴中水利通志》载陈弥作《相度水利状》,其略曰:常熟之浦二十有四,皆北入于江。昆山之浦十有二,皆东入于海。盖以太湖居其上流,昔人患松江之不能胜,而使众水径得其归者也。诸泽之兴,始于天禧,成于景祐。逮政和间,稍已湮废。尝命赵霖浚之,仅能复常熟两浦、昆山一浦而罢。今三邑之间,并江濒海,小川故道,往往淤滞,不特所谓三十六浦而已,潴水过多而泻之过少,重以今岁淫雨泛滥,识者皆知开浦之利,特以工费甚广,不敢轻议。故近浦置闸,在政和已不能成。开江置卒,在中兴已不能复。自绍兴二十八年以后,朝廷屡委监司守臣及遣御史亲行案视,竟尔中辍。今若并举大役,切虑歉岁,民无余力,官无羡储,及至劳扰,辄择其宜先治者凡十浦,而其缓急又半之。兴工之日,仍乞以缓急为先后之序[2]。《卢志》曰:乾道八年六月,前镇江府兵马钤辖王彻言:绍兴二十八年,开常熟五浦,欲泄积水入江,宜自常熟县东开凿至雉浦五十里,引许浦纵水入江,却自雉浦西就民田创河二十五里,号丁泾塘,横引水复入福山浦,使二浦之水复归一浦,近县之田稍获灌溉,他无补也。且平江居南北地形

---

1 眉批云:《浙西水利书》引隆兴二年臣僚言,详见《补录》。又陈弥作继言云云,与此小异。

2 眉批云:《浙西水利书》作:今诸邑之间曰湖、曰漊以累百数,而并江濒海云云。末"之序"二字无。

最下之处，如岁有一尺之水，则湖州平江之田高下皆溢，故海滨三十六浦各置巡检寨，捍卫江海，开浚港浦。今三十六浦之中，最急五浦，其黄泗浦与福山通流，不须开凿。崔浦、许浦、白茆三所潮汐壅积[1]，必当疏导。诏措置开凿条约以闻。其后知府邱宓言：开凿诸浦固为水利，然遇旱顿失潴畜，且役大难成。议遂止。

按：熙宁三年，昆山郏亶献《水利策》，备述原委，亦有可采者。文多不尽录，大略见之《吴郡志》中。

《吴郡志》曰：熙宁三年，昆山人郏亶自广东机宜上奏，以谓天下之利莫大于水田，水田之美无过于苏州。然自唐末以来，经营至今，而终未见其利者，其失有六，今当去六失、行六得。所谓六失者，一曰水性就下，苏东枕海，北接江，但东开昆山之张浦、茜泾、七丫三塘而导诸海，北开常熟之许浦、白茆二浦而导诸江，殊不知此五处者，去水皆远百余里，近亦三四十里，地形颇高，高者七八尺。方其水盛时，决之则或入江，海水稍退，则向之欲东导于海者反西流，欲北导于江者反南下，故自景祐以来，屡开之而卒无效也。二曰苏之厌水，以其无堤防也，故昆山、常熟、吴江皆浚其堤岸，设官置兵以巡治之，是不知塘虽设而水行于堤之两旁，何益乎治田？故徒有通往来、御风涛之小功，而无卫民田、去水害之大效。三曰《书》云：三江既入，震泽底定。今松江在其南，可决水而同归于海，昆山之下驾、新洋、小虞、大虞、朱塘、新渎、平乐、戴墟等十余浦是也，殊不知诸浦虽有决水之道，未能使水之必泄于江也，何则？水方汗漫，与江俱平，虽大决之，而堤防不立，适足以通潮势之冲急、增风波之汹涌耳。四曰苏州之水自常州来，古者设望亭堰，所以御常之水，使入太湖，不为苏害，谓望

亭之堰不当废也,殊不知苏聚数郡之水,而常居其一,常之水数
路,望亭居其一,岂一望亭之水而能为苏之患耶? 故望亭堰废则
常被其利,而苏未必有害;存之则苏未必利,而常先被害矣。故
治苏州之水,不在乎望亭堰之废否也。五曰苏水所以不泄者,以
松江盘曲而决水迟也,古之曲其江者,所以激之而使深也,激之
既久,其曲愈甚,故漕使叶内翰开盘龙汇,沈谏议开顾浦,谓松江
之曲,若今槎浦及金鼋子等浦,皆可决也。是说仅为得之,但未
知苏之水与江齐平,决江之曲者,足以使江之水疾趋于海,而未
能使田之水必趋于江也。六曰苏本是江海陂湖之地,谓之泽国,
自当漫然容纳数州之水,不当尽为田也。故国初之税才十七八万
石,今乃至于三十四五万石,是障陂湖而为田之过也。是说最为
疏阔,殊不知国初之逃民未复,今乃尽为编户,税所以昔少而今
多也。借使变湖为田,增十七八万为三十四五万,乃国之利,何
过之有? 且今苏州除太湖外,正有[1]四湖,常熟有昆、承二湖,昆山
有阳城湖,长洲有沙湖,是四湖者自有定名,而其阔各不过十余
里,其余若昆山之所谓邪塘、大泗、黄渎、夷亭、高墟、巴城、雉城、
武城、燹家、江家、柏家、鳗鲡等瀼,及常熟之市宅、碧宅、五衢、练
塘等村,长洲之长荡、黄天荡之类,皆积水而不耕之田也,其水之
深不过五尺,浅者可二三尺,其间尚有古岸隐见水中,俗谓之老
岸,或有古之民家阶甃之遗址在焉,故其地或以城、或以家、或以
宅为名,尝求其契券以验,云皆全税之田也,是皆古之良田而今
废之耳。已上六说者,皆执一偏之论,而未能通其理也。必欲治
之,固当去其六失,行其六得,曰辨地形高下之殊,求古人蓄泄之
迹,治田有先后之宜,兴役顺贫富之便,取浩博之大利,舍姑息之

1　国图本、《江苏历代方志全书》本作"止有",误。

小恩也。何谓地形高下之殊？曰苏州五县，号为水田，其实昆山之东接于海之冈陇，东西仅百里，南北仅二百里，其地东高而西下，向所谓东导于海而水反西流者是也。常熟之北接于北江之涨沙，南北七八十里，东西仅二百里，其地皆北高而南下，向所谓欲北导于江而水反南下者是也。是二处皆谓之高田，而其昆山冈身之西抵于常州之境，仅一百五十里，常熟之南抵于湖秀之境仅二百里，其地低下，皆谓之水田。高田者常欲水，今水乃流而不蓄，故常患旱也。唯若景祐、皇祐、嘉祐中，则一大熟尔。水田者常患水，今西南既有太湖数州之水，而东北又有昆山、常熟二县冈身之流，故常患水也。唯若康定、至和中，则一大熟尔。但水田多而高田少，水田近于城郭，为人所见而税复重，高田远于城郭，人所不见而税复轻。故议者唯知治水而不知治旱也。何谓古人蓄泄之迹？曰今昆山之东，地名太仓，俗号冈身。冈身之东有一塘焉，南彻松江，北通常熟，谓之横沥。又有小塘，或二里，或三里。贯横沥而东西流者，多谓之门，若所谓钱门、张冈门、沙堰门，吴冈、顾庙冈、丁冈、李冈门及斗门之类是也。夫南北其塘则谓之横沥，东西其塘则谓之冈门、堰门、斗门者，是古者堰水于冈身之东，灌溉高田，而又为冈门者，恐水之或壅则决之，而横沥所以分其流也，故冈身之东，其田尚有丘亩经界沟洫之迹在焉，是皆古之良田，因冈门坏不能蓄水而为旱田耳。冈门之坏，岂非五代之季，民各从其行舟之便而废之耶？此治高田之遗迹也。若夫水田之遗迹，即今昆山之南，向所谓下驾、小虞等浦者，皆决水于松江之道也，其浦之旧迹，阔者二十余丈，狭者十余丈，又有横塘以贯其中而棋布之，是古者既为纵浦以通于江，又为横塘以分其势，使水行于外，田成于内，有圩田之象焉。故水虽大而不能为田之害，必归于江海而后已。以是推之，则一州之田可知矣。故苏州五门旧皆有堰，今俗呼城下为堰下，而齐门又有旧堰之称，是则堤防既完，则水无所潴容。设堰者，恐其暴而流入于城也。至和二年，前知苏州吕侍郎开昆山塘，而得古闸于夷亭之侧，是古者水不乱行之明验也。及夫堤防既坏，水乱行于田间而有所潴容，故苏州得以废其堰，而夷亭亦无所用其闸也。为民者，因其浦之阔，攘其旁以为田，又利其行舟安舟之便，决其地以为泾，今昆山诸浦之间有半里或一里、二里而为小泾，命之为某家泾、某家浜者，皆破古堤而为之也。浦日以攘，故水道堙而流迟，泾日以多，故田堤坏而不固，日隳月坏，遂荡然而为陂湖矣。此古人之迹也。今秀州滨海之地皆有堰以蓄水，而海盐一县有堰近百余所，湖州皆筑堤于水中以固田，而两塘之岸，至有高一丈有余者，此其遗法也。独苏州坏之耳！何谓治田有先后之宜？曰地势之高下既如彼，古人之遗迹又如此，今欲先取昆山之东、常熟之北凡所谓高田者，一切设堰潴水以灌溉之，又浚其所谓经界沟洫，使水周流于其间以浸润之，立冈门以防其壅，则高田常无枯旱之患，而水田亦减数百里流注之势，然后取今之凡谓水田者，除四湖外一切罢去其某家泾、某家浜之类，循古人遗迹，或五里、七里而为一纵浦，又七里或十里而为一横塘，因塘浦之土以为堤岸，使塘浦阔深，则水通流而不能为田之害也；堤岸高厚，则田自固，水可壅而必趋于江也。然后择江之曲者，若所谓槎浦、金灶子浦而决之，使水必趋于海。又究五堰之遗址而复之，使水不入于城，是虽有大水不能为苏州之患也。如此则高低皆利，而无水旱之忧，然后仿钱氏遗法，收图回之利、养撩清之卒，更休迭役以浚其高田之沟洫与水田之塘浦，则百世之利也。何谓兴役顺贫富之便？曰苏州五县之民，自五等已上至一等，不下十五万户，可约古制而户借七日，则岁约百万夫矣。又自三等已

上至一等,不下五千户,可量其财而取之,则足以供万夫之食与
其费矣。夫借七日之力故不劳,量取财于富者故不虐,以不劳不
虐之役,五年而治之,何田之不可兴也。何谓取浩博之大利? 苏
州之地四至余三百里,若以开方之法而约之,尚可方二百余里,
为田六同有畸,三分去一以为沟池、城郭、陂湖、山林,其余不过
四同之地,为三十六万夫之田,又以上中下一易再易而去其半,
当有十八万夫之田,常出租税也。国朝之法,一夫之田为四十亩,
出米四石,则十八万夫之田,可出米七十二万石矣。今苏州止有
三十四五万石,借使全熟,则常失三四十万石之租,又况因水旱
而蠲除者,岁常不下十余万石。而甚者或蠲除三十余万石,是则
遗利不少矣。今或得高低皆利而水旱无忧,则三四十万之税必
可增也。公家之利如此,则民间从可知也。何谓舍姑息之小惠?
曰是议之兴,或者必曰向者苏州或治一浦、或调一县而役一月,
则民劳且怨矣。今欲尽一州之境,役五县之民,五年而治之,其
工力盖百倍于向时,是役未兴,而数千百万之民已呶呶矣,非养
民之道也。曰向之兴役也,多兴于大水方盛之际,是时公私匮乏,
疾疠间作,故民劳且怨也。今或于平岁无事之时,借力以成利,
何劳怨之有?《传》曰“使民以时”,又曰“以佚道使民,虽劳无
怨”,又曰“悦以使民,民忘其劳”,是虽至治之世,未尝不役民以
使之也。唯近世不求所以养之之道,使跻于富庶,但务其姑息之
末,使至于饥饿而不能相生,然后又从而赒之,故上乏而下益困,
有可以除数百年未去之患、兴数百里无穷之利,使公私皆获其
益,岂可区区计国家五岁之劳、惜百姓七日之力耶? 亶又上《治
田利害》谓:自议者只知决水,不知治田,今乞以治田为先,决水
为后,循古人之遗迹治田,因具苏州、秀州及沿江、沿海水田、旱
田,见存塘、浦、港、沥、冈门之数,总七项,共二百六十五条。《中

吴纪闻》曰：亶献策，王安石奇之，除司农寺丞，旋出提举两浙水利，议者以其说非便，遂罢去。《吴郡志》曰：亶既没，其子侨嗣缉其说，亦有所建明。

湖

尚湖　旧经曰上湖。

《吴郡志》引《宣和诏书》作"常湖"，事在前注，亦曰西湖。孙应时有《初行邑西湖诗》。《桑志》曰：尚湖西北一圩，名曰赵段，风浪冲激，居民患之。有堤创于宋元间，见成化《修堤记》。《卢志》又载虞湖，引《十道四番志》云：湖周五十里，至天高气清，良辰美景，则有波涛溢起，高二丈许，鼓荡山峰云。注云：海若与虞山神共会，作涛以为戏。按：此疑即今尚湖与虞山拂水之迹，传闻异也。

昆城湖　广长各十八里。

《越绝书》曰：昆湖周七十六顷一亩，一名隐湖。《卢志》曰：昆城湖长三十六里，广十八里。《水经》云：广长各十八里，东南入昆山界，东出白茆浦，入扬子江[1]。又云：昆湖在昆山北，承湖在昆山西北，本二湖，合为一焉。按"水经"二字似误。

自此湖中无患，意即是物也。

《夷坚志》曰：绍熙五年六月七日，常熟县奔城湖有村民舣船水际，见一姝丽女子从二苍头来，言欲备船过湖，到东蒿塘看亲。遂解缆，届中流，民稍默念：如此美女，乃徒行，又无父母随之，殆非人类，大声语之曰："今年干旱，小娘子莫是龙女耶？"女不答，亦不改容。苍头独怒目四顾，转盼间，失女所在。苍头登彼岸，不知所向。俄有龙自北水腾过，大风发屋。蒿塘民谭大公有子三人，分

1　原作"杨子江"，据《〔乾隆〕苏州府志》改。下文"杨州"同改，不再出注。

室以居，皆力耕卖酒，颇丰赡。是日，临安茶商沈八偕伴侣三十辈，负担到其门少憩，顷之，黑云四合，数神人著锦衫、持斧钺，长大狞恶，以次而至。其一云："我在谭家干事，汝等速去。"已而风雨大作，沈八诸人并茶仗悉移置塘北。洞庭绢客寓彼，亦被驱出。三谭室宇器物、米谷、金帛席卷无孑遗，唯一常用秤插地上，力拔不起；一斗贮于糖瓮。屋后竹园一空，一榆木极大，蔽数亩，根反居而枝叶在下，禽巢以十数，在石础上，略不撼损。门外二舟，飘落于十里田中，而三家男女悉无伤害。"奔城"当作"昆承"。

《睽车志》曰：常熟县湖南村富人王翊，烹一鹅，已去毛，入釜，鹅忽鸣，家人走报，翊不之异，熟而食之，后数日，疽发于背，病甚，顾家人云："前有二吏追我，且与茶，令先去。"越二日，又云："官逮我急，势须一往，问追者限在何日？"复自应曰："明日。"翊旦，果殂。湖南村，《叙县乡村》未见。

马泾湖　今字之讹耳。

《卢志》曰：郏氏书作"马荆"，及有作"马京"者。故老相传，昔人洗马于此，马忽惊，跃前足，有物色白如带萦绕然，人遽解之，流血数升，弃所缠物于岸旁[1]，有戏沃盥者，蠕蠕而动，倏忽渐长，盘若一席，众惧，急走，而风雨大至，震雷数声，此物忽不见，始知龙也。此与《酉阳杂俎》白将军事相类，疑传讹也。

泾

小娘子泾，东过县而属于运塘。

按《县境图》，自北水栅而南至学宫[2]之左，又屈而西流，径学前迤南，至于南栅，皆曰运河，即此运塘也。

1　原作"傍"，据《〔康熙〕重修常熟县志》改。

2　原作"官"，据国图本、《江苏历代方志全书》本改。

霖潦波市，而旱燥无以备火。

"波"《桑志》作"没"。《暌车志》曰："淳熙庚子八月十五日，平江常熟县大火，屋居焚热，大半灼烂，死者十余人。先一夕，许浦戍卒自府请冬衣还，顿止距县一舍，戍将梦被追至一所，有冠服坐殿上，呼戍将至庭下，谓之曰：'明日常熟有变，毋得纵部下为乱。且令责军令状。'既寤，惊疑，及晓，令戍卒皆止，未得进。独从数卒先至郭外塔院，迟疑未敢入。俄而火作，方烈焰猛炽。若戍卒入邑，必因救火剽掠为乱矣。"

山塘泾 政和间，父老请于朝，开此二泾。

按：此即赵霖应诏所开者。《新志》以为政和三年李光浚，误。

塘

常熟塘 唐元和中所开。

《九域志》曰运河。《姑苏志》曰：旧名元和塘，后讹"元"为"云"。《方舆纪要》引《宋会要》曰：自平江齐门至常熟百里，皆曰云和塘。按：此塘自县言之，亦曰府塘。赵霖开淘府塘，宝庆初，令惠畴砌府塘路。并见前注。

缘塘皆有泾浦。

郏亶《水利书》曰：常熟塘自苏州齐门北至常熟县一百余里，东岸有泾二十一条，西岸有泾十二条，是亦七里、十里为一横塘之迹也。但目今并皆狭小，非大段塘浦。盖古人之横塘隳坏而百姓侵占，又擅开私浜，相杂于其间。即臣所谓某家泾、某家浜之类是也。谨具目今两岸泾、浜之名曰，常熟塘东横泾二十一条：阖墓泾、杨泾、米泾、樊泾、蠡泾、南湖泾、湖泾、朱泾、永昌泾、茅泾、薛泾、界泾、吴塔泾、尚泾、川泾、黄土泾、圃泾、庙泾、卞庄泾、新桥泾、黄母泾，常熟塘西横泾十二条：石师泾、杨泾、王婆泾、高姚泾、苏宅泾、蠡泾、皮泾、庙泾、永昌泾、野长泾、谭泾、墓门泾,已上常熟塘两岸横泾三十三条,盖记其略耳。今但乞废其小者,择其大者深开其塘,高修其岸,除西岸自擘画为圩外,其东岸合与至和塘北及常熟县南新修纵浦交加棋布以为圩,自近以及远,则良田渐多,白水渐狭,风涛渐小矣。按:郏氏所叙常熟塘东岸横泾,自界泾以下,俱属县境。西岸无考。

盐铁塘　郏亶称县西北六十里有塘,唐文宗太和中再开,疑此即是。

按:此出郏侨书中,侨称松江北岸三十余浦,唯盐铁一塘可直泻水,北入扬子江。又据《唐志》,海盐县西北六十里有汉塘,太和中再开,疑即所谓盐铁塘者。按:海盐在松江之南,水道远隔,无缘泻水北入大江,侨说未可晓。此志所引益又误矣。又按:郏亶书云:太仓冈身之东有一塘焉,南彻松江,北通常熟,谓之横沥。亶之所谓横沥,即侨之所谓盐铁塘也。一塘异名,所在多有,但不当涉海盐之塘耳。

梅里塘　东接许浦,西接运河。郏亶谓开之使水北入扬子江,此亦郏侨所说。按:梅里塘过梅里镇东北入江,即许浦也。《卢志》曰:绍圣中,浙部水溢转运副使毛渐奏请常熟疏浚梅李以入扬子江。《楼钥集》曰:乾道七年,浙右水灾,王淮请令许浦水军任疏凿之役。《宋史》曰:淳熙元年,诏平江府守臣与许浦驻札戚世明同措置开浚许浦,三旬讫工。《卢志》曰:淳熙二年,两浙运副姜诜奏开常熟县黄泗浦、崔浦、许浦、白茆浦,而许浦最急。有诏别议。寻命提举薛元鼎相视利害。《水利集》引《宋会要》曰:淳熙二年七月,浙西提举薛元鼎言:景祐间,范仲淹尝就常熟、昆山之间浚五大浦:茜泾、下张、七丫、白茆、许浦以杀其势,为数州之利。比年并皆堙塞,前任提举陈举善劝谕人户以渐开浚,独许浦正是泄水去处,并未施工。昨水军统制冯湛乞用军兵开掘,因与守臣不协,遂已。臣切见许浦自梅里约三十余里,堙塞不通,其水军船[1]运钱粮亦自艰阻,乞诏冯湛候农隙日,从所请开浚。从之。按:此言许浦并未施工,而《宋史》云元年开浚者,盖因诏措置而终言之。《卢志》曰:淳熙二年十月,知平江府陈岘言奉诏措置增展开决许浦,今自雄浦至梅李道通桥三十八里,自道通桥至许浦口一十六里,浚塘筑堤,植柳一万株,以固岸塍。诏本路提刑曾逮核实以闻。《袁燮集》曰:淳熙二年,冯湛除御前副统制,复领许浦开梅里河五十里。《元水利集》,大德二年,庸田司议曰:平江路牒常熟州,问得壕寨陆旺状称,亡宋年间,置立都统司,管领军人一万三千名,守把江面,为缘许浦等处潮沙壅塞,每年于十一月为头,摘拨三千名于梅里开掘疏通,大势军马到来,上项军人起遣于别处镇守。《邓志》曰:宏治中,县令杨子器开许浦,得宋人所为石闸于双墩。

福山塘 政和间,赵霖奏:自沿江下北绕昆山、常熟皆五里有纵浦,在常熟塘则为福山东横塘、福山西横塘。

按:此见郑亶书。亶书曰:沿海之地,自松江下口南连秀州界约一百余里,有港、浦二十条,臣今能记其七条;自松江下口北绕昆山、常熟之境,接江阴界,约三百余里,有港、浦六十余条,臣能记其四十九条,是五里为一纵浦之迹也。其横塘在昆山则为八尺泾、花莆泾,在常熟则为福山东横塘、福山西横塘。按:亶所称松江口下北至江阴军界有港浦四十九条,其涉县境者曰浪港浦、北浦、尹公浦、甘草浦、唐相浦、陈泾浦、钱泾浦、涩湖浦、吴泗浦、锴脚浦、下六河浦、黄浜浦、沙营浦、白茆浦、金泾浦、高浦、许浦、坞沟浦、千步泾、耿泾浦、新泾浦、崔浦、水门浦、鳗鲡浦、吴泾、高泾、西阳浦、新

---

1 原作"般",据《吴江水考》改。

泾、陈浦、张泾、湖泾、奚浦、黄泗浦。亶书又曰:沿海港浦共六十条,
各是古人东取海潮,北取扬子江水,各开入冈阜之地,七里、十里或
十五里间作横塘一条,通灌诸浦,使水周流于高阜之地,以浸润高
田,非专欲决积水也。今不拘大浦、小浦,并皆浅淤,自当开浚,东
引海潮、北引江水以灌田。按:亶所称福山东、西横塘,与今之福
山塘各别。

琴川志注草

里人　陈揆 编

叙　赋

县令平赋课上郡国，汉制也。

《续汉志》曰：边郡置农都尉，主屯田殖谷。按：吴时分吴郡无锡以西为屯田，置典农校尉，此处置虞农都尉，盖亦屯田也。又按，《续汉志》云：凡郡县出盐多者，置盐官，主盐税，此地在汉盖为潟卤之地，自江东立国，兴创屯田，有灌溉之利，而盐潮渐减，遂罢盐署。此地利之变可推而知也。

自绍兴李侍郎椿年行经界。

《系年要录》曰：绍兴十二年，李椿年言经界不正十害，且言平江岁入昔七丨万斛有奇，今按其籍虽三十九万余，然实入二十万耳。询之土人，其余皆欺隐也。诏以椿年为两浙转运副使，置经界局于平江。

田

诸色官田

刘克庄《玉牒初草》曰：嘉定十一年十一月，蠲皇后殿，置平江府长洲、常熟县田，自十二年以后，税租科敷等三年。

常平田

《长编》：熙宁八年二月丁亥，出常平米万石，赐苏州赈济，以常熟县民田灾伤故也。九月，司农寺请倚阁常、润及苏州常熟县民所欠。熙宁六年，常平钱谷候至来年夏科催纳。

围田

《卢志》曰：乾道元年，开掘围田，通泄水势。常熟县梅里塘围田二亩，白茆浦围田百三十一步。

养士学田。

《吴郡志》补注：陈耆卿《府学复田记》曰：范文正公建学宫，择沃壤之田，在常熟县，为田千六百九十亩。绍定中，增置县学新田。见《庙学注》。

积水茭荡田。

《卢志》曰：政和初，提举常平徐铸辟常熟水田数百顷，为之疆畎。

拨赐万寿寺田。

寺在甘草市。见《叙祠》。

户口

《吴地记》曰：唐常熟县户一万三千八百二十。

税

《陈书》曰：太建十二年，诏信义等郡田税各原半。《吴地记》曰：唐两税、茶盐酒等钱，常熟县九万七百五十贯七百七十文。

自熙丰更法。

《长编》曰：元丰二年九月，权发遣户部判官李琮言奉诏根究逃绝税役，有苏州常熟县，天圣年簿管远年逃绝户倚阁税细绢苗米丁盐钱万一千一百余贯、石、匹、两，本县据税合管苗田九百一十九顷有奇，今止根究得一百九十五户，共当输苗米三百五十三石，绅绢五十一匹,绵三十五两,其余有苗米八千四百石,䌷绢一千二百匹,绵一千九十两,丁盐钱九百文外,并无田产人户,亦无请佃主名,盖久失推究,奸猾因之,失陷省税,乞差著作佐郎刘拯知常熟县根究归着,他县有类此者,亦乞选官根究。从之。

元管夏税绢和买绢䌷绵折帛钱。

《刘一止集·钱观复墓志》曰:观复生理不裕,及丁父丧归,益困。时郡县计民税输钱,官自贸绢取赢资甚厚。县尹怜观复贫,愿以千缣俾之输而自收其赢,观复慨然谢之,固穷如初。

酒课

《孙应时集·上邱崈书》曰:此邑素号难治,真是名不虚得。法废积久,民慢其上。稍裁以正,百怪横出。冥心祸福,固不暇计。最以财用迫急,非如他县有秋夏畸羡得以相补,惟仰榷酤、征商二事,而前人去冬不办蒸酿,为后人地,不免远贾阳羡,苟逐什一,终日沸煎,大抵此类。按《卢志》云:宋无酒课,盖谓无定课也。

商税钱

《卢志》曰:宋之商税,郡城及常熟、昆山、吴江、福山五务岁办五万五千一百贯。熙宁十年,郡城办及五万一千贯有零,昆山、常熟、吴江、福山、木渎、庆安、梅里等务共办二万六千余贯。

叙 兵

常熟濒江近海,地严控扼。

按:邑中兵事见于诸史,此志多未载。《晋书》曰:苏峻之乱,吴人顾众起义兵为本国督护,遣从弟飏屯无锡,恐贼从海虞道入,众自往备之。而贼率张健攻无锡,飏败,贼据吴城。众自海虞由娄县东仓与贼别率交战,破之。义军又集。《齐书》曰:王敬则,晋陵南沙人也。永泰元年四月,敬则反,至晋陵,南沙人范修化杀县令公上延孙以应之,事平,赠公上延孙为射声校尉。按《南史》,敬则本临淮射阳人,侨居南沙。《隋书》曰:开皇十年,沈元恺等反,围苏州,杨素率众援之,元恺势迫,走投南沙贼帅陆孟孙,素击之于松江,俱擒之。《通鉴》曰:隋大业九年八月,吴郡朱燮、晋陵管崇聚众寇掠江左。崇长大美姿容,志气倜傥,隐居常熟,自言有王者相,故群盗相与奉之。十月,崇等据吴郡,诏使吐万绪讨之,斩崇。又曰:唐上元二年正月,刘展败死,展将王暅攻淮南田神功,使将杨惠元[1]讨之。暅引兵东走至常熟,乃降。唐末吴越事,俟增注。

许浦御前水军

建炎绍兴间,水军尝戍江阴及许浦、福山诸处,无一定之所。《系年要录》曰:绍兴二年五月,仇念充沿海制置使,念请置司平江之许浦。从之。十二月,命念移司定海县,以言者谓置司许浦别无措置也。绍兴四年十一月,诏神武中军水军并令往许浦镇屯驻。又言:绍兴五年三月,左朝奉大夫通判明州李文渊迁一官,今兵之入也,命文渊居许浦,措置防托海道,故赏之。

乾道六年初,自明之定海,分屯于此。

《方舆纪要》引《宋会要》曰:乾道二年,诏调泉州左翼军屯平江许浦镇。三年,改隶殿前司。五年冬,改为御前水军。六年,分立前、后、中三军,于许浦建寨。万间四月,水军统制请以平江府许浦驻札为称。《卢志》曰:乾道六年,李彦椿自江阴移屯许浦。

其所指地段,并系人户居止屋宇及埋葬坟茔。

《吴郡志》补注载:此奏曰约有屋宇数百间及积年埋葬坟茔三十余所,又有千人院、焚化院各一所。

---

1 眉批:将杨惠元改特进杨惠元等。

只就许浦立寨。

《吴郡志》补注曰：乾道六年闰五月。按：自冯湛奏以下，俱汪应辰申奏语，见《吴郡志》补注。此志叙次未晰。《袁燮集·冯湛行状》曰：乾道五年，湛为定海水军统制，召对，论制敌取胜之法，上壮之。于是，水军始隶御前，以万人三军十将为额。湛因言：定海之屯，止于备御趋山东辽远惊涛暗沙之害，出于不测，难以进取。楚之盐城，密迩海州，信宿可至，请徙屯焉。天子下其议，或以迫近邻境为疑。湛乃请屯平江之许浦。六年，以湛为御前水军统制，诏从其议立四寨，去镇三里许，占民田三千五百亩，偿以公田，筑堤捍海，为屋万间，材良工坚，规制恢广，隐然为东南巨防。自江入淮，进取为便，识者韪之。

元额一万四千人。

《吴郡志》作二千

六十三队

《吴郡志》作六十二队。

乾道七年，以七千人为额。

《方舆纪要》引《会要》曰：乾道八年春，并军归许浦，置副都统制统之。淳熙四年冬，以七千人为额。疑有误。《冯湛行状》曰：乾道七年，迁所部三千人于新寨，益以江阴屯兵为五千人。湛言诸州黥徒类多勇壮，可备军伍及海道鬻盐，徒党盛强，巡尉所不能制者，其人皆熟于舟楫，补以为兵，诚舟师之利。上皆许焉。增三千余人，而万人之额至是庶几焉。是岁，羊舜韶之众攻劫海州。舜韶者，羊家寨土豪，始欲取金州县，既而兵粮俱阙，途穷为寇。湛奏请招抚，上亲洒宸翰，亟以委之。湛以百人自随，乘轻舟，由许浦趋淮口，布宣德意，开示大信，舜韶感服，与其侪类十八人束身归朝，人给钱十万，隶湛麾下。湛超授右武郎。会有沮之者，奉祠归。

淳熙三年,冯湛请再招收一千人。

《冯湛行状》曰:湛起为浙东兵铃时,许浦主帅屡易,皆以不胜任未几去。上由是思湛。淳熙二年,除御前副都统制,复领许浦。湛治军一蹑故迹,节财用,剔奸蠹,大修战舰,开梅里河五十里,号令严肃,壁垒旗帜复精明。四年,被旨入觐,未及奏事,飞语上闻,坐谪居潭州。事在前注。

五年八月,均拨使唤。

《建康志》:都统制司题名曰李彦孚。淳熙六年十月,改差平江府许浦镇驻扎御前水军副都统制。《宋史》曰:淳熙八年七月,复以许浦水军隶殿前司。

绍熙元年,发到福山,寄招梢矴水手。

福山,《吴郡志》作"福州"。《宋史》曰:绍熙元年,诏殿前司许浦水军并江上水军岁春秋两教外,每月轮阅习。

嘉泰四年,招募贬倭人。

《吴郡志》曰:奉旨令招募情愿充应贬倭人二十人。

开禧二年

《宋史全文》曰:开禧元年正月,以许浦水军隶殿前司。按:此水军盖屡次改隶而史失之也。《宋史》曰:沈作宾知平江府,请得节制许浦水军。诏可。按:《吴郡志》事在开禧二年。《宋史·地理志》云:平江府绍兴初节制许浦军。恐非。

嘉定十五年

《建康志·马军司题名》曰:李庆宗,嘉定十年八月,以训武郎平江府许浦水军副都统制改除。

宝庆元年,吴英复申。

详见《吴郡志》补注。

除分屯顾径黄鱼垛江阴寨

《卢志》曰：江阴军亦有许浦都统司防托兵船。绍定三年，枢密院札下本军权行节制。

及楚州管下淮海等处

《名臣奏议》载：理宗时，魏了翁奏曰：凡江上诸军，皆非阜陵分隶之旧，许浦诸处水军，昔置之近辅，所以拱卫行都也。而今徙之东海。

就许浦调发，实为军国经久利便徙之。

《宋史全文》曰：淳祐二年十二月，诏以许浦水军都统制刘虎为和州防御使，旌五河捍御之劳也。五年五月，赵葵言：诸路江防极为疏陋，乞下沿江制司、两浙漕司、许浦水军司共造轻捷战船。六年七月丙辰，诏许浦都统司仍听平江府并浙西都大提举兵船司节制。从赵葵之请也。《建康志·水军都统题名》曰：孙琦，武功大夫、左卫将军、平江府许浦驻扎御前水军副都统制，淳祐九年五月改除。又曰：宝祐六年，赵与筹奏：以建康以下江面分为三节，自老鹳觜至芳轮隘为上流，隶镇江；自赵家沙至湾河隘为中流，隶澉浦；自石庄至黄鱼垛为下流，隶许浦。每隘逻卒百人船十只，又选三将各统千兵，往来循视，联络声势。从之。《元史》曰：至元十二年十一月，伯颜分军为三，趣临安；董文炳率舟师循海趣许浦、澉浦。十二月辛丑，文炳军次许浦，宋都统制祁安以本军降。《稿城县志》，王磐为《董文炳遗爱碑》曰：文炳与张宏范等自东道由京口入海，至江阴，次许浦，都统祁安降。次常熟州，知州赵崇游以城降。按：是时县未升州，盖追称之也。

许浦顾迳左军

淳熙间，兵官王辂请留五百人分屯。

按《卢志》云：初，陈绪擒王辂，有军士五百人留屯于此。戴栩记亦同，正淳熙间事也。此志误。

至宝庆元年,许浦都统吴英始上建屯之议。

《卢志》曰:淳熙十一年二月,殿前司奏本司水军驻扎许浦,许浦所管南船寄泊青龙,人船相离数百里,水陆迁往,欲尽数移戍昆山县顾迳港,择高地建寨,量合用人数,于许浦差拨同,老小前去一处居止。诏浙西提刑傅淇同本军统领相度以为利便。从之。十二年三月,殿帅郭棣言:乞将本军大南船二十二只,依旧就顾迳安泊,差拨官兵一千人,将带衣甲、器械戍守,战船及差轻捷漕船四只,与黄鱼垛出戍兵船不时往来,巡捕盗贼。宝庆元年,吴英申乞增招梢矴官兵二千人,分屯左军,共四千人为额。

分许浦二千五百人。

卢熊曰:按戴栩记,以二千人为正,五百人为奇,盖当时奏请四千人,其二千五百人乃是定数耳。

福山忠节水军

《宋史全文》曰:淳祐六年八月己亥,以秋风已劲,边备当严。浙右四郡密迩行都,魏村、福山、紫墟一带,宜豫为之备。诏守臣条具措置。

戍兵三百人。

《卢志》曰:隶提刑司,一云额管五百人。

以防江面从之。

宝祐四年,文天祥廷对策曰:闻魏村、江湾、福山三寨水军兴贩盐课以资外寇,是以捍卫之师为商贾之事,以防拓之卒开乡导之门。

白茆巡检寨

《宋史》曰:俱建炎后砦兵。砦即寨也。《卢志》:白茆巡检司有旧衙前墩。

琴川志注草

里人　陈揆　编

叙　人

进士题名

张侨

《吴郡志》注曰：士廉侄。按：士廉，怀州人。见《县令题名》。

陆元规

《卢志》曰：登科记无，刻石有。

陆元长

《卢志》曰：第四甲。

张敦

《卢志》曰：第一甲。

程元允

《吴郡志》曰：师孟侄孙。

张敏功

《吴郡志》曰：颜子。按：《桑志》此前有邱敷、邱畋二人，盖据《邱氏谱》载之。当删。

林友

《吴郡志》作林友。又《吴郡志》：政和八年嘉王榜有李益，绍兴间监察御史。《中吴纪闻》曰：益，字彦中，璋之孙，徙居常熟。

严焕

《卢志》曰：常熟、昆山互见。

林发　绍兴十五年

《吴郡志》此年无。

姚愈　终于御史中丞。

《宋史全文》曰：庆元二年七月，监察御史姚愈除殿中侍御史，以附韩侂胄争御笔故也。《庆元党禁》曰：四年夏四月，右谏议大夫姚愈言：近世行险侥幸之徒，倡为道学之名，权臣力主其说，结为死党，愿下明诏播告天下。《道命录》曰：愈，字次韩，平江人，辟曾孙也，中进士第，浮湛州县。绍熙二年秋，才监尚书六部门。四年秋，除诸王宫大小学教授，迁司农寺丞。庆元元年夏，兼权右曹郎官。俄改驾部，擢监察御史。迁殿中侍御史。寻兼侍讲。三年，除右谏议大夫。逾年，上此奏。侂胄大喜，迁愈兵部尚书。五年七月，拜御史中丞。会其病甚，遂自请祠去。《吴郡志·题名》：庆元五年进士姚宜中，愈之子也。

赵彦适　淳熙十四年王容榜，终于刑部郎中知徽州。

《卢志》曰：绍熙元年余复榜。《江阴志》曰：开禧三年，赵彦适以朝散郎知江阴军，修夫子庙，列祀学宫。《宋史·宗室表》：彦适，公豫之子。

陶永

《吴郡志》注曰：叔振。按：振兄弟登科事见《叙文》。《吴郡志·题名》：嘉定十三年刘渭榜有陶瑜，注曰叔祖永。

赵濡夫

《宋史·宗室表》曰：公颐生彦俟，俟生濡夫。

赵崇骥

《吴郡志》曰：汝积子。《桑志》曰：崇骥以云安军使仕吴，遂家常熟。子必镶，字端平，由荐举仕文林郎、海州军推官，没于官。《宋史·宗室表》：汝积生崇骥，骥生必铄、必棨、必镶，必铄奏周神灵迹，见《叙祠》。

陶虎

《吴郡志》注曰：叔永侄瑜。

赵时言

《卢志》曰：文林郎。按《卢志·题名》：咸淳元年阮登炳榜有赵时瓒，字君玉。宗学寄居通州，流寓常熟。又咸淳四年陈文龙榜杨麟伯乙科，见《续志》。

人物

《苏州记》云：言偃宅，在县治西北。

《寰宇记》引《苏州记》云：在县西一百步。

《吴地记》云：宅边有井，井边有洗衣石。

《寰宇记》作监洗石。《图经续记》曰：宅中有墨井。

朱长文志谓之浣衣石。

陆广微《吴地记》曰：县北一百九十步有言子宅，中有圣井，阔三尺，深十丈，傍有盟，盟北百步有浣纱石，可方四尺。盟即坛也。

龚景才，麟德九年旌表门闾。

《卢志》作元年。又曰：唐龙朔中旌表。常熟县小山居民龚氏所居，户部奏请敕用厅事夹栏正门阀、阅乌头二柱，端冒瓦桶，卫以绰楔，左右各建台，高一丈二尺，杇以白垩，赤其四角，广狭方正称焉。前后年分不同。

陆绾　县人

《卢志》曰：常熟庆安人。按《桑志》：庆安镇，元丰间改。以此传及熙宁中税务考之，则其改久矣。

尝提举江淮茶税。

《卢志》曰：所历郡县，专摧治豪右，用慑服强御为职，名震仕涂。尝知真州扬子、开封府雍邱二县。

赠中散大夫。

《卢志》曰：绾为发运使，卧疾真州官舍，及疾笃，常出入仪仗，一切无故动摇，寻卒，归葬破山，守冢者及山下每夕闻诃导声从墓门出，红烛夹道，若赴燕集者。由是，数里间樵苏无敢残暴其松槚，乔木干霄，威光如初亡矣。五十余年，乃渐衰歇。

陆徽之　邑中推为乡先生。

《中吴纪闻》曰：出其门者如陈起宗、张柟、钱观复皆为时显人。

终于开封府濮阳簿。

《中吴纪闻》曰：孙瑞成，字天锡，就特奏恩。

张攀

《吴郡志》曰：敏功孙。

知建康府溧水县。

《建康志》曰：嘉泰元年。

诠次中兴馆阁书目，凡万四千九百四十三卷，上之。

《直斋书录》曰：《馆阁续书目》三十卷，吴郡张攀等撰。嘉定十三年上，以淳熙后所得书纂，续前录。

陈起宗，登政和五年进士第。

《卢志》曰：登进士第四。

工诗，潇洒有陶、谢之风。

《卢志》曰：善谈辨，诗篇洒落惊人，备载家集。

钱观复　户部员外郎

《系年要录》曰：绍兴八年五月，秘书郎钱观复为户部员外郎，赵鼎所荐也。《中兴小纪》曰：中丞常同论观复除郎不当，赵鼎因言观复无过,且求去。上曰:卿不须尔,言官易得,宰相难求。《系年要录》曰:十二月丙辰,钱观复罢。殿中侍御史郑刚中言:观复性资阴狠,台章数论其短,执政庇而留之。刘大中丧子,观复随其枢宿于城外,廉耻不立,故绌。按:此时秦桧窃政,忌赵鼎、刘大中,故刚中辈助之攻也。

费减大半。

《卢志》曰:郡中杀牛祭张王祠,即严为条禁,所活甚众。

号正静居士。

墓志曰:且名其所居之室以诲诸子。《卢志》曰:观复深于《易》,急于为义,乡里推之。官至朝散郎、赠金紫光禄大夫。

刘待制一止志其墓。

见遗集。志云:绍兴二十四年卒,葬虞山之西。

子俣、佴。

按志云,子四人:俣、佴、佖、倜,佖字叔仪,尝知南安军,移知江阴。卒。

见孙应时及楼钥集。今《江阴志·题名》未见,或未之任也。

钱俣,终朝请郎。

墓志曰:淳熙五年卒,葬虞山父茔之侧。子怀忠、言忠,皆以国学荐试南宫。

崔紫微敦诗[1]志其墓。

今见《崔敦礼集》中。已具遗集。

钱佴　以外庸在选中。

《卢志》曰:乾道七年。

婺州饥,阙守。

1　"敦诗"二字,《宝祐重修琴川志》作小字。

《卢志》曰：淳熙八年。

救饥之政，亦为诸郡最。

是时，赵蕃有《春雪诗》曰："赈米多虚上，蠲租岂尽捐。处心诚昧己，受赏更欺天。敢谓皆如此，其间盖有贤。大江分左右，万口说朱钱。"注云：谓南康朱元晦使君、江西钱仲耕运使，见《章泉稿》中。

诚斋杨文节万里志其墓。

今《诚斋集》不载。按：诚斋《答徐用之书》曰：老病微躯，文思荒落，如钱侍郎仲耕、孙检正之父诸铭，皆是大儿代作。廖道南楚纪曰：钱仁老，海虞人，宋嘉定间为蒲圻令，尝登河北凌云山，赋诗云："远岫青千叠，寒流碧一湾。此情多汩没，却羡白鸥闲。"

富元衡　文忠公裔孙

《吴郡志》曰：文忠公弼于严为叔父。此误。

改秩为诸王宫教授

《系年要录》曰：绍兴五年七月，左承务郎新婺州州学教授富元衡充诸王宫大小学教授、绍兴府宗正司，供职宫学。渡江后，废。至是，赵鼎为政，始创复之。

知江阴军

《卢志》曰：绍兴十一年，以左宣教郎知江阴军。明年，诏诸路州学委守臣修葺，具次第驿闻。元衡出缗钱五十万，鸠工抡材，庸闲民以服役，阅月而成。《江阴志》有《绍兴修学记》。

邱砺

《卢志》曰：高唐丞磻之弟也。

历潍、蔡二州教官。

《卢志》曰：由卢州、合肥尉历二州教授。

力请祠而归。

按：是时参政翟汝文亦以忤桧罢归，寓居常熟。此志不载，盖寓邑未久也。今录《宋史》本传及寓居事迹补之，余不俱注。《宋史》曰：翟汝文，字公巽，润州丹阳人，登进士第，以亲老不调者十年，擢议礼局编修官，召对，徽宗嘉之，除秘书郎。三馆士建议东封，汝文曰：治道贵清净，今不启上述三代礼乐而师秦汉之侈心，非所愿也。责监宿州税。久之，召除著作郎，迁起居郎。皇太子就傅，命汝文劝讲，除中书舍人。言者谓汝文从苏轼、黄庭坚游，不可当赞书之任。出知襄州，移知济州，复知唐州，以谢章自辨罢。未几，起知陈州，召拜中书舍人。外制典雅，一时称之。命同修哲宗国史，迁给事中。高丽使入贡，诏班侍从之上。汝文言：春秋之法，王人虽微，序诸侯上，不可卑近列而尊陪臣。上遂命如旧制。内侍梁师成强市百姓墓田，广其园圃。汝文言于上，师成讽宰相黜汝文，出守宣州。召为吏部侍郎，出知庐州，徙密州。密负海产盐，蔡京屡变盐法，盗贩者众。有司穷治党与。汝文曰：祖宗法度，获私商不诘所由，欲靖民也。今系而虐之，将为厉矣。悉纵之。密岁贡牛黄，汝文曰：牛失黄辄死，非所以惠农，宜输财市之，则其害不私于密。上从之。钦宗即位，召为翰林学士，改显谟阁学士、知越州兼浙东安抚使。建炎改元，上疏言：陛下即位赦书，上供常数，后为献利之臣所增者，当议裁损。如浙东和预买绢岁九十七万六千匹，而越州乃二十万五百匹，以一路计之，当十之三，如杭州岁起之额，盖与越州等，杭州去年已减十二万匹，独越州尚如旧，今乞视户等第减罢。杨应诚请使高丽，图迎二帝。汝文奏：应诚欺罔君父，若高丽辞以大国假道以至燕云，金人却请问津以窥吴越，将何辞以对？后高丽果如汝文言。上将幸武昌，汝文疏请幸荆南，不从。绍兴元年，召为翰林学士兼侍讲，除参知政事、同提举修政局。时秦桧相，四方奏请填委未决，吏缘为奸。汝文语桧：宜责都司程考吏牍，稽违者惩之。汝文尝受辞牒，书字用印直送省部。入对，乞治堂吏受赂者。桧怒，面劾汝文专擅。右司谏方孟卿因奏，汝文与长官立异，岂能共济国事？罢去以卒。先是，汝文在密，桧为郡文学，汝文荐其才，故桧引用之。然汝文性刚，不为桧屈。对案相诟，至目桧为浊气。汝文风度翘楚，好古博雅，精于篆籀，有文集行于世。《中吴纪闻》曰：汝文本南徐人，后徙居常熟。及卒，门人谥为忠惠先生。翟氏埋铭曰：汝文葬母，留居湖州，既以湖去，行朝一舍，冠盖旁午，乃迁寓平江之常熟。绍兴七年冬，以郊恩除资政殿学士，提举临安府洞霄宫。十一年八月晦日，薨于常熟寓舍，年六十有六。前三日，群鸟集正寝，号呼不止。夕，有大星陨于室，父老叹曰：公其殆乎？疾革，命子耆年，凡故臣恤典之例锡，悉辞于朝。遗表言：今国步方艰，人危未靖，将帅骄惰而不能复尺寸之地，仓廪空虚而至于无岁月之储。士有沟壑之忧，民怀杼轴之叹。致睿躬之尝胆，期励众以止戈。所愿益慨圣衷诞恢远略，思为君之难而慎于出令。钦惟刑之恤而审于用，刑懋终典学之勤，以广生知之。圣清心省欲，崇简易以经邦；务俭宝慈，敷柔惠以怀众。修己以安百姓，耀德以绥四方。旌谏以来，尽言营田以期足食，重名节以激媮弊，信赏罚以振纪纲，减冗食之吏以靖民，清入仕之源以省吏，镌任子之令使知学。古而入官，严荐举之科，敷求实材而授职，赫然复古，继周室之中兴，力致郅隆，使汉仪之复见。汝文病痔，痛苦不聊。仲女慈忍者，再刳股杂剂进，赖以少损其年。十二月，归葬丹阳。《直斋书录》曰：翟汝文《忠惠集》三十卷，其制诰古雅，多用全句。气格浑厚，近世罕及。又曰：《翟忠惠家传》一卷，翟耆年述其父汝文事实。按：今本《忠惠集》十卷又附录一卷，为孙繁重刊埋铭，即耆年家传也。

累赠光禄大夫。

《卢志》曰：邱砺墓，在顶山，曾孙烈袝焉。

璋宁国倅。

《卢志》曰：通直郎。《桑志》曰：璋，字仲持，以父泽任朝散郎，赠中散大夫，葬顶山中峰。

琛提举福建市舶。

《桑志》曰：字叔献，以父泽任朝奉大夫。

璠舒之太湖令。

《桑志》曰：字季宝，由词科任文林郎。

邱耒，字少潜。

《卢志》曰：璋子。

终朝奉大夫，年五十六。

《桑志》曰：赠通议大夫，葬河阳山。《卢志》曰：耒子烈，字希文，以父泽授太[1]平州芜湖簿、通州司理、知镇江丹徒县、真州通判，端介有守。咸淳十年，为江东安抚司参议。明年，北兵至，使者委印而去，城遂失守。烈护印匿民间，将赴行在，至吴，遇疾，知平江府陈谦亨为上印于朝，方拟进秩而卒，官至奉直大夫。

得其实云。

《卢志》曰：邱岳，字山甫，高唐丞磻之曾孙也。祖琚，字伯玉，受学北方。绍兴间，魏胜恢复海州，慨然以大义自许。参谋督战，往往有功。时廷议弃海州，琚遂与其子松归朝。授琚迪功郎，招抚司准备差遣，松下州文学，遂家高邮。琚卒，葬吴县。岳，松之子也，嘉定十年进士，授安庆太湖尉，辟蕲州推官。绍定三年，李全弄兵于淮，淮东安抚副使赵范、提刑赵葵奉命诛讨，辟岳入幕，内则赞决谋议，外则受檄督战，卒殄巨寇。又以行军器监簿为范沿江制置司参谋，入洛议兴，未尝苟同。历通判黄州、知真州事，御敌全城，

1　原作"大"，据国图本、《江苏历代方志全书》本改。

歼其渠帅,改兵部郎官淮东提刑兼提举常平知太平州兼江东转运,阅三月,知江州兼沿江制置副使,移镇淮东。在边四年,累疏求去。淳祐十年,以工部尚书召,寻谢事,自镇江徙居常熟。十三年,仍召为工部尚书,辞之。宝祐初,授华文阁直学士、沿江制置使兼知建康府丞相,诒书奉上旨,趣行舟,发京口。时北兵方扰庐和之境,即调兵赴援,趣新知和州印应雷出戍,应雷奋然突入,士气益张,卒保和州。在官数月,搜军实,饬边备,皆有端绪。三年,授龙图阁致仕,卒年六十九。岳自典郡持节跻从班开制阃,为时名臣。在真州及淮阃,兵将乐为之用。凡四御大敌,皆数十万众,未尝少有败衄。泗水之捷,俘获不可胜计,功绩尤伟。为人简澹、威重,言不妄发,望之似不可犯。及造室论议,洞然开示腹心,表里平实。理宗尝御书"忠实"二字赐之。官至正议大夫,封东海郡侯,卒赠银青光禄大夫,累赠特进。又曰:端平三年,蒙古攻真州,知州邱岳部分严明,守具周悉,北兵薄城辄败,岳乘胜出战,于胥浦桥以强弩射其致师者一人死之,敌少却。岳曰:敌众十倍于我,不可以力胜。乃为三覆,设炮石,待之于西城,敌至,伏起炮发,杀其骁将,敌众大扰,岳又选勇士袭敌营,焚其庐帐。越二日,皆引去。见《宋史》。按:今《宋史》检之未得,再考《宋史全文》曰:端平二年闰七月丁丑,新除兵部郎官邱岳进对,至军士贫悴,岳奏乞放行战功及去夏河南暴露恩赏,上曰:已曾理会,岳奏外间实未见施行。又曰:淳祐十年正月乙亥,诏淮东制臣邱岳自能搏节军用,乞将朝廷例合支一千万贯免科,委见体国,特进一秩。俞文豹《吹剑录》曰:邱殿撰岳每言秀才不可做越分事,士大夫不可做折本道路。秀才越分必妄用,妄用必妄取。士大夫居官妄作,肆无忌惮,一旦论罢,折本多矣。《卢志》曰:赠宣义郎邱琚墓、曾孙知临江军基墓,并在盘门外。基子承事郎涟水丞稼,稼子将仕郎洙祔焉。《桑志》曰:基字德元,由荐任承议郎权发遣临江军。稼字耕道,宝祐二年,明堂大礼,以祖岳荫补承务郎。咸淳五年,廷试入格,知安东州事,卒葬盘门。又曰:邱穑,字成道;稷字相道,宝祐三年,并以祖岳遗表恩补官。又曰:邱壁,字德文,以父泽补将仕郎,卒,葬凤凰山。岳四世孙迪,字彦启,述岳事迹为家传,龚璛、杨维桢为之跋。见《吴讷集》。《桑志》曰:印应雷,通州静海人。父武子,因仕居常熟。应雷登嘉熙戊戌进士第,知庐、和二州,历官中奉大夫、两淮安抚制置使,知扬州,封靖海县开国伯,食邑七百户,卒赠端明殿学士,葬尚湖南乡。《梅磵诗话》曰:应雷,字德豫,号习隐,通州人,由上庠舍选登辛丑第,屡持麾节及沿江副阃,所至政如神明。景定间,寓居吴之常熟,凡八年,无意禄仕,累召不起。咸淳己巳,淮阃乏人,权臣力挽其出,因畏祸,勉从之,非其志也。赋诗云:习隐今番习不成,此行非为利和名。甲兵净洗报天子,归隐青山乐太平。在镇五年,军民畏而爱之。癸酉冬,有星陨于谯楼,未几,以疾终。庶斋《老学丛谈》曰:应雷开阃淮上未半载,一夕二鼓后,唤直宿都吏刘某曰:市河淤塞,今欲疏撩,其长几何?合用几人几工?刘曰:长二千丈,用二千人,倒坝去水,二十日可毕,合用器具于附城庄农科借。应雷曰:如此则又扰民。令都作院造桶一千副,都木场拨木缚脚道二千人,日支食钱,五日一犒,半月毕工,民不知也。应雷寓居常熟,制阃接人至各持榜书名,以次参至。柴牙部头某人应雷曰:甚感尔来扬州,军民数十万家柴甚艰,得我莅任后如一日缺柴,便斫了尔头。其人闻之股栗。到任,官为籍,定船各与牌号某日卖毕去,限某日柴到,稍迟,本人自往催,时刻不违。到日,于某官厅呈样,每束几斤,每贯合买几束,每船插标示之,人自择买。东淮飞蝗,应雷令驱逐过江。或曰:朝廷恐有言语。应雷曰:无虑。是日,西北风大作,蝗皆入江矣。邦人至今神之。应雷太学出身,治书义,号铁脚鸡,决事判笔如飞。有周雪坡者,守产闲居,颇涉猎方册,为佃客告其私酒签厅,照条拟罪。应雷判云:私酝有禁,不沽卖者其罪轻,然告主之罪大,此风不可长。周某杖八十、赎铜佃者杖一百,闻者快之。

按:此书记淮阃诸事颇涉琐悉,今略存之如此。《宋史》曰:开庆元年三月庚戌,诏印应雷、黄梦桂赴都堂秉议。闰十一月,以应雷为军器监、淮西总领。《建康志》曰:景定元年四月,除直焕章阁枢密院副都承旨。《宋史》又曰:景定元年十二月,直徽猷阁,知江州。咸淳四年正月,改知庆元府。六年正月,以应雷为两淮制置使。九年十月,告老,进二秩致仕。并见《本纪》。又《李庭芝传》曰:元兵围扬州,制置印应雷暴死。即起庭芝制置两淮。《道园学古录》曰:毗陵陈照为应雷圹志。《桑志》曰:印应飞墓,在兴福寺左。子正传志曰:先君讳应飞,字德远,姓印氏,世居通州静海。淳祐癸卯,徙常熟。祖讳汝贤,隐德弗耀。考讳武子,儒林郎招讨军判官,生兄弟三人,先君居仲,登淳祐辛丑第,调永嘉尉,为太社令,改淮西制机,除大理司直,出为江阃栈幕,擢监察御史。会给舍有宿憾,先君上疏乞归,不许,差判镇江府,继知鄂州兼湖北运判,以太府少卿召,改知镇江[1]府,寻除徽猷阁转运副使,知邕州,未到任,径赴行在论事,请告归。未几,有诏称先君以廉律身,深得鄂城军民之誉,再知鄂州兼右文殿修撰、枢密副都承旨、充宣抚司参议官,以疾辞,除户部侍郎、淮东总领知镇江府,自鄂归故里。先君生以嘉定戊辰正月十五日,终以景定庚申五月朔,赠朝议大夫。先妣戴氏,赠安人,先八年卒,葬于常熟。子二人:长正传,次直传;女三人:长适将仕郎段应秉,次二人未行,某月日奉柩,祔于先妣之墓。从治,命也。孤子将以志属于当世名公为不朽之传,谨先摭出处大节以俟。

1　眉批:据《广西志》似当为静江。

《桑志》又曰：开庆元年，元兵围鄂，都统张胜登城，诱以纳降，元兵信之，尽焚城外，门岿然独一垒存，应飞自外督兵来援，围遂解。淳祐初，与兄应雷相次徙居常熟之城西，卒赠端明殿学士。按：方回《论贾似道书》曰：鄂之围，赖印应飞、张胜坚守于前，吕文德赴援于后，与此不同。

《宋史》曰：开庆元年正月，印应飞依旧职知鄂州兼湖北转运使。十二月，鄂州围解，诏论功行赏。《文丞相集·杜诗序》曰：环卫官知梅州缪朝宗，淮人，有意气，尝为常熟印氏客，从予于平江。予归，福安自婺间道来相从，精练干实，孜孜奉公，军府器械悉出其手。空坑之败，自经于山间。《桑志》曰：季逢昌，字子明，其先开封人。建炎中渡江，家于许浦。父世亨，登仕郎。逢昌以麟邸懿属补官，由迪功郎监通州支盐仓兼淮东制司物料官，以廉勤称。宋季，海滨残毁，醝官仅庇司存，井邑荒寂无行迹。逢昌至，弊端如丝，悉与划解。暨秩满，为赢十五万余斤。平章魏了翁时制淮阃，议复通城，以军券为虑，移檄[1]委籴百万缗，旬日事集。了翁嘉其能，举以练达科。镜斋邱岳佩玉麟符为江淮制置副使，辟为安庆府桐城令。时桐城吏民侨居池之李王河，编茅葺苇，俯瞰洲渚。逢昌爬梳数月，县廨学宫悉用成就，民以宁居。了翁与赵范、李悳等交章荐之。岳儿爱其才，复辟滁之清流令，以疾辞归。逢昌好义，为义庄以赒族人，仰给者几千指，嫁孤女之不能嫁者，葬窭死之不能葬者，皆称为长者云。墓在文村南皋里。

按：今文村庵舍有《宋宜兴少府季世良墓志》言：季氏世家常熟之千泾，而《桑志》列之流寓，《新志》又指为太常陵之族而并载太常墓，尤可疑矣。世良，逢昌之叔，具见《遗集》。

1　原作"激"，据《吴中人物志》改。

琴川志注草

里人　陈揆　编

叙　人

人　物

曾怀　宣靖公曾孙

《中兴小纪》曰：主管崇道观。曾恬少尝尊事故杨时、谢良佐、陈瓘、刘安世，得存心养性之学。及为大宗正丞，一日摄行宗正事，吏有慢令不恭，即绳以法，无敢违者。时秦桧专政，士多求媚以取要官，而恬自守无所诎，丐祠以去，寓常熟之僧刹，投闲几十年。绍兴二十二年五月，卒。恬，故相公亮曾孙也。《宋史全文》曰："绍兴十七年十一月，右朝散郎通判濠州曾恬罢，殿中侍御史余尧弼论恬自谓赵鼎门人，常怀怨望，故绌。"《韩元吉集》曰："恬，字天隐。"按《上蔡语录·天隐》所记，吴中本有陈晋江续之《序》云："得之天隐之子希元。"见朱子《后序》。希元，名崇，以父泽补官，仕至朝散郎权发遣高邮军。卒，葬吴县。韩元吉志，见遗集。志云，崇子二人：耆年、延年。俱入太学。陈槱《负暄野录》曰："余常评近世众体书法，小篆则有徐明叔及华亭曾大中、常熟曾耆年，然徐好为复古，篆体细腰长脚，二曾字则圜而匀，稍含古意。"

晚寓常熟。

《卢志》曰："怀,先名憍,与庄文太子同,因改焉。由开封寓居常熟。"

调镇江金坛簿。

《卢志》曰："常州吏张元贷民钱解发,事败,户部命鞫之。或谓当死。怀曰:'无文记,以盗论。今官有文记,吏焉得死。'车驾南巡,以摄宰面奏,法当贷。命止嘉奖,令籍记姓名。"

改真州。

《卢志》曰："训习民兵,有纪魏公、张浚督师,大奇之。"

再岁,除尚书。

《卢志》曰："乾道初,真除户部侍郎,奏:'臣不敢进生财之说,以伤陛下爱民之心;亦不敢进苦节之说,以伤陛下惠下之意。但量入为出,使天下之财足天下之用。'上悦,再岁除尚书。"

上以萧何、刘晏目之

《宋史》曰："乾道二年,户部侍郎曾怀言,江西路营田四千余顷,已佃一千九百余顷,租钱五万五百余贯,若出卖,可得六万七千余贯。及两浙转运使所括,已佃九十余万亩,合而言之,为数浩瀚。今欲遵元诏,见佃愿买者减价二分。诏怀等提领出卖,其钱输左藏南库别贮之。"又曰:"乾道四年,以收到旧会毁抹付会子局重造,三年立为一界,随界造新换旧,以户部尚书曾怀同共措置,铸'提领措置会子库'印。"《两朝纲目备要》曰:"绍兴初,东南饷军止用见缗。"是时,寇盗充斥,军费夥矣。然未闻有钱乏之患。自绍兴末年,钱良臣创行在会子,于是,王珏亦用之于湖北诸州。未六十年,而公私见缗存者至少,盖楮券盛行,铜货积而不用,是以日泄而日耗也。论其咎端,自钱、王两人始。至于曾怀沮孝宗收换之策,以贻后来不可救之患，尤可叹也。吴讷曰："前志宋代人物惟曾丞相怀为最显，然急于聚敛，坏当世破分良法，得罪清议。"

甫三月趣召。

《卢志》曰："面赐御书《松赋》以示岁寒之意。"

拜右丞相。

《卢志》曰："封鲁国公。"

复拜右丞相。

《中兴两朝纲目》曰：先是，台臣詹亢宗、李棠论李杓、王宗已阴中怀，怀遂求退，且乞辨明诬谤。续棘寺根究无实，乃贬责亢宗及棠，而复相怀。续言者又论参政姚宪与亢宗等通谋陷怀，以求倾夺其相位。乃罢宪，责南康军安置。

赠少保。

《桑志》曰："曾怀墓，在兴福寺北。"

郑时，戬之后。

《吴郡志》曰"戬孙"。《卢志》曰："少苦学，昼夜不释卷。"

秩满，通判建康府。

《卢志》曰："方待次乡里，学者多从之游。凡经指教，皆为名人。"

严焕　同里钱南

《吴郡志·进士题名》绍兴二年有钱南。

知江阴军。

《江阴志》曰：乾道九年，以朝散郎到任，名其燕居曰克斋。有邱崈《记》。

冷世光　弹劾无所避。

《卢志》曰："周益公独相，初除吏，世光即论之；施圣与以元枢出知泉州，亦遭劾罢。人谓之冷面御史。"卢熊曰："按《泉州守臣题名》无施圣予,盖不任也。"《宋史全文》曰:"淳熙十二年八月,监察御史冷世光言:'监司岁出巡历,吏卒诛求,所过骚然。一县之中,凡数百缗仅能应办,否则睚眦以生怨,捃摭以生事。乞明诏诸路监司,今后巡历,力革此弊,所用随行吏卒,各于州郡差拨,逐州交替。'从之。"十五年五月,殿侍冷世光言:"县令亲民之选,昨吏部措置被按发放罢之人,满半年方许参部,不许注繁难大县,止注小县。小县之民何罪焉?乞令吏部遵守淳熙五年指挥,凡经弹劾之人,且与祠禄;知县曾经放罢,半年后亦且与岳庙;两次作县,两经罢黜者,不得再注亲民差遣。"诏吏部看详措置。

既而去国奉祠。

《宋史·袁枢传》曰:"迁大理少卿。"通州民高氏以产业事下大理,殿中侍御史冷世光纳厚赂,曲庇之。枢直其事以闻,上怒,立罢世光。以朝臣劾御史,实自枢始。按:此事余书未见,俟续考。

冷世修　知建康府上元县。

《建康志》曰:"淳熙九年,以宣教郎任。"

陈宇　非谀言云。

《桑志》曰:陈元大,字孔硕,福州侯官人。古灵先生五世孙。宋末游常熟,爱山水之美,遂家焉。尝为温州教授,深于濂洛闽建之学。著《四书讲义》行世,世称北山先生。

赵公豫　自父少师家常熟。

《袁燮集》曰:"魏悼王之裔,父诜之,左朝散大夫,赠少师,始家常熟。"

《燕堂类稿》五卷

今存诗稿一卷,似非真本。

弟公升、公颐,仕皆至庵节类,有政绩,可纪云。

《袁燮集》有《公升墓志》:公升,字叔明,以遗恩补官,仕至朝请大夫、福建路提举。忤苏师旦，奉祠归。卒，葬于虞山涧南之原。子彦许、彦词、彦禾。按《宋史·宗室表》赠中奉大夫。诜之生朝议大夫公颐、通议大夫宝谟阁待制公豫、朝散大夫公升，公升生彦汻、彦涀、彦沐，盖宗正之籍，欲避同名，每易以难见之字也。又按《袁燮集》有《赵伸夫墓志》：伸夫，字信道，亦魏悼王后。祖公义，始居常熟。公升以荫补官，擢绍熙元年进士科，尝知扬州江都县，又知楚州、庐州，有御寇功，终于朝议大夫直龙图阁知宁国府。卒，赠秘阁修撰，葬湖州武康。事迹并详志中。

赵思　本洛人，寓常熟。

《卢志》曰："孝孙之犹子也。"孝孙，字仲修，建炎中避地来常熟，思生甫三岁。《宋史》曰："李衡，宣和间入辟雍，同舍有赵孝孙者，洛人也。其父实师程子，家学有源，劝衡读《论语》曰：'学非记诵记章之谓。所以学圣贤也，不可有丝毫伪实处，方可以言学。'衡心佩其训，虽博通群书，而以《论语》为根本。"《卢志》曰："孝孙之父，颜子师、程叔子。"

调濠州钟离簿。

《卢志》曰："以边赏循从政郎，改通直郎。"

书姓名于御屏。

《赤城志》曰："乾道八年，思以左奉议郎知台州。民有即山叠石以耕者，或请籍其赋。思奏除之。诏简卒赴行在所，有不乐者欲为变。思善诱其去，徐物色为首者，黥之。孝宗谓措置得体，记名御屏上。"

朝廷不得已罢之。

《宋史》曰："淳熙四年十一月，遣赵思等贺金主生辰。五年四月，以赵思奉使不如礼，罢起居舍人，仍降二官。"《卢志》曰："先是，《国信》所录大旨于国书之意度，御名处皆阙不书。盖尝有称之者。思曰：'臣子安得名君父，况意度所无有？'及致词于庭，金使从旁呫嗫，亟令道名，思弗之顾。金人以为慢，呼上爪以下诣伴使斥思之僭者。朝廷以金国有辞，遂罢归，奉祠八载。有使北者言：'人间问赵运使安否不绝。'"

卒年七十。

思有子八人，皆好学。第六子积智，绍熙三年改名用中，太学补选事。见《夷坚志》。

崔敦诗　两浙运干

韩元吉荐举所知状曰："左文林郎两浙路转运司干办公事崔敦诗服勤州县，不废古文，所撰《国朝铙歌鼓吹曲》笔力雅健，有唐柳宗元风。又尝为《资治通鉴要览》六十卷，贯穿该洽，议论醇正，堪充馆阁职任。"

即更为学士院权直。

《淳熙玉堂杂记》曰：乾道癸巳，曾丞相怀、郑参政闻、张枢密说在二府。或荐新改官正字崔敦诗入内庭，以其资浅，乃创翰林权直之名，月俸减学士院三之一，院中餐钱不减。明年冬，以父忧去，寻丁母忧。戊戌秋，服阕。复召为密院编修官。史丞相浩当国，下史院讨论兼职名称，遂改为学士院权直。盖以翰林乃内诸司总名，难专指学士院也。

所陈必剀切。

按：敦诗所陈奏，略见墓志。其论札十余篇，载永乐中所编《名臣奏议》。

九年夏，以疾卒。

《耆旧续闻》曰："淳熙间，有中书舍人权直崔敦诗，时谢后自贵妃册后，内庭文字颇多，崔非所长，苦思遂成瘵疾。临卒，有子尚幼，手书一纸，戒其子无学属文。悉取其所为稿焚之。"按：《玉堂类稿》至今流传,此言为妄。又按:《楼钥集》称敦诗兼内外,制文擅一时。其兄宫教之丧,哭之甚哀。未几,亦下世。韩元吉《志》并同。宫教名敦礼,有集,今存。

赠中大夫。

《建康志》曰:"崔敦诗墓,在溧阳县南泉山。"墓志曰:"娶军器少监钱俣女钱夫人。"缘敦诗意,遂推遗泽与其侄。

《奏议总要》五卷

此陆宣公奏议也,楼钥跋云:"阜陵喜观陆贽奏议,敦诗为《总要》一书上之。"

南涧韩尚书元吉志其墓。

见遗集。

周虎　倜傥轻财而尚气节。

墓志曰:"别业在琴川,族大而分。亟请受分,谢不往曰:'丈夫富贵当自致,宁计此?'部使者嘉叹不足至,为诗美之。"

实开禧二年也。

时金泰和六年。《桑志》曰:"朱子荣,泰和中,避难南奔,居常熟,葬于练塘。"朱德润《谱传》曰:子荣,字公显,少机警。金泰和中,淮蔡扰攘。时年甫六岁,从居人南奔至扬子西津,舟人需渡金,无有,以竹篙拄堕江中。俄而,舟抵丹阳,忽跃而登焉。舟人惊骇问得渡意,乃徐曰:"附柁来矣。"众皆嗟异。同渡僧永谦奇之,携诣吴郡守贾青,得寄育于史元长家。及长,好读书。时贩缯自给。宝庆初,上书言时政,授从政郎、江州文学。又言方今边隅之臣常受制于总领官,或不谙军旅者,经画之际,辄成龃龉。自今以后,朝官虽带总领,亦须谙练军事,庶几调度合宜。况边庭之上,民情未洗,险阻未知,而辄易守臣,此皆措置失宜也。书再上,时相难之,不报。三年,转左藏提辖,进直秘阁。咸淳中,因论事忤贾似道,送大理寺问，得秘书家铉翁力辨免。然犹以归正人安置淮西。宋亡，归吴。卒年八十三。

引去

《宋史》曰："开禧二年十一月戊戌，金人围和州，守将周虎拒之。十二月癸丑，金人去和州。"按：虎守和事迹，详见谢德与所为《生祠记》及虎母《何氏行状》中。并具遗集。

提举佑神观。

墓志曰："未几丁母忧。"《四朝闻见录》曰："虎之居吴也，言者以为韩党坐安置某州。虎既贫，不能将母以往。未几，谪所闻讣，号恸，誓不复仕。放还，杜门托躄疾，屡召不起。虽旧所部候之，亦坚不与接。但喏于庭而去。"按：《虎母行状》，虎请祠归而母卒。此书误也。

家居凡十有二载。

虎晚居郡城。《卢志》："太尉周虎宅在雍熙寺东，即周公瑾故第。虎自撰《吴井记》，今武状元坊也。"

漫堂刘少监宰志其墓。

志曰："葬峒山之阳。"见遗集。

母子俱庙祠于和云。

《和州志》曰："周侯庙在横江门内，开禧二年，和州军民感周虎全城之功，为建生祠。淳祐七年，赐庙额忠烈，又别立北堂以祀其母。"

王万《世本》：婺女后为濠州定远人。

《卢志》曰："世家婺州之浦江。《浦阳人物记》曰：父约之游江淮间，万因生长濠州。"

添差镇江府倅。

《宋史》曰："万少忠伉有大志，究心当世急务，尤精于边防要害。端平二年，添差通判镇江府。时金初灭，当路多知其人豪也，咨问者旁午。郑清之初谋乘虚取河洛，万谓："当急为自治之规。"已而元兵压境，三边震动。理宗下罪已诏，吴泳起草，又以咨万。万谓："兵固失矣，言之甚，恐亦不可。今边民生意如发，宜以振厉奋发、兴感人心。"为条具沿边事宜，遍告大臣要官，谓："长淮千里，中间无山泽为限，击首尾应，正如常山蛇势，首当并两淮为一，制阃之命是听。两淮惟濠州居中，濠之东为盱眙[1]、为楚，以达盐城。淮流深广，敌所难渡[2]。濠之西为安丰、为光，以达信阳，淮流浅涩，敌每揭厉以涉之。法当调扬州北军三千人，自淮东[3]捣虚，常往来宿、亳间，使敌无意于东，而我并力淮西。淮西则又惟合肥居江、淮南北之中，法当建制置使合肥。而以濠梁、安丰、光州为臂，以黄冈为肘后缓急之助。又必令荆、襄每候西兵东来，辄尾之，使淮、襄之势亦合，而后大规模可立。"论用兵则谓："当以五千人为屯，每屯一将、二长，一大将一路，又合一大将而并合于制置为总统。淮东可精兵三万，光、黄可二万，东西夹击，而沿江制司会合肥兵共二万，以牵制其中。行则结营阵，止则依城垒；行则赍干粮，止则就食州县。"论屯田，则谓："当于新复州军，东则海、邳，所依者水之险；西则唐、邓，所依者山之阻。画此无地无田不耕，则归附新军，流落余民亦有固志。"又谓："戎司旧分地戍守，殿步兵戍真、扬、六合，镇江兵戍扬、楚、盱眙，建康马司兵戍滁、濠、定远，都统司兵戍庐、和、安丰，以至池司兵戍舒、蕲、巢县，江司兵戍蕲、黄、浮光，地势皆顺，皆以统制部之出外，而昔常有帅臣居内，以本军财赋葺营栅、抚士卒、备器械，以故军事常整

---

1 原作"盰眙"，据《〔崇祯〕常熟县志》改。本条下同。
2 原作"度"，据国图本、《江苏历代方志全书》本改。
3 原作"淮未"，误，据《〔崇祯〕常熟县志》改。

办[1]。遇警急则帅臣亲统重兵以行。比乃有以建康马帅而知黄州者,都统而知光州者,以池司都统而在楚州,以镇江都统而在应天者,将不知兵,兵不属将,往往以本军之财资他处之用,以致营栅坏而莫修,士卒贫而莫给,器械钝而莫缮,宜与尽还旧制,及请宽边民,请团民兵,请援浮光,请边民之能捍边者,常厚其赏而小其官,使常得其力。'其后兵兴用窘,履亩之令行,则又言之庙堂曰:'今名更化,可反为故相之所不为乎?'其他敷陈,往往累数万言。其自任之笃,切于当世如此。"

兼屯田员外郎。

《宋史》曰:"嘉熙六年,兼权屯田郎官,因转对,言:'天命去留原于君心,陛下一一而思,凡恻然有触于心而未能安者,皆心之未同乎天者也。天不在天,而在陛下之心,苟能天人合一,永永勿替,天命在我矣!'"《宋史全文》曰:嘉熙元年二月己亥,屯田郎官王万进对。上曰:'卿是淮人,熟知边事。'奏云:'臣非知兵,陆贽有言,兵法无他,人情而已。但以人情区处,即是兵法。'上问其说,奏云:'一和字沮众误国。'上曰:'和亦不可废。'奏云:'若专立为题则不可,要当并为战守规模。'"

知台州。

《宋史》曰:"至郡日,惟蔬饭,终日坐听事。事至,立断,吏无所售,往往改业散去。民亦化之,不复讼。上下肃然,郡以大治。"《浦阳人物记》曰:"丁岁祲,万尽力拯之,民无饥死者,往往感之。但言万名,莫不举手加额曰:'吾父母也。'才五月,乞祠去。"《卢志》曰:"嘉熙二年,乞宫观来居常熟。"《钱志》曰:"居南门。"

即除大理少卿。

---

1 《〔崇祯〕常熟县志》作"整辨"。

《宋史》曰："嘉熙四年，擢监察御史。首论史宅之，故相之子，曩者弄权，不当复玷从班。上命丞相再三喻旨，迄不奉诏。上不得已，出宅之知平江府。又论之，疏凡五上。史嵩之自江上督师入相，万又首论之，谓其：'事体迫遽，气象倾摇。太学生欲趣其归，则贿赂之迹已形。近或谓有族人发其私事，肆为丑诋者，以相国大臣而若此，非书之所谓大臣矣。'然当时论相之事已决，疏入，迁大理少卿。万即日还常熟寓舍。"《卢志》曰："抑斋王忠惠公所作。嘉熙中居此，自有铭。"《宋史》曰："万与曹豳、郭磊卿、徐清叟，号'嘉熙四谏'。"

赠集英殿修撰。

《宋史》曰："嵩之罢相，众方交论其非。上思万先见，亲赐御札褒之。又闻其母老家贫，赐新会五千贯、田五百亩以赡给其家。"

赐谥忠惠。

《浦阳人物记》曰："初谥议节惠，后更忠惠。"

有文集《时习编》《书志编》共若干卷。

《宋史》曰："万之学专，有得于'时习'之语，谓：'学莫先于言顾行。言然而行，未然者非言之伪也，习未熟也，熟则言行一矣。'故终其身，行无不顾其言。发于施设论谏，皆根于中心。"《浦阳人物记》曰："万生平不交权贵，书丝毫不妄取。或馈药材甚丰，万力却之，至使人谢过。不得已受一附子。守台时，有故人来谒，欲售锦茵赠之。入白其母，母曰：'不可。此固汝当得终官物也。'或以万之介洁，其母教之有素云。万所著书名《时习编》，有《易》《书》《诗》《论语》《孟子》《中庸》《太极图说》及其他奏札、论天下事者凡十卷。子庭，字德扬，受知贾似道，官终大理寺丞。"又曰："万之后居常熟。"《江湖后集》曰："万俟绍之，字子绍，郓人，寓居琴川，登抑斋先生节惠王公之门，有《郓庄吟槁》,方洪为之序。见遗集。"

隐　逸

胡峄　其父稷言作五柳堂。

《吴郡志》曰:"在临顿里。"

有诗集等。

《中吴纪闻》曰:"有文集二十卷,号《如村冗槁》,陈长方、周葵为之序。"《长方集》有峄墓志云:"卒于常熟县涂菘村,葬吴县。详见遗集。"

子百能,奉议郎、诸王宫大、小学教授

《卢志》曰:"百能,字少明,绍兴十八年进士,知江山县。"按如村奕世名德,而此志略之,亦以寓邑未久也。

钟璇　知建康唐侍郎琢,自留守,归寓梅里。

《建康志》曰:"乾道六年三月,朝请大夫秘阁修撰唐琢知府事。七年三月,改除太府卿淮东总领。"

周甫　县人

《卢志》曰:"熊顷见甫所书诗,上有印文曰'临淮周甫',恐即状元虎之族也。"

抈令君应时甚爱重之。

《烛湖集·答甫送行》诗曰:"籍甚多闻友,非徒一字师诗。"见遗集。

遗文类散佚[1]云。

按:乾道中,县有孝子李十二,刲肝救父。又有朱九七、朱四三,皆以母病,刲股疗之。县令赵善括赏以钱帛,又请旌于监司。

1　原作"散佚",误,据《至正重修琴川志》改。

事具《叙官注》。

叙　产

果之属

樱桃

《吴郡志》曰：自唐已有吴樱桃之名，今之品高者出常熟县，色微黄，名蜡樱，味尤胜。朱樱不能尚。《孙应时集》有《西郊赏樱桃》诗。

方蒂柿

《吴郡志》曰："味极甘松，它柿无能及者。近年郡城园户亦接其种，然味不及常熟。"《卢志》曰："蒂小而方，能治病。"

顶栗

《吴郡志》曰："比常栗甚小，亦号麝香囊，以其香而软也。所出极少，土人得数十百枚，则以彩囊贮之以相馈遗。此栗与朔方易州栗相类，但易栗壳多毛，顶栗壳净耳。"《桑志》曰："周孝子为县从事，有事于顶山，得美栗，遗母，其妻易以他栗。母出其余以食，孝子疑之，卒以他故出其妻。"

韩梨

《吴郡志》曰："每岁所生不多，价极贵。"《四朝闻见录》曰："姑苏地名韩墩，产梨为天下冠，比之诸梨，其香异焉。中都谓之韩墩梨。后因光皇御讳，改为韩村梨。至韩侂胄专国，馈之者不敢谓韩村，直曰韩梨，因此皆谓韩梨矣，非侂胄意也。吴中平田，有培塿皆曰墩。后避讳皆曰坡，而避村名尤甚于避庙讳。盖中都人以外人为村,故讳之。流传浸失[1],图籍易误,故因韩事及之。"

禽之属

乌

《宋书·符瑞志》:"晋泰宁三年三月,白乌见吴郡海虞,获以献,群官毕贺。"

1　国图本作"浸久"。

琴川志注草

里人　陈揆 编

叙　祠

栖羽流者二三。

《原化记》曰："苏州常熟县元阳观单尊师,法名以清,大历中,尝往嘉兴。入船中,闻香气颇甚,疑有异人。遍目舟中客,皆贾贩之徒。唯船头一人,颜色颇殊,旨趣恬静。单君至中路,告舟人,令易席坐船头,就与言也。既并席之后,香气亦甚。单君因从容问之,答曰:'某本此地人也,少染大风,眉发皆落,自恶不已,遂私逃于深山,意任虎豹所食。数日,山路转深,都无人迹。忽遇一老人,问曰:子何人也,远入山谷? 某具述本意,老人哀之,视曰:汝疾,得吾今能差矣,可随吾行。因随老人行,入山十余里,至一涧,过水十余步,豁然广阔,有草堂数间。老人曰:汝未可便入,且于此堂中待一月日后,吾自来看汝。因遗丸药一裹,令服之。又云:此堂中有黄精、百合、茯苓、薯蓣、枣、栗、苏蜜之类,恣汝所食。某入堂居。老人遂行,更入深去。某服药后,亦不饥渴,但觉身轻。如是凡经两月日,老人方至。见其人,笑曰:尔尚在焉,不亦有心哉! 汝疾已差,知乎？曰不知。老人曰：于水照之，鬓眉[1]皆生矣。色倍少好。老人曰：汝未合久居此，既服吾药，不但祛疾，可长生人间矣。且修行道术，与汝二十年后为期。因令却归人间。临别，某拜辞曰：不审仙圣复何姓名，愿垂告示。老人曰：子不闻唐初卫公李靖否？即吾身是也。乃辞出山，今以所修恐未合圣旨，年限将及，再入山寻师耳。'单君因记其事，为人说之。"见《太平广记》。

萃缁徒者五六。

《续高僧传》曰：苏州通元寺释惠旻，唐初入海虞山隐居二十余载，远方请业常百余人，地宜梓树，劝励栽植数十万株，通给将来三宝功德。中年，别于南涧止一草庵。两兔一彪相亲同止，内外盘游，无相陵恼。至于禽兽神祇，请授归戒，叙其事绩，未可具也。苏州都督武阳公李世嘉，遣使降书频请，不赴。贞观十九年，刺史江王因国度人，行道之次，请令出山。王欲受戒施衣，传诸香供，并固让诸德，不授不纳。辞退山泉，逍遥自玩。凡讲经律《菩萨戒》《成实论》数各有差，古律旧疏有陋失者，皆删正而通畅焉。以贞观末年，终于所遁。赞宁《高僧传》曰：后唐东京相国寺释贞诲，姓包氏，吴郡常熟人也。年始十三，出家于本州龙兴寺。其性沉静，分阴是竞，方逾一稔，诵彻《法华经》。如是恒业，日周二部。年十九，于扬州择名师受具足法。自尔西之伊洛，北抵晋郊，凡有讲筵，下风求益，核其经论，穷其性相，辈流之间，罕齐驰骛。至于非朋弱友，弃背如也。唐天祐元年，至今东京相国寺寓舍，讲导《法华经》十许遍，人未归重，则知奇货之售，亦有时焉。及梁氏都于是京，人物委输。贞明二年，会宋州帅孔公仰诲风规，知其道行，便陈师友之礼，舍俸财，置长讲法华经堂于西塔院。从此翕然盛集。诲旁读大

藏教文,二时行道,精进罔疲。凡世伎术百家之言,黜于议论之外。诚门徒曰:异端之说,汩乱真心,无记不熏,何须习俗? 吾止愿为师子吼,不作野犴鸣也。但专香烛涂扫,以内院为息肩之地。至后唐清泰二年二月十日,召弟子五十余人,自具香汤澡浴,令唱上生礼佛,罄舍衣资,为非时僧得施半斋僧讫。至十一日,望空合掌云:'劳其众圣排空相迎。'满百徒侣,尔日皆闻天乐之音。顷刻而卒,俗寿七十三,僧夏五十四腊。于寺讲贯三十余年,经讲计三十七座,览藏经二遍,修弥勒内院[1]业。以其年二月十八日葬浚郊东寺庄之原,旛幢威仪,缁白弟子约千余人会送焉。今盘山有《甘泉大师灵塔记》,唐咸通十二年立。《记》曰:"师讳晓方,苏州常熟县人。详见遗集。"

庙

东岳行祠 创造之由,无碑志可考。

按《桑志》云:"淳熙九年建。"疑以东平王祠推之,非别有据也。

东殿圣王庙 莫详建立岁月。

按《林大同集》云:"东殿李烈士庙,载在《琴川志》。"即指此。宋元之季,此庙盖祀李王。《桑志》曰:"东殿庵在县东,宋端平间僧永安建。"

白龙祠 邑人于此候之。

《吴郡图经续记》曰:"父老以为每岁有龙往来于虞山、阳山之间,其云雨可识。"

见蒋文怿、陆韶之记。

---

1 "院"字据《碛砂藏》本《宋高僧传》补。

《卢志》曰："或云文怪以姥同姓,事之甚谨,故无水旱之灾。邑人因塑蒋令像于祠傍,迄今犹存。"按《县令题名》又有大中祥符三年《龙堂碑》阴文。

绍兴壬申加封通济。

《卢志》曰："封母为慈懿夫人。"

既而获裨将倪新、殷简。

《系年要录》曰："绍兴三十一年十二月癸丑,上至平江,武经郎曹洋自李宝军中部所获叛人倪询、应简至,诏磔于平江市。"询,常熟人;简,通州人,并为金人造舟者。

东岳行祠　二记所载大略可观。

又有绍兴六年《石座记》,见《叙官》。

事见内翰洪景卢《夷坚志》。

《夷坚志》曰："福山东岳行宫,庙貌甚严。书生胡子文醉入庙,见两傍善、恶二判官,笑侮之,因掣其恶者笔戏玩之,袖而归舟。至中途,有一皂衣人呼之去。逡巡入庙,伏阶下,遥见堂上两判官,东西对坐。西向者呵责其掣笔之故,声色俱厉。子文素持《金刚经》,至是叩头忏悔而诵经不辍。诵至第三分,两判[1]皆起立。又诵两章,判并举手加额。于是,东向者为之缓颊。子文又哀恳,西向者怒少霁,沉吟曰:'不可不小示惩警。'叱令肉袒,举笔点其背曰'去'。子文遂悸寤,则身死舟中半日矣。趣归,疽发于背,十旬乃瘥。"

又曰："常熟县寓客曾尚书,下世已久,有四子。淳熙元年春,梦告其长县丞曰:'我被天符,为福山岳庙土地,方交承之始,阖府官寮当有私觌,礼不可废。吾东书院黑厨内藏佳纸数千张,可尽以付外染黄,印造大梵隐语,敬焚之,毋忽吾戒。'丞既觉,未以为然。

1　国图本、《江苏历代方志全书》本作"两判官"。

又见梦于仲子,仲以扣所知郑道士曰:'大梵隐语是为何经文?吾不识也。'郑曰:'此乃《度人经》[1]之末章。'取示之。仲笑曰:'无甚紧要,顾何足为冥途助?'亦不肯用父言。已而叔、季同夕感梦,二子嗜酒荒怠,略不经意。邑有陈秀才,素游曾公门,梦尚书至怒,骂诸子以不孝,欲愬于上帝痛治之。陈不待旦,趋往告。犹且信且疑。至三月二十六日,邑人群诣庙下,曾之季子与三四少年纵观,行经西厢,遇一妇人绝美,注目谛视,乃尚书也。疑立[2]庭下,顾两鬼捽仆地,剥其衣,叱曰:'不孝子尚敢来此!'四旁往来人皆见季呻呼楚痛苦不堪。主庙吏炷香为致祷,命左右送以归。迨及室,昏无所知,舍中百物皆无故自相触击,必碎乃止。明日,县丞邀法师陈国潜至家,使施法禁御逐。陈召集将吏测问,曰:'非祟也,乃尚书公以四子违命,请于天而罚之。'陈令排备酒馔,设席堂上,既而祭焉。家人悉见亡灵出现,与陈对席。陈恳祈数四,于是得释。季良久而寤,流汗互体,尽以所见为三兄及陈言之。即日,印经凡五百本,焚献谢过。"

又曰[3]:"秀州广平桥尹大郎将仕,其家本微,致力治生,虽无田庄,而浮财颇裕,唯每用无子为不足。已而妻得男,怜育备至。迨长成,下劣不肖,破荡钱帛。父母爱钟于心,亦不复较。俄以病殁,尹悲悼之切。或教使斋戒,择日祷于福山岳祠。遂具舟楫,与妻偕往。及抵岸,尹谓妻:'我先诣庙下,排比牲醪。明日侵晓,共焚香供献。'既去,移时不反。妻自步行咨讯,至憩亭,则见亡子用两手执其父。骇而问之,答曰:'不干娘事,我前生为某处县尉雇船渡江,

---

1 《度人经》全称《太上洞玄灵宝无量度人上品妙经》,是现存唯一官修道藏明代《正统道藏》的首部经书,天字第一号。

2 《海虞别乘》作"凝立"。"疑"通"凝"。

3 眉批云:此条宋本校过。

尹大作梢工,利我财物,挤溺于中流。今当索报。'母泣曰:'爷娘养汝二十年,竭尽心力,家计任汝费耗,岂不念此? '曰:'负财已了,只是欠命。'母度不可解,又泣曰:'既宿世冤债所不容免,但乞放还舟中。'坚不从,斯须而毙。"

要离庙

今在平市。

徐偃王庙　乡名未详。

按:江阴有来春乡,此盖旧志引《江阴志》以证其事,而续者不察,误于邑中求之。陶城之误,正与此类。《姚志》曰:"徐偃王庙在张墓桥。"

灵惠庙　后报慈寺僧耀观主增置寝室,奉神父母像于庙。

按:明洪武中,钱通《记》云:"元泰定五年,报慈寺僧耀募建前轩并后寝以位神父母。"此当是元人所增。又寺观之末,亦有添修处。

《桑志》曰:"周孝子墓在宣化门外,相传父伯十点检、母朱氏在焉。"又曰:"周孝子谱谍[1]在莫城周氏。宋治水利监察御史姜源有诗。"《姚志》曰:"集福经堂在邑东北,孝子之孙道信修炼其中。"

牒文尚在

此牒今在庙中,详见遗集。新府志[2]口:"清源妙道真君庙,俗称二郎庙,在邑东北。"宋周虎《碑记》曰:"开禧二年,金人合诸道兵长驱入寇和州。虎方奉诏守光楚,刺和时敌势孔炽,仓卒战,弗利,城几陷。"会虎方梦见一巨人,冠三山冠,衣白袍,谓予曰:'忠义者神明所默佑。吾隋人赵昱也,知子有忠义心,故至此以助,子

1　原作"谱谍",据文意改。
2　眉批云:《新府志》本《龚志》。《龚志》曰:清源妙道真君庙在邑东北,宋周虎碑云云。

当益奋其力，护卫一方民。'虎惊起而叹曰：'是何神也，岂可爱尺寸肤，不为社稷计？'遂进部下令于众曰：'吾奉天子诏为国家守臣，今敌寇充斥如此，惟有死报国而已，庶上不负天子之付托，幽不负神明之告戒！'逮敌合战，鼓噪入城阃，风雾四塞，咫尺弗克辨。未几，俄[1]有光烛寨前，奄见一人，跃马持杖，冠袍一如所梦，越官军，风雾寻消。士卒益有生气，殆默佑虎者。虎乃三十三战，王每昭灵，而无一战不克。间或病，卒起呼，王辄应，而久即报瘳。由是，军威[2]大振，杀敌骁将以千数，最后射死右帅石矹磋，敌气沮折，大创引去。和始安，城得以全，而江淮无恙。王之功实居多矣。虎戴其靖国功、佑民力闻上，乞崇徽号貌于和，使其邦世祀于城，不忘也。天子曰俞，封护国圣烈昭惠灵显神佑王，龙章锡号，固皆报功其中茂绩，而是庙实由作。始王从李珏隐于青城山，自负奇节，能为人下。隋炀帝伟其才，起为嘉州牧。州方以犍龙之害，民皆嗸嗸，早不防暮。王出奇策以除，郡人神之。隋乱，隐去，不知所终。江水泛溢，防断不补。蜀人见王青雾中，乘白马，超波而过，水患遂平。民德之，建庙灌口，以昭其灵异。唐太宗时，上不豫祷于王，疾遂瘳，诏封神勇大将军。明皇幸蜀，护跸有灵，加封赤城王。我真宗命张乘崖平蜀，赖神相告戒言于朝，改封清源妙道真君。至其起仙洞，震灵关，破妖浪，神含沙，历历见功，莫可以悉。呜呼！王之护国益民，励将兵，除天下害，而受天子知以承洪惠，旧矣！至是复有兹举者，盖王之功有加于曩，君之惠益崇于今。虎以吾邑有庙在拱辰门内，盖邦人以神能平江患，去灾弭祸，故祀之于此。虎谒焉，见榱桷焕然，屋瓦廊庑，基宇广袤悉如制，思前丰功伟绩，遂勒于石，以垂

1　原作"像"，据国图本改。

2　原作"军盛"，据国图本改。

不朽。虽然王之神在天下，如元气流行于四时，触之辄感，叩之辄应，殆与天地日月相为周旋。吾邑民仰其灵贶多矣。使天下而有所未感，殆仍感焉。然降丰年，除水旱，平疫疠，弭盗贼，笃名邦而周于天下，则王之昭圣典于无穷，而虎之感王灵于永世也。斯庙之立，又岂渎哉！庸书此以诏来者。"

横泾东岳庙　里人国谕张士元建，以为一方祈福之所。

士元，字允甫，见《戴表元集》，事具《续志》。《姑苏志》曰："崇寿院，在横泾。端平三年，僧皎如建。"又曰："崇福院，在横泾。绍兴元年，僧至实建。"

寺

慧日禅院　丛林之盛，此居其首。

《常昭志稿·宋钱观复钟铭》曰：左朝奉郎新差权发遣广德军、主管学事兼管内劝农营田事、赐绯鱼袋钱观复同妻孺人徐妙觉发心为慧日禅院铸造洪钟，为之铭曰：祝融司火，董廉啸风。以铸以镕，范金为钟。永镇海隅，与法流通。祝我皇寿，天长地久。赫赫王灵，无远不覆。华夷乂宁，民物康阜。匪雷匪霆，是谓大声。遍满法界，福彼苍生。警世大梦，顿超觉城。绍兴纪年，疆[1]圉单阏。月在则壮，丿木惟日。爰勒斯铭，以昭罔极。干造僧宗信、首座辩清、监院怀珏、住持僧兴道、右迪功郎县尉赵师严、右从政郎主簿王文靖、右宣议郎县丞胡履泰、右通直郎知县事孔瓒。

增葺始备。

释居简有《慧日僧堂上梁文》，又寺有致爽轩，并见《北磵集》。

岁入亦增益。

1　原作"彊"，据国图本、《江苏历代方志全书》本改。

《姚志》曰："宋嘉泰元年，寺僧募崇素乡樊姓舍米斋僧，碑存。"又"咸淳四年，香火人许德置双凤乡田二十二亩为岁朝斋僧之需，碑存。"按：嘉泰碑今在寺中，余碑未见。

崇教兴福寺 寺基本沮洳地。

《姚志》曰："相传东塔未建时，基原一潭，有异僧慧彻以四木鱼置水中，头尾皆动，群儿戏掷瓦砾而鱼，终莫能得，遂至填塞，因以筑基。"

俗呼为塔院。

亦曰东塔寺，见《叙县》。洪武中，释妙声《记》曰："文用建塔，仅及六成。咸淳间，有渊塔主者，悉撤其构，更建今塔，其高九级。时日观温公为制化疏，远近响应，财施云委，遂落其成。上施露盘，表以金刹，周设栏楯，金碧丹腹，上下焕然。"寺有雨香堂碑，共四截，皆淳祐间人赠无择禅师诗，顾霆发书，今存。

寿圣东灵寺 唐嗣圣二年，为中兴寺。

按《吴地记后集》云"圣历二年置"是也。嗣圣止一年。

移于今所。

按：此寺久废，今为城隍庙，庙前井阑有庆历八年题记。

报慈教院 崇宁二年建。

《卢志·牧守题名》曰："庄徽政和五年六月署，衔作守徽猷阁待制、苏州管内观察使。"见《常熟报慈院公据碑》。

破山兴福寺 多唐时屋也。

《吴郡志·兴福寺再修功德记》曰："此寺始自齐始兴五年，因邑人郴州[1]牧倪德光舍居第置之，是为大慈寺。至梁大同三年，改为兴福寺。自为邑为寺，历陈、隋四代，迄于我唐甲辰，岁逾三百年。

---

1 《海虞文征》作"彬州"。

会昌末，释教中圮，僧难聿兴。武宗斥去浮屠法，兹寺在毁拆数。大中践祚，再恢释教，俾饰伽蓝。先是，大檀越主吴兴钱公某、吴郡顾罕、汝南周坦与彼亲友兼募信士助修塑像，添建殿堂，奂爀垂方，传之不朽，以隽侨居。是邑废之兴之，耳目相接，俾书其事，有愧斐然。时中和四年六月五日记。"范成大曰："按齐无始兴年号，但有延兴、中兴，二号皆止一年，流传之误如此。既是唐碑，姑存之。"

奇怪不可识。

《暌车志》曰："常熟县破山寺僧堂，李唐所建，柱有雷神书凡三处。盖昔人所传谢仙火之类。内一柱题字最端谨可识，云'助溪作火田'凡六字[1]，上一字作'从具从力'，字书所无，字皆作篆体倒书，入木三分，不类雕刻。然各去地丈余，与旧说身长三尺者差异。"

池产重萼千叶白莲，芳色异常。

叶梦得《乙卯避暑录话》曰："夏初，作小池，导安乐泉注之，得常熟破山重台白莲植其间，叶已覆水，虽无淙潺之声，然亦澄澈可喜。"旧为放生池，见《叙县》。

重一千三百六斤。

《邓志》曰："岁久古迹皆废，独石梁外尊胜石幢犹存，其上经刻乃平原陆展书，清劲有法，妙迹也。"程嘉燧《破山寺志》曰："二幢当山门前，左幢平原陆展书，右幢京兆全贞书，唐大中中建造，宋建炎三年八月二十三日重建。"按：今拓本年分已阙。叶万《金石录》云"旧有景龙年月"，恐误。《寺志》又曰："万历初，顾氏营墓于寺东，掘得吴越王所藏阿育王铜塔，高五寸许，内刻款云'吴越国王钱宏俶敬造，八万四千宝塔，乙卯年记。'"

1　原作"六字"，据文意改。

唐之怀述字体如吴人。

见《题咏门》。

常达，字文举，邑人。

赞宁《高僧传》曰："唐吴郡破山寺释常达，字文举，俗姓顾，海隅人也。发迹河阳[1]大福山，游学江淮诸胜寺。达允迪中和，克完戒法，专讲南山律钞。后求《涅槃》圆音，《法华》止观，复通《阴符》、老、庄百家之书，其余分时之学，尽二王之笔迹，后随方参禅，诣于宗极。俄属武宗灭法，叹曰"我生不辰，不自我后"。由是寝默，山栖委裘，遁世而无闷焉。宣宗重建法幢，荐兴精舍，合境民人皆达之化导。故太守韦曙特加崇重。身不衣缯纩，室唯蒙薜萝。四众知归，诸方慕化。其洁白鹤鹭如也。咸通十二年，合郭僧民请绍四众教诲，或游遨坰牧，或啸傲海壖，不出林麓，动经数载，虽贵士单车诣门，莫得而见。于七五言诗，追用元和之体，著《青山履道歌》播人唇吻。忽自恣明辰鸠众于长廊，合掌遂申长别，辞甚刚正，因卧疾不起，绝食七日而逝。实咸通十五年九月十六日也。春秋七十四，僧腊五十一，门人会清傅朗奉灵柩殡于寺之东南三百步。后年即坟起塔，颍川陈言撰塔铭，邑大夫汝南周思辑为檀信，乾符四年立碑焉。"

朱梁彦俌，邑人。

《高僧传》曰："梁苏州破山兴福寺释彦俌，姓龚氏，吴郡常熟人也。揭厉戒津，锱铢尘务。勤求师范，唯善是从。末扣击继宗记主，得其户牖，乃于本生地讲导同好，鸠聚律风孔扇，号为毗尼窟宅焉。先是，海隅巫咸氏之遗壤，招真治之旧墟，古寺周围，不全堨垣而已。尝一夜有虎，中猎人箭，伏于寺阁，哮吼不止。俌悯之，忙系

1　原作"何阳"，据《海虞别乘》改。

鞋，秉炬下阁，言欲拔之。弟子辈扶遏且止者三四，伺其更阑各睡，乃自持炬，就拔其箭。虎耽耳舐矢镞血，顾俙而瞑目焉。质明，猎师朱德就寺寻虎。俙告，示其箭，朱德悚心罢猎焉。武肃王钱氏知重，每设冥斋，召行持明法。时覆肩衣，自肱而堕，还自塔上。或见鬼物随侍焉，所谓道德盛则鬼神助也。以贞明六年六月终于山房，年九十九岁云。"

宋晤恩，邑人。

《高僧传》曰："宋杭州慈光院释晤恩，字修己，姑苏常熟人也，姓路。母张氏，尝梦梵僧入其家而妊焉。及稚孺，见沙门相必起迎。迟年十三，闻诵《弥陀经》，遂求出家。亲党饶爱，再三沮之，乃投破山兴福寺受训。后唐长兴中，受满分戒，登往昆山慧聚寺，学南山律。晋天福初，从携李皓端师听习□[1]经，论悬解之性，天然时辈，辄难抗敌。后微闻天台三观六郎之说，冥符意解。汉开运中，造钱唐慈光院志因师，讲贯弥年，通达《法华》《光明经》《止观论》，咸洞玄微，寻施覆述。出弟子相次角立。雍熙三年八月朔日，恩于中夜睹白光自井而出，明灭不恒，谓门人曰：'吾报龄极于此矣。'乃绝粒禁言，一心念佛。次梦拥纳沙门，执金炉焚香，三绕其室。自言祖师灌顶，来此相迎，汝当去矣。梦觉，呼弟子至，犹闻异香。至二十五日，为弟子说《止观旨归》及《观心义辰》时，端座面西而化，享年七十五，僧腊五十五。其夜院僧有兴文偓等，皆闻空中丝竹嘹亮而无鞉鼓，且多铃铎，渐久渐远，依稀西去。迨九月九日，依西域法焚获舍利，青白圆粒无算。恩平时谨重一食，不离衣钵，不畜财宝，卧必右胁，坐必加趺。弟子辈设堂居，亦同今之禅室。立制严峻，日别亲视。明相方许净人

---

[1] 眉批云：空格原"讲"字，朱笔乙去。

施粥,曾有晚饮薯蓣汤者,即时摈出黉堂。每一布萨,则潜洒不止。盖思其大集满洲之言耳。偏诲人以弥陀净业救生死事,受教得生感祥可见者,往往有之。凡与人言,不问贤不肖,悉示以一乘圆意。或怪不逗机者,乃曰:'与作毒鼓之缘耳。'不喜杂交游,不好言世俗事,虽大人豪族,未尝辄问名居,况迁趋其门乎?先是,天台崇教,会昌毁废,文义残缺,谈妙之辞,没名不显。恩寻绎十妙之始终,研核五重之旨趣,讲大玄义、文句、止观二十余周,解行兼明,目足双运,使法华大旨全美流于代者,恩之力也。又慊昔人科节与荆溪记不相符顺,因著《玄义》《文句》《止观》《金光明》《金锌论科》,总三十五帖,见行于世。吁! 河汉中有鱼溯流而上者何? 潜泳有所取故。恩公不宽乘戒而出弟子十有七人,求解而行行耳。"《中吴纪闻》曰:"后唐时,昆山有绍明律师,僧中杰出者常熟破山恩,高僧尝学于绍明。见本朝《僧史》。"

有碑存焉

按:《县令题名》有《破山梁僧道戒碑》。

空心亭

《吴郡图经续记》曰:"有空心潭。"《寺志》曰:"潭有无尾螺,相传有神僧,见烹螺者,已去其尾,放之潭中,得生。或徙之他处,则尾如故。"

有文举塔、体如塔。

《桑志》曰:"彦俦塔,在寺东。晤恩塔与彦俦塔相近,有石存焉。"

琴川志注草

里人　陈揆　编

叙祠

寺

显亲资福禅院　本名石屋维摩庵。

《桑志》曰：“隆兴元年,僧法运创。”

顶山广福院　景祐间,太常博士陆景有《顶山十咏》。

陆景,见《进士题名》。《叙山》作“陆果”,误。

白龙祠正与寺相对。

寺僧珂师刺血写《莲经》。见《北硎集》。《姑苏志》曰：“白龙庵在顶山。”梁天监元年,僧坚镐建。

瑞石庵　主簿陈珏

已见《叙官》注。

今为参议虞公似平坟庵。

《桑志》曰：“宋龙图阁学士虞衡墓,在顶山白龙寺左。成化间,石兽尚存。”

中峰庵

《卢志》曰：“梁大同二年建。”《桑志》曰：“天监二年,僧月澄建。"《吴郡志》："赵彦清《吕真人感应记》曰：昔阳大明，南安名士也。孝纯笃，出于天性。亲丧庐墓，而上帝昭鉴，遣吕真人赠诗遗药，以答其诚。郡守既尝表于朝，又刻石传于世。予窃谓神仙在渺茫荒忽之间，安得与人接？始疑而未之信。平江之常熟海嵎山[1]北十七里绝顶，有僧慈悦，结庐于白龙祠之侧。向得水肿疾，屡投药石，弗疗。一日，有客自云姓回，忽至龙祠。音容异常，徐而入，见慈悦，甚怜其病。遂以指甲划其股，腹水即溃而肿消。又以药一弹圆，教用当陆根煮汤服之。且语慈悦寿至八十有五。不逾两日，其疾遂痊。慈悦初不悉其为何人也。后两月余，有客云来自临安。因觇补陁至此，以画一轴授慈悦，曰：'吾所画也。'须臾而去，及展视之，乃薜荔所覆吕真人之像。方悟前日姓回者，即吕也。慈悦奉龙祠三十年，其不懈如一日。凡有祷祈，随即感应。里人莫不爱重之。天使真人来治其病，其事亦类于阳君也欤？夫人患不诚不信，诚可以开金石，信可以及豚鱼，况于神仙乎？余因祷龙祠，慈悦以此告余。既以释吾之疑，而且有感焉[2]，故刻石以记之。"《夷坚志》曰："客戴碧纱方顶巾著白苎袍。"又曰："时绍兴三十二年，僧年七十八矣。"

宝严院　造七级浮图

《景德传灯录》曰："杭州普门希辩禅师，苏州常熟人也。幼出家，礼本邑延福院启祥禅师。落发具戒，诣楞伽山听律。寻谒天台，受心印。乾德初，吴越忠懿王命住越州清泰院，署慧智禅师。开宝中，复召入，居普门寺。太平兴国三年，吴越王入觐，师随宝塔至，见于滋福殿，赐紫号慧明大师。端拱中，上言愿还故里，诏从之，赐

1　《吴郡志》作"海隅山"。

2　《吴郡志》作"也"。

御制诗。及忠懿王赐金于常熟本山院,创砖浮屠七级,高二百尺。功既就,至道三年八月二十五日示疾而逝,寿七十七,腊六十三。塔于院之西北隅。"《中吴纪闻》曰:"常熟海虞山有古刹,号宝严院。吴越钱王之子祝发于此,有浮屠七级,极壮丽。吴人相传自京师来,泗洲僧伽塔为第一,此为第二,至今尚在。"按《姑苏志》"疑希辩为钱王子",非也。王子或学于辩耳。

李堪修造记

《吴郡志》:"李堪《重修延福禅院记》曰:苏州常熟县海隅山,旧有延福禅院,盖出于梁天监之初。自唐会昌废毁,存者无几。端拱二年,今长老惠明大师希辩,荷天子荣命,归止于斯。而乡耋里氓,为之舍土木、畚锸之功,大作广宇峻厦,不五岁而告成。于是有隆博而门者,有炳焕而亭者,有显壮而堂者,有邃丽而室者,有虚揭危累而塔者,有双延相敞而庑者,有表门背室纤遮峭直而垣者。抱塔之趾,又有围覆瑰架四十而院者。居高而顾望,周旋自下以相之,翼舒鳞萃,辉照可鉴。会奇集胜,状不能尽。即以主者处师,俾悉得而专有之。师当钱氏列国时,从学于天台山。既大成而有闻,被召入为惠智禅师,居普门寺演法。暨余杭国除,随诏诣阙。上御滋福殿引见,宣授紫罗命服,及内府帛五十匹,复赐师今号,留之京师大寿寺。淳化三年,上御制草书《急就章》一卷,《逍遥咏》一十一卷、《秘藏铨》三十卷《太平圣惠方》一百册藏焉。恐后未谕其来,故按其实以录之。至道二年冬十月二十四日,乡贡进士李堪记。"《崔敦礼集》有《宝严寺田记》,见遗集中。

净慧禅院 见程冕《修造记》。

淳化四年,见《主簿题名》。

开宝中,邹知邈知造施地为之。

《县令题名》又有至道二年《重修仁王禅院记》。

大中祥符元年赐今额。

有改赐院额帖,见《主簿题名》。

见夏之文记。

《吴郡志》曰:"旧经无,今据碑修入。"《桑志》曰:"施水甘露院,在练塘,淳熙六年建。"

观音教院 政和五年建。

《曾志》曰:"天台寺,在杨兴东北,梁天监中建。宋政和中,僧利渊阐台教于此。"

妙清院 陈祯明二年建。

《桑志》曰:"僧宗梵创。"叶奕苞《金石录补》曰:"明季,毛氏重修大殿,得石础,为后梁贞明五年吴郡陆夫人墓志。"详见遗集。叶万《金石录》曰:"志方尺余,卧蚕回边,字极拙陋。"姚广孝《修寺记》曰:"旧有钟泛海来,迎归于寺。"今有迎钟塘。

胜法寺 乾元元年置,为离火宅寺。

《吴地记后集》曰:"唐乾元年置为离火宅寺。"按:乾元纪岁不应在元和后,"元年"上当有脱字,此志所添非也。又按:今梅李胭脂墩有尊胜石幢二,为唐乾符五年立,不著书人名氏。详见遗集。

皆刻而龛之庑下。

《姑苏志》曰:"梅林东塔院,在梅李镇。宋绍兴间,邑人钱道者建浮图七成。"《夷坚志》曰:"平江人江仲谋于府内饮马桥南启熟药铺。绍熙[1]五年,又启一肆于常熟梅里镇,择七月十二日开张。前一夕,梦黄衣人声喏持文字一轴,云:'相公令投下文字。'江问:'何等文书?'曰:'是镇中人户所居名次,望官人题上簿。'江许之。视黄衣一臂损烂出血。明日,以语人。其邻叟云:'相近钱知监宅

---

1 国图本、《江苏历代方志全书》本作"绍兴"。

东有一庙,镇人争往焚香,岂其神乎?'江即携香酒致谒,见土偶趺卒,臂泥脱落,宛然昨梦所睹。盖伏虎司徒神也。立唤匠补治。旋梦来谢,且祝江勿用伪品药杂于剂中误人服食,因而可积阴功。江感其说,收市良材,不惜价直,而所货日增。"

延福禅院

《龚志》曰:"疑即宝严寺。"

法解寺 旧名泗洲塔院。

郑元祐《无锡泗州寺记》曰:"寺旧为庵,宋法非敕额不敢造寺。端平二年,请于官,以常熟县泗州废寺额,易庵为寺。"按:邑中泗州院有二,未详孰是。

万寿寺

《叙赋》有拨赐万寿寺田。《姑苏志》曰:"东禅庵,在甘草镇。崇宁元年,僧惟一建。"又曰:"归云庵,咸淳二年,僧文雅建。"《桑志》曰:"在甘草市。"

圣像寺 僧仲殊为之记。

《吴郡志》:"僧仲殊《记》曰:生民之欲者,富与贵而已。富贵知道德,称为君子。君子所居,乡党归之。是故博施济众,君子之所职也。率人为善,君子之常分也。在西方之教,谓之居士。长者乃利益及物,因以为氏。故释迦如来号刹利氏,谓利益所及一刹土耳。中国有大圣人作,自太祖皇帝至今,天王推原,开辟以来,未有太平如此之盛。教化隆侈,天下富乐,比屋可封,余力间暇。人人得以讲性命之宗,究死生之本,览罪福之要。互相劝饬,思所以因教而达于道。夫三教之用,虽趣向各异,要之为善,其揆一也。佛法之盛莫如姑苏,白沙又居其上游。附海膏腴,地力十倍。朱君肱承父业起家,称为右族。父某,天资好善,尝游陆河圣像院。观大殿摧圮,首施家财,募众兴功。嘉祐八年夏,绩用成就。熙宁初,再造佛像,未毕而终。君能追诵先志,绍圣三年工毕。刻石作记,以告后来。绍圣四年十月,雪川空叟僧仲殊记。"《姑苏志》曰:"时思庵,在陆河里。咸淳五年,僧泉涌建。"

褒亲崇惠寺

《桑志》曰:"在支塘市,宋僧日东建。系宋靖懿帝姬殡所。"《宋十朝纲要》曰:"哲宗女陈国公主降左卫将军石端礼。政和七年薨,追封靖懿帝姬。"《卢志》曰:"当是权厝于此,后葬吴县黄山。"

明因禅院

《卢志》曰:"梁天监四年建。"

广安寺

《吴郡志》:"淳化二年,晓师苾刍建。"

灵宝寺　唐乾元初建。

《姑苏志》曰:"僧普定建。"《桑志》曰:"开元初,僧如鉴建。"《姑苏志》又曰:"法华庵,在涂菘市,龙朔元年,僧泰和建。"《江阴志》曰:"通利公庙,本在通州,神姓蒋,吴郡涂菘人。伪吴时,谕通州民以海盐之利。殁,封司徒。南唐升元五年,封通利侯。保太中,加公爵。宋政和元年,赐额佑仁。"

法轮寺　号曰双凤。

按《桑志》以为支遁事,推其年岁,益更谬矣。

智林寺

寺僧道一,淳熙壬寅坐化。茶毗,舌根不灰,敷荣七叶如莲花。嘉定己巳,陶善继为记、勒石,中毁于火。后六十六载,朝散大夫李念祖重记其事。见遗集。《姑苏志》曰:"崇祖利济庵,在李墓东。端平二年,僧智诠建。"

寿圣晏安院

《吴郡志》:"始自陈朝祯明元年。绍圣二年,僧智通始建钟楼,次以浴室、廊庑、阶砌鼎新。"按：许浦有太平寺，疑即是寺。见《乡村》及《水军寨下》。《姑苏志》曰："福田庵，在许浦。治平间，僧雪山建。"

大慈寺　梁太清元年建。

《桑志》曰："僧普明创。"

近始鼎新焉。

按《桑志》云："元初重建。"《姚志私志》："大慈寺有重荣树，宋时寺毁，树亦槁。元初兴修而树重荣。"今按《钟楼记》云："寺昔中微，木日就槁，及其再振，木则重茂。"二志并误。

至今尚存。

《姚志》曰："又有梁时古杏。"《曾志》曰："永昌庵，在福山八段泾，梁普通中建。"

法轮寺

《桑志》曰："梁天监间，僧宗印建。"

净居院　见知制诰钱易《经藏记》。

《舆地纪胜》："天圣元年，钱易《常熟县净居经藏记》曰：阖闾故都，曲阿前邑，薮泽盛于东吴，槐桐栟于江介。"《吴郡志》曰："始于梁大同二岁，唐会昌废。大中初，诏复天下精舍，院复兴。广顺中，钱氏有土，仆射陈满悯其隳陋，首出己财，集群庶同作佛殿。其后始获禅子尧锄荒以广其地，端径以辟其门。圣宋咸平六纪，遍募豪族以重新之。"

法宁教寺　僧如瑜建。

《姚志》曰："白雀寺，在县北三十里。端平三年，僧如瑜建。"按王世贞《白雀寺记》云："梁天监中所构。"姚氏误。

妙相经堂

按《桑志》《姑苏志》，宋以前庵院尚多，其村落可考者已具前注。余并附此。

南市崇福院,在县治西南。建炎二年,僧安岳建。

福顺庵,在县治南稍西。绍兴间,僧万山建。

尊胜庵,在县治西北。开庆间,僧恩律建。并见《姑苏志》。

《桑志》曰:屠太庵,在县东南。至和间,僧永寿建。

北方门院,在县西北。淳熙间,僧得蒙建。以上并在郭内。

慈敬庵,在南沙乡。绍定三年,僧法应建。

何王庵,在南沙乡。乾道间,僧性真建。

邵庄庵,在端委乡。建炎三年,僧善妙建。

朗城庵,在开元乡。绍定二年,僧传心建。

杜相庵,在思政乡。治平间,僧永安建。

观音庵,在思政乡。端平元年,僧皎月建。

赵庄庵,在思政乡。端平元年,僧永福建。

迎春庵,在双凤乡。淳祐二年,僧月山建。

罗墩庵,在罗墩。元祐二年,僧妙泽建。

余庆庵,在陈墩。乾道二年,僧柏梁建。

慈福庵,在顾墩。嘉泰三年,僧云祥建。

资福庵,在姚巷。端平二年,僧安信建。

常庆庵,在芦荻村。咸淳二年,僧永祥建。《桑志》曰:"在县东北十二里。"

资福庵,在邢家庄。元祐三年,僧尊妙建。

福田庵,在陆名泾口。咸淳二年,僧道隆建。

如存院,在白茆塘北。咸淳间,僧道腴建。

圆通庵,在徐泾。咸淳五年,僧传心建。

圆应庵,在新庄。开庆元年,僧安山建。《姚志》曰:"在潭塘。"

崇庆庵,在下庄。大观二年,僧安岳建。

广福[1]院,在马泾。嘉泰间,僧守信建。

崇福庵,在庙桥。淳熙间,僧永寿建。以上并见《姑苏志》。

《桑志》曰:"吉祥庵,在王巷。吴赤乌中建。

妙莲庵,在杨巷。宣和间建。

时思庵,在山泾上。绍兴间建。

尚墅庵,在尚墅。

西资庵,在十九都。俱咸淳间建。"

《昭文志》曰:"净土庵,在二十一都。建炎中建。"

宫 观

致和观 号曰招真。

马枢《道学传》曰:"张裕天师十二世孙起招真观,植名果,尽山栖之趣。梁简文为制碑。"见《太平御览》。

梁简文帝尝赐玉案一面、钟一口。

按《续图经》又有香百斤、烛百铤陈供于此。

今梁殿尚存。

按:今有梁朝石碛、李则正题记尚存。《桑志》曰:"有七星桧,梁朝所植,奇古特甚,为此山之胜。有阴符经碑石,见《主簿题名》。

化为双鸽飞去。

宋濂《丹井铭》曰:"化为双红鸽飞入尚湖。"

县令陈照邻

题名未见。

则正善医。

按:北宋末,县有潘琪善针灸。庄绰《灸膏肓腧穴法》曰:常

---

1 眉批云:"广福"改"报慈"。嘉泰间,僧守信改。嘉泰二年,僧思恩。

熟县医工潘琪云：琪传之于师，取穴之法，正坐曲脊，并足而仰两手。令大指与脐，屈肘当髀股上。其说虽与《千金方》伸臂令正直之法不同，然比立点则近古矣。

敕赐致道观。

观之西庑有李王庙，建于元代。庙中有宋景定制敕，真迹尚存。详见《续志》。宋邓道枢题名石，在大殿东。

乾元宫　徐神翁之弟子申先生

永乐中张宇初《记》曰："申元道。"

得美泉

张宇初《记》谓之"雪井"。

清真观　今废

《玉峰志》曰："清真观，在昆山县北。淳熙初元，迁常熟县故道宫，榜曰清真，为观额。"

至和道院　应梅所创建

梅所名锡智。《桑志》曰："锡智精于道法，善词章。见《续志》。"

延真道院　宗室尊长赵伯建

永乐中，林复真《记》曰："宋淳熙间，宗室赵伯正建。"《桑志》曰："南宋赵王墓，在涂菘西半里许，遗址尚存。《龚志》曰：'虞山西北麓有冈阜回合，土人亦指为赵王坟。'太仓顾成志《邑乘小识》曰："涂菘尝浚塘得一碑，乃淳祐十年宗室保义郎赵伯旺之女，二县主为其父立祠道院者，有云'考妣之坟，坐于涂菘市西。先兄提干祔葬于先君墓侧。'所云赵王坟，其因此误欤？"

冢　墓

吴仲雍墓

《吴郡志》曰："《世本》云'吴熟哉始居蕃离'，宋忠《注》云：

'熟哉,仲雍是也。'"《括地志》云:"仲雍冢,在常熟县西北三里海禺山上。"

齐女墓

《越绝书》曰:"齐女思其国,死,葬虞西山。"按:虞西山之名,仅见是书。《吴地记》曰:"葬海隅山东南岭,与仲雍、周章坟相近。葬毕,化白龙冲天而去,今号为母冢坟。"

周章墓　《郡图经》:周章,阖闾长子,墓在海虞山上。

陆广微《吴地记》曰:"仲雍、周章并葬海虞山东岭上。"又曰:"阖闾三子:长曰终累,婚齐女,蚤亡,亦葬此山。"此所引误。

黄香墓

按此所记残字,或是黄氏后人。墓碑追述祖德,未可知也。

瞿硎先生墓

《卢志》曰:"晋废帝陵,相传在白茆市。"侯白《旌异记》云:"有盗发白茆冢,而棺内大吼如雷,野雉悉雏,飞熘赫然。其盗多被烧死。"按《晋书》:"废帝奕既废,咸安二年,降封海西县公,徙吴。太元十一年十一月甲申薨,与庾后合葬吴陵。"《桑志》曰:"石兽常为怪,里人毁之埋土中。今曰石马潭。"

陆丞相墓

《桑志》曰:朱夫人墓在县东北,弘治中,因重建济农仓,起土得砖矿一穴,志石具存。其文曰:夫人朱氏,其先彭城人也。祖某父,太平夫人即平公之仲女[1],笄年纳聘,归于章门,何期芳树摧枝,霜侵夏蕊。府君以元和五年六月三日奄殁寰扉,夫人孀室哀怀,悲连枕席。至元和十年三月三十日,俄逝东川。是日,亲戚哀恸,中外伤情,即于其年四月八日窆为县郭北陈朝公之地,时年三十有三。

1　《虞乡志略》作"朱太平公之仲女"。

有一子曰四奴,与二叔公义量度称家而厝之,恐千秋失祀,松柏为薪,请予刻铭,用昭封域。词曰:

芳树逢春春不荣,参商俱坠晓星明。魂魄不知其反所[1],空余骸骨瘞佳城。

按:济农仓,即宋顺民仓也。《桑志》又曰:"蔡墩,在韩墩西。相传蔡将军所筑。近年,居民于墩之侧得断《志》云'唐咸通十二年,蔡将军墓。铭曰:哀哉先君,大道无闻。夫人先丧,府君后临。雌雄二剑,俱飞碧云。蔡墩之墓,千秋万春。'"

---

1 《海虞别乘》作"返所"。

琴川志注草

里人　陈揆　编

叙　文

碑　记

常熟县宰题名记

按：县令姓名已具《叙官》。其梁陈时为信义郡，郡守可考者梁刘孝胜，见《梁书》；周文育，承圣元年；周铁虎，承圣二年，并见《陈书》。陈余孝顷，天嘉四年，见《陈书》。又《文苑英华》陈子干谏，为梁信义太守之孙，其名未详，并记于此。

鲁国公曾慎

《吴郡志》无"公"字。按《吴郡志》所载诗义，并略有异同，今不具注。

续题名记　今五万一千三十八。

《吴郡志》作"五万一千一百三十八"。按《桑志》云："宋淳熙十年，县户二万六千五百二、口五万一千五百七十，户数悬殊，未知何据。"

府所倚集。

《吴郡志》此下有"月四大万"四字，当补。

社坛记　久矣此邦之不获乎上下也

《孙应时集上》："平江守启曰：惟是琴川，近封实为弦歌故里，乃当昭代独著恶声。盖以珥笔之民，气势之日滋；凿空之赋，文移之雨至。期会大严，则才困于不展；喜怒为用，则权轻而易摇。故二十年以来，几无一令之善去。在数百县之间，久为两选之所遗。"又《与邱崈书》曰："四月三日，已抵琴川。将以初六日，祗服官事。惟是窘弊弛坏，千条万端，未知济理。"又《与张孝伯书》曰："此邑盘错轇轕，不与他等。右史旧所临屈，知之实详。二十年来，积弊愈甚，讼繁赋重，权轻势孤，怨府危机，巧伺横发。"

丹阳公祠堂记　自唐开元始封吴侯，我朝《政和礼书》已号丹阳公，而绍兴御赞，犹有唐封。至淳熙间，所颁[1]位次又改称吴公云。《吴郡志》作"我朝大中祥符改称丹阳公"云，无"政和"以下数语，当据改本。按《朱子与孙令书》云："子游之封，在唐为吴侯，在政和为丹阳公，而淳熙所颁祀礼乃为吴公，盖十字皆因唐之旧。自侯而公，然不知何时所加。"《烛湖集·祭朱子文》云："若乃丹阳之改爵，实载定陵之《长编》，窃著所疑，敢因以告。盖此书未答而朱子没，故祭文及之。"又按《烛湖集·上朱子书》云："常熟实为言游故里，桥巷犹存其名，且载于《图经》，惜未有表而出之者已。即学宫之侧别为堂以奉祀，扁曰丹阳公祠。念非乞记于先生，犹不为也。不知肯特破例下笔否？"又《书》云："昨书尝僭乞子游祠堂记，区区素不敢事炫饰妄求品题，顾此邑实言游故里，今江浙所无有，不以请先生求一语为信，某罪大矣。亦望因赐挥染，当留俟他日托人刻之，乞无疑也。时学禁未弛，故云。"《晦庵别集·答孙季和简》曰："昨需《祠记》，本不敢作。

1　原作"盼"，据《〔至正〕琴川志》改。

以题目稍新，不能自已。略为草定数语漫录，去度未可刻，以速涪城之祸，幸且深藏之也。"

常熟县重建学宫记　属邑士胡洽胡淳庀其役

胡淳，盖即宝祐修志者。已具前注，

东以储书

《直斋书录》曰："《言子》三卷，新昌王爚裒《论语》诸书问答为此书。"《内阁书目》曰王爚辑子游言行及祠庙事迹，自序以言子生是邑，嘉言懿行，散在经传，爰辑是书。其本末可以考见，因刊之以存于祠。其书分内篇、外篇、附录为三卷。

教育言氏子孙记

《元和姓纂》曰："言氏，孔子弟子言偃之后，今苏州多此姓。"戚光《金陵新志》引《庆元旧志》曰："《九域志》：言偃里，在上元县。《金陵故事》：在县东二十二里。按《索隐》云：言偃，吴人，今吴郡有言偃冢。《苏州记》曰：孔子弟子言偃宅，在常熟县。此偃为吴人无可疑者，不知《故事》何据。而《六朝事迹》《乾道志》又承其误也。"戚光曰："里名相传，必有所自。故冢果在吴中，古人或生、或仕、或游历，安得尽知？"又姓言最少，闻吴中有之。然上元竹筱，去城五十里，言族成一聚落。但里名改易，未能访其[1]处耳。《通鉴》："梁大监六年，曹景宗救钟离。虑城中危惧，募军士言文达等潜行水底赍敕入城。"《注》曰："今吴中有言姓。"

宣风楼记　大夫名构

按《县令题名》作"慎"。此盖旧刻避讳旁注，后人拟为思陵讳也。

大唐苏州新开常熟塘碑铭并序

1　原作"具"，据国图本、《江苏历代方志全书》本改。

《宝刻类编》曰："刘苑书。"

常熟重开支川记　淳祐癸卯陶唐侯

按《吴中水利全书》载："淳祐三年,知县张从龙开支塘,即是役。"而误属之邑侯。

凤凰泾

在白茆北。

曰扩、曰振,联危科,跻朊仕,蝉嫣弗绝。

按《吴郡志·进士题名》:陶扩,元符三年李釜榜;陶振,扩弟,崇宁五年蔡嶷榜。又振之侄永、永之侄虎、虎之侄瑜,俱登进士科。并见前注。

天台史君之嫌。

元刻"嫌"字旁注,盖避嫌讳也。《赤城志》曰:"陶之真,乾道九年以朝散郎知台州。"

虞山招真治碑　梁昭明太子制。

按《道学传》《艺文类聚》俱称简文作,而志云昭明者,盖旧碑题皇太子制,而流传以为昭明也。明人刻《昭明集》误收《玉台新咏》之诗,与此正同。又按:今招真北有昭明读书台,此志未载。元人集有之,疑即旧碑所在。治《艺文》作馆。

斗虹夕西

《艺文》作"升虹夕栖",《注》云:"虹音降。"按《艺文》本节录多误,不具注。

宝严院新建佛殿记　武陵龚显

"龚",《吴郡志》作"顾"。

吴塘接待院庄田记　建炎间,有显师者造浮图七级。

按:此地称吴塔,似因此始。然郏亶《水利书》已有吴塔之名,则其来久矣。

慧日寺修造记 以少师枢使大丞相鲁公之命。

按："史"当为史弥远,然弥远封鲁公在宝庆初,此疑刻石稍后,而僧人添之也。《北硐集·慧日上梁文》有"阁扁景言"之语,亦在宝庆后。

鹜顶山路记 以昔人虞治于此也。

《吴都文粹》作"虞仲治于此"。

明因寺改禅院记 是乡为南徐时。

按：此寺创始于梁,见《卢志》："梁置信义郡,属南徐州,而南沙旧属晋陵,亦南徐所统也。"

元丰四年

按:《县令簿尉题名》俱作"元祐二年",盖立石之年。

破山龙堂记

《吴郡图经续记》曰："《记》刻今存。"按：县令题名：周思辑,给事中、守常熟县令。盖据此《记》署衔。

于破山之潭上。

《吴郡志》无"潭"字。

襄阳皮日休

《吴郡志》无"襄阳"二字,有"前摄岭南东道节度巡官试秘书省校书郎"十七字。

顶山白龙祠记 余杭陆韶之

张守《毗陵集》曰："韶之,字虞仲,钱塘人,擢进士第,由景陵尉改常熟丞。所著诗文五百余篇。"

焕灵宣惠侯庙记 鲁詹

《毗陵集》曰："詹所著杂文二十卷。"

福山东岳庙记 易名福山。

元郑元祐《记》曰："'覆'与'福'声相近,因名之为福山。"

重修福山岳庙记 　达官贵仕远商,大贾乐寓其境。

《夷坚志》曰:"中大夫吴温彦,德州人,累为郡守,后居平江之常熟县。建第方成,每夕必梦七人衣白衣,自屋脊而下。以告家人,莫晓何祥也。未几,得疾不起。其子欲验物怪,命役夫升屋,撤瓦遍观。得纸人七枚于其中,乃圬者以佣直不满志,故为厌胜之术以祸主人。时王显道晚为郡守,闻之,尽捕郡匠送狱,皆杖脊配远州。"吴人之俗,每覆瓦时,虽盛暑,亦遣子弟亲登其上临视,盖惧此也。吴君,北人,不知此,故堕其术中。

滋盛曩时

《续吴都文粹》:"王直《崇本堂记》曰:周兴裔,濂溪之后,官至武功大夫、和州观察使、领侍卫马军都虞侯,驻扎平江,与金人战,没于福山,敕葬虞山东麓。"按:兴裔墓[1]见《卢志》及郑傃所撰《周才墓志》中。《志》云:"扈跸南渡,殁于王事。"不言在福山也。南宋之初,此地金兵不至。考之是《记》,可见。

1　眉批云:高启《姑苏杂咏》有《周兴裔墓诗》,注云:在虞山东,宋高宗悯公殉节,给转字圩山地十四亩敕葬焉。按:旧刻《杂咏》无此首,其诗浅俗,似假托也。

琴川志注草

里人 陈揆 编

叙 文

题 咏

破山寺 常建

《集》云:"《题破山寺后禅院》。"《欧阳修外集·题青州山斋》曰:"吾常喜诵常建诗云'竹径通幽处,禅房花木深。'欲效其语作一联,久不可得,乃知造意者为难工也。晚来青州,始得山斋宴息。因谓不意平生想见而不能道以言者,乃为己有,于是益欲希其仿佛,竟尔莫获一言。夫前人为开其端,而物景又在其目,然不得自称其怀,岂人才有限而不可强?将吾老矣,文思之衰耶?兹为终身之恨尔!"《西溪丛语》曰:"常建有《题破山寺后院》诗云:'竹径通幽处,禅房花木深。'余观《又元集》《唐诗类选》《唐文粹》皆作'通'。熙宁元年,欧阳永叔牧青,题廨宇后山斋云:'竹径遇幽处'。"有以鄠杜石本往河内,以示邢和叔。始未见时,亦颇疑其误,及见碑,反覆味之,亦以为佳。竟不知别有本邪?抑永叔自改之邪?古人用一字亦不苟也。《藏海诗话》曰:"苏州常熟县破山有唐常建诗刻，乃是'一径遇幽处'，盖唐人作拗[1]句，上句既拗，下句亦拗，所以对'禅房花木深'，'遇'与'花'皆拗故也。其诗近刻，时人常见之。"按《县令题名》有破山重刊二诗碑，在元祐五年。二诗未详。《冷斋夜话》曰："唐诗有'竹径通幽处，禅房花木深'之句，欧阳文忠公爱之，每语客曰：'古人工于发端，心虽晓之，而才莫逮。欲仿此为一联，终莫之能。'以文忠公之才而谓不能诗，盖未易识也。"《苕溪渔隐丛话》曰："东坡云：常建二句，欧阳文忠公最爱赏，以为不可及。此语诚可人意。然于公何足道，岂非厌饫刍豢反思螺蛤邪？"《洪驹父诗话》曰："丹阳殷璠撰《河岳英灵集》，首列常建诗，爱其'山光悦鸟性，潭影空人心'之句，以为警策。欧公又爱建'竹径通幽处，禅房花木深'。予谓此诗全首皆工，不独两联也。"按建《集》又有《第三峰》一诗。明季创三峰寺，引以为据。旧志无此说。

僧皎然

《破山寺志》曰："'双峰百战后'一首，考《杼山集》，乃游吴匡山破寺诗也，今削去。"

破山八咏

按《叙官》有《破山八咏》碑石。

李庄简公光

《庄简集》曰："唐常建作《破山》诗云：'竹径通幽处，禅房花木深。'欧阳永叔每叹赏此句以为不可及。温陵康元寿守琼，于郡圃植竹数百竿，中有小亭，榜曰通幽，因成拙句，其诗末句云'破山绝景吾曾到，谁遣移来海外州。'自注：'予以重和戊戌尝为常熟宰，破山在焉。'"

1　原作"抝"，据《藏海诗话》改。下同。

陈简斋

按《集》作《龙门诗》。胡穉《笺》曰："在西京河南县。"《寺志》削去。

乾元宫　令孙应时

《烛湖集》题云："偕同官登虞山乾元宫。"《集》本诗句小异，今不具注。

留题顶山上方　范文正公仲淹

《文正年谱》曰："景祐元年，公在海上，有《题常熟顶山上方院僧居》诗。"《卢志》曰："景祐二年五月，亲祷雨龙祠。"按：是诗遗僧至师，有石刻。见《叙祠》。

庆元丙辰中夏独游上方　令孙应时

《集》作"七月一日"，无年分。

戊午六月宿山祷晴

《集》作"宿上方院祷晴"。

和靖处士林逋

按：中峰，杭亦有之。处士未至邑中，此恐误收。《虞乡杂记》云："僧怀素结庐其间，和靖以诗赠之，尤误矣。"

政和戊戌　李庄简公光时为令

按《庄简集》有《老钦阇黎以政和八年九月十七日夜圆寂趺坐如生道俗叹仰邑丞向仁叔作偈赞悼因次其韵》诗，又云："向丞厅旧有小轩，榜曰'日哦'，库隘不爽，近彻墙向南，植竹数竿，改曰'分翠'，与僚友、邑之贤彦日游其间，且索鄙句，因赋二诗。"又有《题向丞竹轩》诗，以年月考之，似皆为邑令时所作。诗见遗集。

题常熟　杨备

《中吴纪闻》曰："杨备，郎中，居吴中，作《姑苏百题》诗，每题笺释其事。"

送常熟钱尉　范文正公仲淹

按:《二宋集》俱有《送钱尉》诗。《景文集》云:"钱访《元宪集》云'秦王诸孙',疑即此尉也。"

送安公归瑞石庵　侍郎王琪

按《县令题名》有王琪《送圆照归瑞石》诗碑。"圆照"疑即安也。

题龙山　菊硐高九万

《集》作"常熟县破山寺"。

二诗县人张氏家藏,墨色如新,今附载于此。

按:前一首已见《人物门》,此盖后人所附。《县令题名》有"大观改元,承议郎知县赵峄[1]跋"。赵善括《应斋杂著·跋赵清献帖》曰:"居今之世,慕古之人,要当得其用心如何尔!噫!古人不得而见之,得见其笔语,斯可矣!由其手泽,想其用心,是亦今之古人也。陶彭泽之诗,发言古淡,诵其言,则知其忘机械、脱风尘,邈乎其远矣。颜鲁公之书,立法端庄。睹其字,则知其抱忠赤、秉节义,确乎其敬矣!清献赵公,林泉远致,龟琴逸乐,不知轩冕之足贵,故诗有渊明古淡之风,霆裂奸胆,霜清物心,不知仪表之自正,故笔有真卿端庄之体,合是二者,萃于一帖,正襟危坐,伏而读之,肃如也。超思远想,缅而慕之,澹如也。况夫一时从游之士,更唱迭和,目受心传,固可以类推焉。都官张公,其人也。今耳孙家传此帖,三世不失。观其安时处顺,不以利势汩其心;见义思勇,不以贵贱易其操。岂非探此帖,以得清献与其祖考之用心邪!敢凭卷末,告于其后之人。"

拾遗

1　眉批云:按《清献集》有《送任峄诗》。

石室　相传太公避纣居之。

见《吴地记》。《中吴纪闻》曰："杨备,郎中,尝作诗记其事。"

文学桥铭

此下元本阙。